U0790120

普通医药院校创新型系列教材

药　理　学

许正新　葛晓群　主编

科 学 出 版 社
北　京

内 容 简 介

本教材根据成人教育的教学规律和课程特点，在满足本科教学大纲的相关规定和要求的基础上，对学生前期所学内容进行了重组，补充了近些年发展起来的新知识、新观点和新理念，按照集中授课和自学相结合的原则进行编排。本教材共分为43章，内容包括药理学的基本理论、各章节主要的药理学知识点、重点药物、常用药物，尤其密切关注的是所介绍内容的实用性。重点和代表性的内容、药物则做系统介绍。为扩大学生的知识面及便于学生自学，每章还添加了“知识拓展”和“思考题”，以激发学生的学习兴趣及供需要的学生选择性阅读。

本教材可供高等医药院校医学及医学相关专业本、专科学生、成人高考学员，以及从事各层次医学及医学相关专业教学、管理工作者参考、学习使用。

图书在版编目(CIP)数据

药理学 / 许正新，葛晓群主编. —北京：科学出版社，2015.9

普通医药院校创新型系列教材

ISBN 978-7-03-045795-0

Ⅰ. ①药… Ⅱ. ①许… ②葛… Ⅲ. ①药理学—医学院校—教材 Ⅳ. ①R96

中国版本图书馆CIP数据核字(2015)第226093号

责任编辑：闵 捷 陆纯燕

责任印制：谭宏宇 / 封面设计：殷 靓

科学出版社 出版

北京东黄城根北街16号

邮政编码：100717

http://www.sciencep.com

南京展望文化发展有限公司排版

北京虎彩文化传播有限公司印刷

科学出版社发行 各地新华书店经销

*

2015年9月第 一 版 开本：889×1194 1/16

2020年4月第十次印刷 印张：10 3/4

字数：315 000

定价：34.00元

(如有印装质量问题，我社负责调换)

普通医药院校创新型系列教材

专家指导委员会

普通医药院校创新型系列教材

《药理学》编辑委员会

主　编：许正新　葛晓群

副主编：夏叶玲　李　巍

编　委：（按姓氏笔画排序）

王冬艳　王锦淳　朱　磊　许正新

李　巍　陈　琴　郑　雪　施长城

姜　新　祝　丽　夏叶玲　崔丽蓉

葛晓群

总　序

高等教育改革的关键是提高教育质量，医学教育尤其如此。医药卫生体制改革是一项重大的民生工程，对医学人才培养的结构、质量也提出了更加迫切的要求；同时世界医学也正在发生深刻变化，医学的社会性、公平性、整合性，健康需求的广泛性、医学的国际化都在加速发展，医学发展新趋势对医学教育提出了新挑战。要解决这些问题，关键要改革创新，要通过综合改革，提高质量，提高水平，满足医药卫生事业和人民群众的健康需求。

2014 年 6 月，国家教育部等六部门出台“关于医教协同，深化临床医学人才培养改革的意见”，意见指出：到 2020 年，基本建成院校教育、毕业后教育、继续教育三阶段有机衔接的具有中国特色的标准化、规范化临床医学人才培养体系。院校教育质量显著提高，毕业后教育得到普及，继续教育实现全覆盖。

继续医学教育与全日制本科教育相比，具有其自身的规律与特点。继续医学教育在课程设置、教学内容、教学时数、授课方式上都有相应变化，体现了成人教育的成人性、自主性和实践性。扬州大学医学院基于自身学科优势和办学经验，根据国家医学本科专业培养要求，以“优化资源、重视素质、强调创新”为理念，坚持“本科水平、成人特色、重在实用、便于自学”的原则，精心策划和编写了这套教材，体现了科学性、实用性和启发性。使用对象主要是继续医学教育、医药类本科专业学生等，对基层医务工作者、各类专业培训也有适用性。同时也可作为专业教师的参考用书。

全套教材涉及基础医学、临床医学、护理学、预防医学等相关核心课程，内容丰富翔实、信息量大；理论联系实际、实用性强；语言简洁练达、图文并茂。相信这套教材的出版，必将对临床医学、护理学等专业教育质量的不断提升起到重要的推动作用。

阮長耿

阮长耿

中国工程院院士

2015 年 4 月

前　言

药理学主要研究药物与机体(包括病原体)间相互作用及其规律,其目的是为临床安全、有效、合理用药提供理论依据,属于基础医学与临床医学、医学与药学间的桥梁学科,也是临床医学、药学、护理学、口腔医学、医学检验等相关专业学生必修课程。

本教材的立足点是具有一定药理学基础的专升本各专业的学生和临床医务人员。为适应成人教育各层次人才培养的要求,一方面需要满足本科教学大纲的具体规定和要求,做到应该掌握的重点内容不遗漏,重复性或解释性的内容弱化,另一方面又体现出浓厚的成人教育特点,重在归纳、总结,强调其简单化、实用性、系统性,便于自学。在内容安排上,全书共分为43章,每章前均列出了"学习要点",对各部分内容把握的明确要求;每章后有"小结"、"思考题";为扩大学生的知识面及便于其自学,每章还添加了"知识拓展",以激发学生的兴趣及供需要的学生选择性阅读,拓宽其视野。

本教材主要特色:第一,在内容上力求以各种不同的方式更多地体现相关的新知识、新技能和新理论。通过教育,使学生得以在理论和实践能力诸方面得到全面提升。第二,在方式上既体现必须掌握的已有基础知识,又赋予了新技术、新进展及拓展学习的空间。具体教学过程中,弱化一般性或过于理论化的内容,对于学生已经学过的基础理论和技能,不再过多展开,对于学习中的重点、难点、疑点部分则花较大篇幅阐述,对于一些扩展性知识,要求学生通过学校、社会等各种网络教育平台及课程视频光盘进行自学,最终实现已学过的知识弱化、新的和进展性的知识强化、拓展性的知识网络化。相信通过这些体例设计,能够使学生用较少的学习时间,加深和提高对药理学的理解和认识,提高学习效率,增强学习效果。

本教材的出版,做到成人教育的课前、中、后相贯通,教育前、中、后的评价相结合,学生、教师、网络相协调的效果,与适应日前成人教育的现状和发展趋势、教师的状态和信息技术的具体运用相匹配。

就组织管理而言扬州大学医学院各级领导都很重视本教材的出版工作,多次就编写的形式、内容等组织相关专家讨论、论证。本教材由扬州大学出版基金资助。

限于我们的能力、认识水平、知识结构,加之时间紧张,书中难免有疏漏和错误,在此,恳请广大师生和专家提出宝贵意见,以便今后再版时进行修订。

主　编

2015年3月20日

目　录

第十七章 镇痛药 53

第十八章 解热镇痛抗炎药 57

第十九章 钙通道阻滞药 60

第二十章 抗心律失常药 63

第二十一章 抗高血压药 68

第二十二章 治疗心力衰竭的药物 73

第二十三章 调血脂药与抗动脉粥样硬化药 78

第二十四章 抗心绞痛药 81

第二十五章 利尿药和脱水药 84

第二十六章 作用于血液系统及造血器官的药物 87

第二十七章 组胺和抗组胺药 94

第二十八章　作用于呼吸系统的药物　97

第二十九章　作用于消化系统的药物　100

第三十章　子宫平滑肌兴奋药与抑制药　103

第三十一章　肾上腺皮质激素类药物　106

第三十二章　甲状腺激素及抗甲状腺药　110

第三十三章　胰岛素及其他降血糖药　113

第一章　绪　　言

学习要点

- **掌握**：药理学、药物、药效学和药动学的概念。
- **熟悉**：新药研究与开发的过程。
- **了解**：了解我国“本草”的贡献和现代药理学发展。

一、药理学的性质与任务

药物是指可以改变或查明机体的生理功能及病理状态，用以预防、诊断和治疗疾病的物质。药理学是指研究药物与机体（含病原体）相互作用及作用规律的学科。它既研究药物对机体的作用及作用机制，即药物效应动力学（简称药效学）；也研究药物在机体的影响下所发生的变化及其规律，即药物代谢动力学（简称药动学）。

药理学的学科任务主要包括：阐明药物的作用及作用机制，为临床合理用药、发挥药物的最佳疗效、防治不良反应提供理论依据；研究、开发新药，发现药物新用途；为其他生命科学的研究探索提供重要的科学依据和研究方法。

二、药物与药理学的发展史

早期的药物发展源于人们的社会实践活动。在漫长的历史进程中，人们逐渐从生产、生活经验中认识到许多天然物质可以治疗疾病，后人将此经验传授下来，由此留下了一系列的历史典籍。著名的著作有：公元1世纪前后的《神农本草经》、第一部以政府名义颁发的唐代的《新修本草》及明朝药物学家李时珍编著的《本草纲目》等。而现代的药物发展与药理学的建立则是基于实践基础上的，与现代科学技术的发展紧密相关。

三、新药研究与开发

现代科技的发展使得新药研究和开发不断走向深入。所谓新药，是指化学结构、药品组成或药理作用不同于现有药品的药物。其发展大致可分为临床前研究、临床研究和上市后药物监测三个阶段。临床前研究主要由药学研究及临床前药理研究两部分组成。前者包括药物的理化性质、药品制备工艺路线及质量控制标准等；后者则是以实验动物为基础的药效学、药动学和毒理学研究。

知识拓展

新药的研究和开发需要经历漫长的过程，耗费大量的人力、物力和财力，经过一系列严格的筛选和反复论证，最终才能走上临床，为患者的健康保驾护航，正因如此，每一个新药刚开始上市的时候，其价格都比较高，但随着用药时间的延长和其开发成本的逐步收回，后期其价格将有较大的回落。

小　结

药理学是指研究药物与机体（含病原体）相互作用及作用规律的学科，其内容包括药效学和药动学两个方面。药理学的学科任务主要包括：阐明药物的作用及作用机制；研究、开发新药，发现药物新用途及为其他生命科学的研究探索提供重要的科学依据和研究方法。

【思考题】

名词解释：① 药理学，② 药物，③ 药效学，④ 药动学。

（许正新）

第二章　药物代谢动力学——药动学

学习要点

- **掌握：** ① 首过消除、肝肠循环、消除半衰期、清除率、表观分布容积、生物利用度、药物与血浆蛋白结合的概念及其实际意义；② 肝药酶的特性及肝药酶诱导剂和抑制剂在临床用药中的意义；③ 药物消除动力学特点，一级消除动力学与零级消除动力学有何不同。
- **熟悉：** ① 药物的体内过程及影响药物在体内的吸收、分布、生物转化和排泄的因素；② 多次给药的时量关系；③ 维持量、负荷量及稳态血药浓度的概念及其意义。
- **了解：** 药物体内跨膜转运的方式及影响药物跨膜转运的因素。

药物代谢动力学又称为体内过程，是研究药物在机体内的吸收、分布、生物转化和排泄的动态变化规律的一门科学。在此过程中，药物要通过各种单层（如小肠上皮细胞）或多层（如皮肤）细胞膜。尽管各种细胞结构不尽相同，但其细胞膜是药物在体内转运的基本屏障，药物的通过方式和影响因素相似。

第一节　药物分子的跨膜转运

一、药物通过细胞膜的方式

药物分子通过细胞膜的方式有滤过、简单扩散、载体转运和膜动转运四种形式。其中，滤过是水溶性的极性或非极性药物分子借助于流体静压或渗透压随体液通过细胞膜的水性通道而进行的跨膜转运，又称水溶性扩散。简单扩散是指脂溶性药物经过细胞膜的脂质层，顺浓度差通过细胞膜的过程，又称脂溶性扩散。绝大多数药物按此方式通过生物膜。载体转运则是药物分子或内源性物质在细胞膜的一侧通过与细胞膜上的特殊跨膜蛋白（载体）结合后将其转运到细胞膜的另一侧的转运方式，按其是否需要耗能和是否能逆电化学梯度转运可分为主动转运和异化扩散两种方式。其具有饱和现象和竞争性拮抗等共同特征。膜动转运是大分子物质通过细胞膜的一种转运方式，根据转运方向的不同分为胞饮和胞吐两种不同的方式。

二、影响药物通透细胞膜的因素

绝大多数药物均为弱酸性或弱碱性有机化合物，它们在体液中均有不同程度的解离。由于分子型（非解离型）药物疏水而亲脂，易通过细胞膜；而离子型（解离型）极性高，不易通过细胞膜脂质层，故而药物通过细胞膜的速率和药物的解离度、体液的pH、膜两侧药物的浓度差，以及细胞膜的通透性、面积和厚度，血流量，细胞膜转运蛋白的量和功能等因素有关。

第二节 药物的体内过程

一、吸 收

药物自给药部位进入血液循环的过程称为吸收。血管外给药途径均存在吸收过程。而不同的给药途径则存在着不同的吸收过程和特点。

1. 口服 口服是最常用的给药途径。大多数药物在胃肠道内以简单扩散的方式被吸收。其中，从胃肠道吸收进入门静脉系统的药物在到达全身血液循环前必先通过肝脏和肠壁细胞，如果肝脏或肠壁细胞对其代谢能力很强，或由胆汁排泄的量大，则进入全身血液循环内的有效药物量明显减少，这种作用称为首关消除。首关消除高的药物，口服给药时机体可利用的有效药物量少。

2. 吸入 一些气态药物或易气化的药物或制剂，也可采取吸入途径给药。

3. 局部用药 直接在皮肤、眼、鼻、咽喉、阴道或直肠等处给药，使药物产生局部作用或吸收作用。

4. 舌下给药 舌下给药最大的好处是，这种给药方式可在很大程度上避免首过消除，起效也很迅速。

5. 注射给药 包括静脉注射、肌内注射和皮下注射等。其中，静脉注射不存在吸收过程，起效极快。

二、分 布

药物吸收后从血液循环到达机体各个部位和组织的过程称为分布。药物在体内的分布受很多因素影响，包括：

1. 血浆蛋白的结合率 大多数药物在体内血浆中均可与血浆蛋白不同程度地结合，由此又有结合型药物和游离型药物之分。决定血浆蛋白结合率的因素为游离型药物浓度、血浆蛋白量和药物与血浆蛋白的亲和力，亦即解离常数 K_D的大小。结合型药物不能跨膜转运，是药物在血液中的一种暂时储存形式。但因为结合是可逆的，所以药物与血浆蛋白的结合影响药物在体内的分布和转运速度及作用强度和消除速率。药物与血浆蛋白结合的特异性低，与相同血浆蛋白结合的药物之间，就会发生竞争性置换的相互作用。

2. 器官血流量 药物由血液向组织器官的分布速度主要取决于该组织器官的血流量的大小和膜的通透性。一般而言，血流量大的组织或器官其药物的分布较快，尤其是在分布的早期，随后还可出现再分布现象，如静脉注射硫喷妥钠等药。

3. 组织细胞结合 有些药物与特定的组织细胞成分有特殊的亲和力，这些组织细胞中的药物浓度高于血浆游离药物浓度，因此，药物的分布具有一定的选择性。多数情况下，药物和组织的结合是可逆的，为药物在体内的一种储存形式，但也有一些药物可与组织发生不可逆结合而引起毒性反应。

4. 体液的 pH 和药物的解离度 体液的 pH 对药物的分布具有影响。一般而言，升高血液的 pH 可使弱酸性药物由细胞内向细胞外转运，降低血液 pH 则使弱酸性药物向细胞内转运。弱碱性药物则相反。

5. 体内屏障 体内的特殊屏障包括：血-脑屏障、胎盘屏障和血-眼屏障等。它们也能影响药物的体内分布。

三、生 物 转 化

药物在体内经酶或其他作用使药物的化学结构发生改变，此过程称为生物转化，又称为代谢。生物转化的场所主要是肝，另外还有其他一些部位（如肺、肠黏膜、肾、肾上腺、皮肤等处）也参与了一些药物的体内转化。

体内药物的生物转化可分为两个过程，第一个过程是氧化、还原或水解（Ⅰ相反应）。经过这一过程，药物通常失去活性；但也有一些药物却是经过这一过程才能被激活，转化为活性代谢物（如可的松、泼尼松等药需经肝脏还原酶作用转化为氢化可的松和泼尼松龙后才具有生物活性，严重的肝功能不全患者，此转化过程受限，宜直接使用其活性形式氢化可的松和泼尼松龙）；另有一些药物则可通过生物转化转变为毒性代谢产物。第二个过程（Ⅱ相反应）是结合反应。参与这一反应的基团有：葡萄糖醛酸、甘氨酸、硫酸等。经过这一过程，药物的极性和水溶性增大，易于排出。不同药物的转化途径不同，有的只经过一个过程，有的需经过两个过程，有的则不须经过生物转化而直接排出体外。

药物的生物转化是在酶的催化下进行的，这些催化药物生物转化的酶统称为药物代谢酶，简称为药酶。肝脏中药酶的种类多而且含量丰富，是药物代谢的主要器官。催化药物生物转化的酶有两种类型：一种是专一性的酶，如胆碱酯酶（ChE）、单胺氧化酶（MAO）、儿茶酚胺-*O*-甲基转移酶（COMT）等。它们分别催化相应的药物转化（详见第五章）。另一种是非专一性的酶，根据其在细胞内的存在部位分为微粒体酶系和非微粒体酶系，其中以前者比较重要。

肝药酶在药物的生物转化中起着极其重要的作用。其活性的高低直接影响着药物生物转化的快慢。有些药物可通过影响肝药酶的活性而影响该药本身或其他药物的生物转化。其中，凡能加速肝药酶的合成或增强其活性的药物称为肝药酶的诱导剂，如苯巴比妥、苯妥英钠、利福平、保泰松、灰黄霉素等；凡能抑制肝药酶的合成或降低其活性的药物称为肝药酶的抑制剂，如西咪替丁、氯霉素、异烟肼、酮康唑等。

四、排　泄

药物以原形或其代谢产物的形式经不同途径排出体外的过程称为排泄。排泄的主要器官是肾脏，其次是经胆汁从粪便中排出。挥发性药物则主要经肺随呼出气体排出。其中，分布、生物转化和排泄合称为消除。

由于大多数药物是通过肾脏途径排泄的，其间存在着原型药物的重吸收过程，因此，调节尿液的 pH 能影响药物的重吸收过程和药物的体内浓度。

第三节　房室模型与药物消除动力学

一、房 室 模 型

目前广泛应用的药代动力学模式是以房室概念为基础的房室模型。该模型将机体视作一个系统，系统内部按动力学特点分为若干房室。此处所指的房室与解剖学上的具体部位和生理学功能无关，只要体内某些部位药物的转运速率相同或相近，就作为同一房室。房室模型的提出是为了使复杂的生物系统简单化，从而能定量地分析药物在体内的动态过程。

二、药物消除动力学

体内药物的消除动力学过程有三种形式：一级消除动力学、零级消除动力学和混合消除动力学。

1. 一级消除动力学　一级消除动力学是体内药物按恒定比例消除，也就是说，单位时间内药物的消除量与血浆药物浓度成正比。以一级动力学消除的药物其药-时曲线在常规坐标图上作图时呈曲线，在半对数坐标图上则为直线，故称为线性动力学过程。大多数药物在体内按一级动力学方式消除。

2. 零级消除动力学　零级消除动力学是体内药物按恒定的速率消除，亦即不论血浆药物浓度多少，单位时间内药物的消除量不变。以零级动力学消除的药物其药-时曲线在半对数坐标图上呈曲线，故称为非线性动力学消除。通常是因为药物在体内的消除能力达到饱和所致。

3. 混合消除动力学　部分药物在体内可表现为混合消除动力学，即在低浓度或低剂量时，按一级动力学消除，浓度或剂量升高到一定程度后，因消除能力饱和，单位时间内消除的药物量不再改变，按零级动力学消除。

第四节　体内药量变化的时间过程

血浆药物浓度随时间的变化而发生相应变化的规律，称时量关系。将时量关系用图形来表示（横坐标为时间，纵坐标为血药浓度），即得时量曲线，又称“药-时曲线”。

一、单次给药的时-量曲线下面积

典型的单次口服给药后时量曲线的血药浓度有一个上升—达峰—下降这一随时间变化的过程。此上升段主要反映药物的吸收过程；下降段主要反映药物的消除过程。其中，曲线的上升段至峰值顶点间的距离，亦即从开始给药至血药浓度达高峰时的时间间隔，称达峰时间（T_{max}）；曲线顶峰处的血药浓度称为峰浓度（C_{max}）；时量曲线下所覆盖的面积称为时量曲线下面积（AUC），其大小与吸收进入体内的药量成正比。

二、多次给药的稳态血药浓度

在临床实践中，单次给药的情况罕见，很多情况下需要多次连续给药。对于按照一级动力学规律消除的药物，其体内药量随给药次数的增多而逐渐增加，直至体内药物的消除量与进入体内的药量相等时，体内药物总量不再继续增加而达到稳定状态，此时的血浆药物浓度称为稳态血药浓度（C_{ss}）。

第五节 药物代谢动力学重要参数

一、消 除 半 衰 期

药物消除半衰期（$t_{1/2}$）是指血浆药物浓度下降一半所需要的时间。其长短可反映药物体内消除速度的快慢。

计算公式为：零级动力学消除：$t_{1/2}=0.5C_0/K_e$

一级动力学消除：$t_{1/2}=0.693/K_e$

式中，C_0：血浆药物初始浓度；K_e：消除速率常数。

$t_{1/2}$是反映药物体内过程的一个非常重要的参数，其意义在于：

(1) 估算单次给药或长期多次给药停药后某一时间内体内残存的药量。一般而言，单次给药或连续多次给药停药后，约经 5 个半衰期体内药物大部分被消除（约为 97%）。

(2) 指导制定给药方案、估算血药浓度达到坪值的时间（达坪时间）。

一般而言，刚开始给药时，血药浓度呈锯齿状上升，但经 5 个半衰期后，血药浓度即趋于稳定。此时的血药浓度即称稳态血药浓度或称坪值。血药浓度达坪值时，体内药物的消除量和给药量相等（稳态血药浓度的最高点称最大血药浓度）。

临床上为了使血药浓度迅速达到坪值，使药物迅速产生最大效应，可采取负荷剂量给药。

所谓负荷剂量，即首次给药即可达到稳态血药浓度的剂量。当采取口服给药时，可将首次服药剂量加倍。

(3) 计算连续多次给药时的每日维持量。

计算公式：每日维持量 $=DK_eT=D\times(0.693/t_{1/2})\times T$

式中，D：该药首次剂量；K_e：消除速率常数；T：两次给药间隔时间。

二、消除速率常数

消除速率常数（Ke）表示单位时间内（如 min^{-1}、h^{-1}）药物消除量与现有量之间的比值，亦即药物被消除的百分率。

三、清 除 率

清除率（CL）是机体消除器官在单位时间内清除药物的血浆容积，也就是指单位时间内能把多少容积血浆中的药物全部清除。它反映机体消除药物能力的大小，是肝肾等的药物清除率的总和。

计算公式：$CL=V_d\times K_e$

式中，CL：清除率；V_d：表观分布容积；K_e：消除速率常数。

四、表观分布容积

表观分布容积(V_d)是指当血浆和组织内药物分布达平衡时，体内药物总量按血药浓度推算，理论上应占有的体液容积。V_d是表观数值，它并不反映体液的真实容量。

五、生物利用度

生物利用度(F)是指药物经血管外途径给药后能被吸收进入全身血液循环的药物相对量和速度，用F来表示。

生物利用度的计算公式为：$F=A/D$

式中，A：进入全身血液循环的药量；D：给药剂量。

生物利用度可分为绝对生物利用度和相对生物利用度。

知识拓展

药物的体内过程受许多因素的影响，其吸收、分布、生物转化或排泄的任何一个环节受影响，药物的体内血药浓度或效应均会发生相应的改变，此变化在联合用药时尤其重要，必须注意。

小 结

药物代谢动力学又称体内过程，主要研究药物在体内的吸收、分布、生物转化和排泄过程，以及体内药物随时间变化的规律。药物的体内转运方式包括滤过、简单扩散、载体转运、膜动转运等。大多数药物的主要转运方式是简单扩散。药物经胃肠道口服给药时有首过消除，入血后的体内分布受许多因素的影响。肝脏是药物生物转化的主要器官，排泄的主要途径则是肾脏。药物的体内消除包括一级消除动力学、零级消除动力学和混合消除动力学三个不同的过程。大多数药物是按一级消除动力学的方式消除。主要的药动学参数包括：血浆半衰期、生物利用度、表观分布容积和清除率。临床治疗时可以根据不同药物的药物代谢动力学规律设计合理的给药方案。

【思考题】

(1) 名词解释：① 首过消除，② 血浆半衰期，③ 生物利用度，④ 表观分布容积，⑤ 清除率。

(2) 试述肝药酶的诱导剂和抑制剂对药物效应的影响及其联合用药时应注意的问题。

(3) 药物的体内过程包括哪几个环节？哪些因素可以对其产生影响？

（祝 丽 许正新）

第三章　药物效应动力学——药效学

学习要点

- **掌握**：不良反应(副反应、毒性反应、后遗效应、停药反应、变态反应、特异质反应)、量效关系、最小有效量、效能、效价强度、ED_{50}、LD_{50}、治疗指数、激动药、拮抗药、部分激动药、竞争性拮抗药、非竞争性拮抗药的概念。
- **熟悉**：① 药物作用与药物效应、疗效(对因治疗与对症治疗)的概念；② 量反应、质反应量效曲线的概念及其特征；③ 受体概念及特性；④ 第二信使的调节；⑤ 药物安全性评价的指标及意义。
- **了解**：① 药物对受体的调节作用；② 受体与药物的相互作用、受体类型。

第一节　药物的基本作用

药物对机体(包括病原体)功能活动的影响称为药物的基本作用。

一、药物作用与药理效应

药物作用是指药物对机体的初始作用，是动因。药理效应是药物作用的结果，它反映的是机体器官原有功能水平的改变。其中，药物使机体原有功能活动增强者称为兴奋作用，反之药物使机体原有功能活动减弱者，称为抑制作用。

多数药物的药理效应是通过化学反应而实现的，其物质基础是药物的化学结构。化学反应的专一性使得药物的作用具有特异性。

药物的作用还有选择性。即药物吸收进入体内后，并不是对所有的组织器官都能产生同样的作用。药物在治疗剂量时，常常只选择性地对某一个或几个组织器官产生明显作用，而对其他组织或器官不产生作用或作用不明显。药物作用的选择性是相对的，与用药剂量有关：当药物剂量较小时，药物作用的选择性较高；而当药物剂量增大时，药物作用的选择性即降低。

药物作用特异性强并不一定引起选择性高的药理效应，即两者不一定平行。选择性高的药物针对性强，选择性的基础有以下几方面：药物在体内的分布不均匀、机体组织细胞的结构不同、生化功能存在差异等。

二、治 疗 效 果

治疗效果，也称疗效，是指药物作用的结果有利于改变患者的生理、生化功能或病理过程，使病患的机体恢复正常。根据治疗作用的效果，可将治疗作用分为：

1. 对因治疗　即用药的目的在于消除原发致病因子，彻底治愈疾病。

2. 对症治疗　即用药目的在于改善症状。对症治疗不能根除病因。

临床实践中对于患者采取何种治疗措施应视患者病情的轻重缓急而定。一般情况下，应尽可能采取对因治疗措施。但在病因不明或病情非常危急时，则宜首先采取对症治疗措施。例如，高热惊厥时，宜首先采取止惊厥退热措施，病情稳定下来后再查明引起高热的病因，采取对因治疗措施。

三、不良反应

凡与用药目的无关，并为患者带来不适或痛苦的反应，统称为不良反应。它包括如下几种不同的类型：

1. 副反应　药物在治疗剂量下引起的与防治疾病无关的作用称为副反应。副反应是药物固有的作用，其发生的基础是由于药物的选择性不高。它是不可避免的。由于选择性低，药理效应涉及多个器官，当某一效应用作治疗效应时，其他效应就成为副反应。例如，阿托品，当其以解除胃肠道痉挛、缓解腹痛为治疗目的时，口干就成为其副反应；而当其用于治疗盗汗时，使胃肠道平滑肌松弛继而导致腹胀、便秘就成为其副反应。

2. 毒性反应　指药物剂量过大或用药时间过久，在体内蓄积过多时发生的危害性反应，一般比较严重，但通常情况下是可预知的。急性毒性多损害循环、呼吸及神经系统功能，慢性毒性多损害肝、肾、骨髓、内分泌等功能。致癌、致畸胎和致突变反应也属于慢性毒性范畴。

3. 后遗效应　指停药后血药浓度已降至阈浓度以下时残存的药理效应。例如，失眠患者服用地西泮等镇静催眠药后，第 2 天出现注意力不集中、精神萎靡等现象。

4. 停药反应　指突然停药后原有疾病加剧，又称回跃反应。例如，长期服用可乐定治疗高血压患者如果突然停药就会出现血压明显升高。

5. 变态反应　属于免疫反应的一种。其中，非肽类药物作为半抗原与机体蛋白结合为抗原后，经过 10 d 左右的接触、敏感化过程而发生的反应，也称过敏反应。常见于过敏体质患者。反应性质与药物原有效应无关，用药理性拮抗药解救无效。反应的严重程度个体间差异很大，与剂量无关。例如，部分使用青霉素的患者出现过敏性休克等症状。

6. 特异质反应　少数特异性体质患者对某些药物反应特别敏感，反应性质也可能与常人不同，但与药物固有的药理作用基本一致，反应严重程度与剂量成比例，药理性拮抗药救治可能有效。这种反应不属变态反应。现在知道，它是由于先天性遗传异常所致。例如，蚕豆症患者服用抗疟药伯氨喹后引起溶血是由于其红细胞膜上葡萄糖- 6 -磷酸脱氢酶缺乏所致。

第二节　药物剂量与效应关系

药物剂量与效应关系简称量效关系，是指在一定范围内随着药物剂量（或浓度）增加或减少时，药物效应也发生相应的改变，药物效应的大小与其血药浓度的高低成正比。以效应强度为纵坐标，药物剂量或药物浓度为横坐标作图则得量-效曲线。

药理效应按其性质的不同可分为量反应和质反应两种类型，相应的其量效曲线也可分为量反应的量-效曲线和质反应的量-效曲线。

一、量反应的量-效曲线

药物效应的强弱随药物剂量或浓度的变化呈连续性的变化，可用具体数量或最大反应的百分率表示者称为量反应。量反应的量-效曲线，若以药物的剂量或浓度为横坐标，以效应强度为纵坐标作图，可获得直方双曲线；如将药物的剂量或浓度改用对数值作图则呈典型的对称“S”形曲线（图 3 - 1）。

量反应的量-效曲线可以反映药物的特征如下：

1. 最小有效量　也称最低有效浓度，即刚能引起效应的最小药量或最小药物浓度，亦称阈剂量或阈浓度。

任何一个药物，均需达到一定的剂量以上才能产生临床可见的效应。在此剂量以上，随着药物剂量的增加，药物的效应也随之增强。

2. 最大效应　在最小有效量以上，随着药物剂量或浓度的增加，药物的效应也随之增强，但当效应增加到一定程度后，若继续增加药物浓度或剂量而其效应不再继续增强，这一药理效应的极限称为最大效应，也称效能。

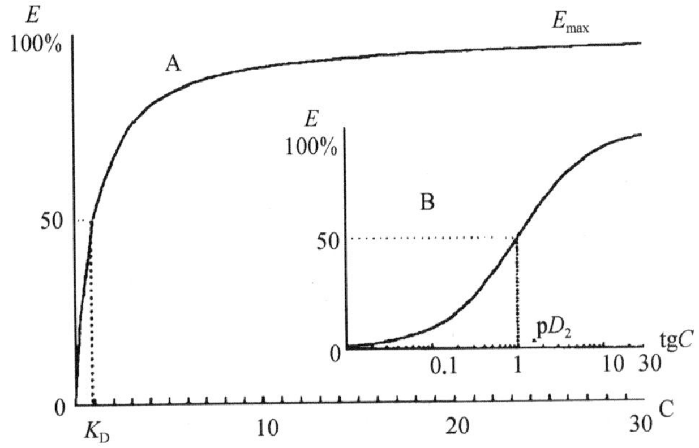

图 3-1 量反应的量效曲线

A. 药量用奇数剂量表示；B. 药量用对数剂量表示；E. 效应程度；E_{max}. 最大效应；C. 药物浓度；K_D. 药物-受体复合物解离常数；pD_2. 解离常数的负对数。

3. 效价强度 指能引起等效反应（一般采用 50%效应量）的药物的相对浓度或剂量，其值越小则强度越大。

4. 半数有效量（ED_{50}）、半数致死量（LD_{50}） 半数有效量（ED_{50}）即能引起 50%的实验动物出现阳性反应时的药物剂量；如效应为死亡，则称为半数致死量（LD_{50}）。

5. 治疗指数（TI） 用来评价药物安全性的一个指标，通常用 LD_{50}/ED_{50} 的比值来表示。治疗指数大的药物相对较治疗指数小的药物安全，但单纯用 TI 来评价药物的安全性并不完全可靠。也有人用 1%致死量（LD_1）与 99%有效量（ED_{99}）的比值或 5%致死量（LD_5）与 95%有效量（ED_{95}）之间的距离来衡量药物的安全性。

二、质反应的量-效曲线

如果药物效应的强弱不是随药物剂量或浓度的变化呈连续性的变化，而表现为反应性质的变化，则称为质反应。质反应以阳性或阴性、全或无等方式来表示。例如，研究动物的死亡、睡眠、麻醉、惊厥等反应时，效应的指标即为阳性频率。

质反应的量效曲线若以反应出现的频数为纵坐标，以剂量或浓度为横坐标作图，其外观呈两边小、中间大的常态分布曲线，若其纵坐标改为累加阳性频率或百分率，横坐标改为对数坐标，则曲线将呈对称的“S”形曲线。

第三节 药物的作用机制

药物的作用机制是药效学研究中的一个极为重要的方面，是从生理和生化的角度研究药物是如何产生一系列效应的。各个药物的作用机制不尽相同。从药理学的角度来探讨，药物的作用机制主要包括理化反应、参与或干扰细胞代谢、影响生理物质转运、影响酶的活性、作用于细胞膜的离子通道、影响核酸代谢、影响免疫机制、非特异性作用和作用于受体等环节。本章第四节将就受体这一议题进行重点讨论。

第四节 药物与受体

一、受体的概念与特性

受体是一类存在于细胞膜、细胞质或细胞核上的能介导细胞信号转导的功能蛋白质，它能识别周围环境中某些微量物质并与之结合，通过一系列级联放大系统，触发后续的生理反应或药理效应。受体分子由一个或多个亚基组成，对与其结合的物质有高度的选择性和立体特异性，其在细胞中的含量甚微，1 mg组织通常只含有 10 fmol 的受体分子（$1\ \text{fmol}=10^{-15}\ \text{mol}$）。

二、受体的类型

目前，根据受体的分子结构及其功能，可把受体分为：G 蛋白偶联受体、配体门控离子通道受体、具有酪氨酸激酶活性的受体、细胞内受体及其他酶类受体这五大类，而每类又包括了多种亚型。

三、药物与受体相互作用

药物要与受体发生相互作用，离不开两个关键因素：亲和力和内在活性。

1. 亲和力 指药物与受体的结合能力，采用药物-受体复合物解离常数（K_D）的负对数来表示。其中，K_D是指激动剂引起 50%最大效应时游离药物的浓度，与亲和力成反比。

2. 内在活性 药物与受体结合产生生理效应的能力称内在活性，用系数 α 来表示，大小介于 0～1。

亲和力和内在活性是描述药物-受体相互作用必不可少的指标。仅有亲和力而无内在活性的药物，虽然可与受体结合，但它们不能激动受体，因而也不产生效应。既有亲和力又有内在活性的不同药物，当药物的亲和力相等时，其最大效应取决于内在活性的大小；而当内在活性相等时，药物效价强度的大小则取决于药物与受体的亲和力。

四、作用于受体的药物分类

根据药物与受体结合后引起效应的不同，习惯上将作用于受体的药物分为激动药、部分激动药和拮抗药等三类。

1. 激动药 既有亲和力又有内在活性的药物称为激动药，它们能与受体结合并激动受体产生效应。此类药物根据其内在活性的不同又可分为完全激动药（$\alpha=1$）和部分激动药（$\alpha<1$）。完全激动药和受体既具有较强的亲和力又具有较强的内在活性（$\alpha=1$），而部分激动药与受体虽然具有较强的亲和力，但其内在活性不强（$\alpha<1$），产生的效应不大。部分激动药具有激动药和拮抗药双重特性。当其和激动药同时存在，且浓度尚未达到最大剂量时，其效应与激动药协同；超过这个剂量时，因与激动药竞争受体而呈拮抗作用。

2. 拮抗药 能与受体结合，具有亲和力而无内在活性（$\alpha=0$）的药物称为拮抗药。它们本身不产生任何药理作用，但能拮抗激动药的效应。拮抗药根据其拮抗激动药的特性的不同而可被分为竞争性拮抗药和非竞争性拮抗药两类。

（1）竞争性拮抗药（competitive antagonist）：该药与激动药合用时，能与激动药互相竞争与受体结合，降低后者与受体的亲和力，而对内在活性则无影响。反映在量-效曲线上则为拮抗药使激动药的量-效曲线右移，但最大效应不变。竞争性拮抗药与受体的结合是可逆的。

竞争性拮抗药对激动药的拮抗强度可用拮抗参数（pA_2）来表示。其含义为：当激动药与拮抗药合用时，若两倍浓度激动药所产生的效应恰好等于未加入拮抗药时激动药所引起的效应，则所加入拮抗药的摩尔浓度的负对数值称为 pA_2。拮抗参数越大，拮抗作用越强。

（2）非竞争性拮抗药（noncompetitive antagonist）：该药和激动药合用时，能使激动药与受体的亲和力及内在活性均降低。反映在量-效曲线上则拮抗药不仅使激动药的量-效曲线右移，而且其最大效应也降低。此种类型的拮抗药与受体的结合是不可逆的。

五、细胞内信号转导

第一信使是指多肽类激素、神经递质及细胞因子等细胞外信使物质。大多数第一信使不能进入细胞内，而是与靶细胞膜表面的特异受体结合，激活受体而引起细胞某些生物学特性的改变。第二信使为第一信使作用于靶细胞后在胞质内产生的信息分子。第二信使将获得的信息增强、分化、整合并传递给效应器才能发挥其特定的生理功能或药理效应。现已发现的第二信使有G蛋白、环磷腺苷、环磷鸟苷、肌醇磷脂、钙离子等。第三信使是指负责细胞核内外信息传递的物质，包括生长因子、转化因子等，它们传导蛋白及某些癌基因产物，参与基因调控、细胞增殖和分化，以及肿瘤的形成等过程。

六、受体的调节

在某一组织或器官中，受体的数量、亲和力及内在活性不是永恒不变的，它受多种因素的影响。当长期使用一种激动药后，组织或细胞对激动药的敏感性和反应性下降，这种现象称为受体脱敏，如仅对一种类型的受体激动药的反应性下降，而对其他类型受体激动药的反应性不变，则称之为激动药特异性脱敏；若组织或细胞对一种类型激动药脱敏，对其他类型受体激动药也不敏感，则称为激动药非特异性脱敏。受体增敏是与受体脱敏相反的一种现象，可因受体激动药水平降低或长期应用拮抗药而造成。若受体脱敏和增敏只涉及受体密度的变化，则分别称之为下调和上调。

知识拓展

目前对受体与药物相互作用的解释依据于Clark和Gaddum等提出的占领学说，该学说认为，受体只有与药物结合，并且具有内在活性时才能激动受体产生效应。药物与受体的相互作用规律符合质量作用定律。

小 结

药物效应动力学简称药效学，主要研究药物对机体的作用及其作用机制。药物作用包括治疗效果和不良反应，前者包括对因治疗和对症治疗，后者包括副反应、毒性反应、后遗效应、停药反应、变态反应和特异质反应。在一定范围内，药物效应随着体内药量的增大而增强，两者之间的关系称为量效关系。药物的最大效应称为效能。治疗指数则是评价药物安全性的一个重要指标。许多药物是通过受体发挥作用的。根据药物与受体亲和力和内在活性的不同可把这些药物分为激动药和拮抗药两种，后者根据其作用性质又可分为竞争性拮抗药和非竞争性拮抗药。受体的数量、亲和力及内在活性不是永恒不变的，它受多种因素的影响。

【思考题】

(1) 名词解释：① 不良反应与副反应，② 后遗效应，③ 效能和效价强度，④ 治疗指数，⑤ 激动药与拮抗药，⑥ 拮抗参数。
(2) 试述不良反应的类型。
(3) 试述竞争性拮抗药和非竞争性拮抗药的药理学特征。

（郑 雪 许正新）

第四章　影响药物效应的因素

学习要点

- **掌握**：① 影响药物作用的因素；② 药物相互作用、耐受性、耐药性、依赖性的概念。
- **熟悉**：药物相互作用、药物制剂和给药途径。
- **了解**：年龄、性别、遗传、特异质反应、疾病、心理因素等对药物作用的影响。

药物的体内效应受多种因素的影响。不同个体给予同样的药物，所产生的效应也不会完全相同。临床用药时，一方面需要熟悉影响药物作用的各种因素，根据个体的具体情况选择合适的药物，制定合理的用药方案；另一方面，在治疗过程中，还需要根据患者病情的变化对相关方案进行调整，以达到个体化用药的目的。影响药物效应的因素大体可分为两个方面。

第一节　药物方面的因素

一、药物剂型和给药途径

同一药物由于剂型、给药途径不同，所引起的药物效应也不同。注射剂中的水溶性制剂比油溶剂和混悬剂吸收快、起效也快。通常情况下注射给药比口服给药的吸收快、到达效应器官的时间短，因而起效快，作用显著。

二、联合用药及药物相互作用

联合用药是指同时或先后序贯使用两种或两种以上药物的过程。联合用药的目的一般包括增强疗效或避免耐药性的产生、降低不良反应、治疗复杂性疾病。

药物的相互作用，是指两种或两种以上药物同时或先后序贯应用，药物之间的相互影响和干扰可改变药物的体内过程及机体对药物的反应性，从而使药物的药理效应或毒性发生变化。这些影响因素，从其发生的场所来看，可分为体内的相互作用和体外的相互作用两大类型。

药物在体内的相互作用包括药动学方面的相互作用和药效学方面的相互作用两个方面，药物在体外的相互作用俗称配伍禁忌，可发生于多个环节，但最常见和最重要的是在静脉滴注时。

第二节　机体方面的因素

机体方面对药物效应的影响包括如下几个方面。

一、患者的生理因素

1. 年龄　不同年龄的患者由于其在代谢功能及整体反应等方面的差异，导致了其生物效应方面的差异。年龄对药物作用的影响主要体现在：

(1) 婴幼儿的用药量不仅需要根据体重或体表面积计算，还要考虑其在解剖、生理等方面的特点。

(2) 老年人的主要器官功能有所降低，各器官功能发生了老年性的变化，整体的代偿调节功能也降低，因而常常表现为对药物的耐受能力的降低。

2. 性别 不同性别的患者对药物的反应亦不一样。例如，男性对乙酰氨基酚及阿司匹林的清除率分别高于女性40%及60%，故而相同剂量的药物在不同性别的患者身上可产生不同的效应。此外，妇女月经期不宜服用峻泻药和抗凝药。有些药物用于孕妇可影响胎儿的生长发育。

3. 营养因素 营养不良的患者由于体重轻、血浆蛋白含量低、肝药酶的活性低，脂肪组织储存药物较少，游离药物浓度升高，较易产生毒性反应。因此，临床用药时要注意患者的营养状况。

4. 体内激素水平 患者体内激素水平可以影响药物效应。例如，肝药酶活性与血浆糖皮质激素水平成负相关；甲状腺激素水平下降可减慢血浆内药物清除率；胰岛素水平下降也可减慢药物的代谢等。

5. 精神因素/心理因素 患者的情绪，医护人员的语言、态度等均可影响药物的疗效。情绪乐观时，机体对疾病的抵抗力可以增强。相反，悲观、抑郁、不愿配合治疗，将会影响药物的疗效。

6. 昼夜节律 生物节律是生命的基本特征之一。在研究生物节律的基础上发现，机体对药物的反应也同样有周期性。目前已经证明，某些药物的毒性、疗效、药代动力学等都与时间周期变化有关。

二、遗 传 因 素

不同个体对药物的反应性不同。其原因是由于遗传因素对药物的药动学或药效学方面的影响造成的。例如，人群对异烟肼的代谢可分为快乙酰化和慢乙酰化两种类型。快乙酰化者血药浓度低，作用弱，维持时间短；慢乙酰化者则相反。

三、病 理 状 态

疾病可对机体对药物的处置和反应性发生改变。例如，中枢神经系统受抑时，可耐受较大剂量的中枢兴奋药；肝功能严重不良时，甲苯磺丁脲的作用延长，经肝活化的药物(如可的松)的作用降低。肾功能不全时，经肾排泄的药物的排泄速率减慢，$t_{1/2}$延长。心脏疾病使肝血流减慢，受肝血流限制性清除的药物(如普萘洛尔)的代谢也将受影响。

四、机体对药物反应的变化

机体对药物反应的变化主要包括以下几种类型：

1. 耐受性 为在连续多次用药后机体对药物的反应性逐渐降低，需增加剂量才能保持原先的疗效不变。如仅在应用很少几个剂量后就迅速产生耐受性称为急性耐受性。交叉耐受性是指对一种药物产生耐受性后，在应用同一类药物时也会产生耐受性。

2. 耐药性 指病原体或肿瘤细胞对反复应用的化疗药物的敏感性降低，也称抗药性。

3. 药物依赖性 指长期使用某些药物后，机体对这种药物产生生理性或精神性的依赖和需求。它包括：

(1) 精神依赖性又称心理依赖性：指连续多次用药后，患者对药物产生精神上的依赖。停药后患者只表现主观不适，无客观症状和体征。

(2) 生理依赖性又称身体依赖性：指连续多次用药后，患者对药物产生身体上的依赖，一旦突然停药，则会产生严重的生理功能紊乱，出现一些特殊的症状(戒断症状)。

知识拓展

药物效应取决于其体内外因素的综合作用结果，联合用药时，由于各药的理化性质、与血浆蛋白的结合程度、对肝药酶的影响、受体的体内密度及与药物亲和力的变化等诸多因素的影响，最终会使得药物作用呈现出错综复杂的结果。如何保证合理用药是临床一线工作者需要特别注意的问题。

小 结

影响药物作用的因素包括：① 药物方面的因素：如药物剂型、给药途径、剂量及联合用药等。② 机体方面的因素：包括生理因素、遗传因素、病理状态及机体对药物反应的变化等。其中，连续多次用药后机体对药物的反应性逐渐降低称为耐受性，病原体或肿瘤细胞对反复应用的化学治疗药物的敏感性降低称为耐药性，长期使用某些药物后，机体对这种药物产生生理性或精神性的依赖和需求称为依赖性。依赖性又可分为生理依赖性和精神依赖性。

【思考题】

(1) 名词解释：① 耐受性，② 耐药性，③ 依赖性。
(2) 制订合理的用药方案时应重点考虑哪些问题？
(3) 如何理解药物的相互作用？

(朱 磊 许正新)

第五章　传出神经系统药理学概论

学习要点

- **掌握：**① 传出神经系统受体分型及激动时的效应；② 传出神经系统药物分类。
- **熟悉：**① 传出神经系统分类、生理功能；② 传出神经系统药物基本作用。
- **了解：**① 传出神经系统的作用机制；② 递质的合成、储存、释放及消除；③ 受体的结合的功能；④ 递质及受体的分布特点。

第一节　概　　述

传出神经系统包括运动神经系统和自主神经系统(也称植物神经系统)，前者支配骨骼肌的运动，后者支配心肌、血管、内脏平滑肌、腺体等的生理功能。自主神经系统又根据功能不同可分为交感神经系统和副交感神经系统。

传出神经根据其末梢释放的递质不同，可分为胆碱能神经和去甲肾上腺素能神经，前者释放乙酰胆碱(简称 ACh)，后者主要释放去甲肾上腺素(简称 NA)。胆碱能神经主要包括全部交感神经和副交感神经的节前纤维、运动神经、全部副交感神经的节后纤维和极少数交感神经节后纤维(支配汗腺分泌和骨骼肌血管舒张神经)。去甲肾上腺素能神经包括几乎全部交感神经节后纤维。

第二节　传出神经系统的递质及受体

作用于传出神经系统的药物，主要作用靶位是传出神经系统的递质和受体。药物可通过影响递质的合成、储存、释放、代谢等环节或通过直接与受体结合而产生生物效应。

一、传出神经系统的递质

1. 传出神经系统化学传递学说及其突触的超微结构　化学传递的物质基础是神经递质。其包括经典神经递质、神经肽、神经调质、神经激素和神经蛋白几大类，它们广泛分布于神经系统，担负着神经元与神经元之间、神经元与靶细胞之间的信息传递。通过它的电信号或者化学信号的传递作用可以实现细胞间的通讯联系。

2. 传出神经递质的生物合成和储存　乙酰胆碱主要在胆碱能神经末梢合成，少量在胞体内合成，以胆碱和乙酰辅酶 A 为原料。胆碱和乙酰辅酶 A 在胆碱乙酰化酶(胆碱乙酰转移酶)的催化下合成乙酰胆碱。乙酰胆碱合成后，即进入囊泡并与 ATP 和囊泡蛋白共同储存于囊泡中。

去甲肾上腺素合成的主要部位在去甲肾上腺素能神经末梢。血液中的酪氨酸在酪氨酸酶催化下生成多巴，再经多巴脱羧酶催化生成多巴胺，后者进入囊泡中，经多巴胺 β-羟化酶的催化，转变为去甲肾上腺素。后者与 ATP 的嗜铬颗粒蛋白结合，储存于囊泡中。酪氨酸羟化酶的活性较低，反应速度慢，底物要求专一，是调节去甲肾上腺素生物合成的限速酶。

3. 传出神经递质的释放　当神经冲动到达神经末梢时，钙离子进入神经末梢，促进囊泡膜与突触前膜融合，形成裂孔，通过裂孔将囊泡内容物一并排出至突触间隙，实现量子化释放。

4. 传出神经递质作用的消失　乙酰胆碱作用的消失主要由于被突触间隙中的乙酰胆碱酯酶水解。去甲肾上腺素作用的消失则主要是被突触前膜再摄取。

二、传出神经系统的受体

1. 传出神经系统受体的命名　传出神经受体分为乙酰胆碱受体和肾上腺素受体。前者可分为毒蕈碱型受体（M受体）和烟碱型受体（N受体）。后者则可分为α肾上腺素受体（α受体）和β肾上腺素受体（β受体）。

2. 传出神经系统受体的亚型及其功能　M受体可分为M_1、M_2、M_3、M_4和M_5五种亚型，N受体又分为神经肌肉接头N受体（N_M受体），神经节N受体与中枢N受体又称为N_N受体。M胆碱受体M_1、M_3、M_5与$G_{q/11}$蛋白偶联，进而激活磷脂酶C，促进第二信使，即1，4，5-三磷酸肌醇（IP_3）和二酯酰甘油（DAG）的形成而产生一系列效应。M_2、M_4受体与Gi/o蛋白偶联可使腺苷酸环化酶活性抑制，并可激活K^+通道或抑制Ca^{2+}通道。N胆碱受体被激动后可引起离子通道开放，从而调节Na^+、K^+、Ca^{2+}流动。

α受体可为α_1和α_2受体两种亚型，β受体可分为β_1、β_2和β_3三种亚型。肾上腺素受体被激动后也与G蛋白偶联，其中α_1受体激动可激活磷脂酶（C、D、A_2），增加第二信使IP_3和DAG形成而产生效应；α_2受体激动则可抑制腺苷酸环化酶，并由此使环磷腺苷（cAMP）减少。所有β受体亚型激动后均能兴奋腺苷酸环化酶，使cAMP增加，产生不同效应。

第三节　传出神经系统药物基本作用及其分类

一、传出神经系统药物基本作用

传出神经系统药物基本作用包括：直接作用于受体和影响递质。前者根据与受体结合后产生效应的不同分为激动药和阻断药。后者的作用方式包括在突触和神经-效应器接头部位影响递质的合成、释放、储存、生物转化。

二、传出神经系统药物分类

传出神经系统药物按其作用方式和作用性质可分为胆碱受体激动药、抗胆碱酶酶药和胆碱酶酶复活药、胆碱受体阻断药、肾上腺素受体激动药、肾上腺素受体阻断药。

知识拓展

传出神经系统药物影响递质的合成、释放、储存、生物转化

1. 影响递质生物合成　密胆碱可以抑制乙酰胆碱的生物合成，α-甲基酪氨酸能抑制去甲肾上腺素生物合成，但两者无临床应用价值，仅作为药理学研究的工具药。

2. 影响递质释放　某些药物如麻黄碱和间羟胺可促进NA释放，而卡巴胆碱可促进ACh释放。

3. 影响递质的转运和储存　有些药物可干扰递质NA的再摄取，如利血平为典型的囊泡摄取抑制剂而使囊泡内去甲肾上腺素减少以致耗竭，去甲丙米嗪和可卡因都是摄取-1抑制剂。

4. 影响递质的生物转化　胆碱酯酶抑制剂可干扰体内ACh代谢，从而产生效应。

小　结

传出神经包括胆碱能神经和去甲肾上腺素能神经，前者神经末梢递质乙酰胆碱主要被胆碱酯酶水解，后者神经末梢递质去甲肾上腺素的消除则主要是被突触前膜所摄取。

传出神经系统的受体主要分为胆碱受体（M、N受体）及肾上腺素受体（α、β受体）

【思考题】

(1) 传出神经如何分类？

(2) 试述传出神经系统药物的分类及其功能。

（夏叶玲）

第六章　胆碱受体激动药

学习要点

- **掌握**：毛果芸香碱的药理作用、临床用途、不良反应及应用注意事项。
- **熟悉**：乙酰胆碱的药理作用特点。
- **了解**：烟碱的药理作用特点。

第一节　M、N 胆碱受体激动药

M、N 胆碱受体激动药可分为两类：胆碱酯类和生物碱类。

胆碱酯类的代表药是乙酰胆碱，其可通过激动 M、N 受体而对心血管、胃肠道、泌尿道平滑肌和眼、腺体等产生影响，但由于其性质不稳定，在体内极易被胆碱酯酶迅速分解，且作用十分广泛，选择性差，故无临床实用价值，只作为药理学研究的工具用药。

其他同类药还有卡巴胆碱、醋甲胆碱和贝胆碱等。

第二节　M 胆碱受体激动药

毛果芸香碱

【药理作用】

毛果芸香碱，又名匹鲁卡品，具有临床实用价值。能直接作用于副交感神经(包括支配汗腺的交感神经)节后纤维支配的效应器官的 M 胆碱受体，而发挥拟胆碱作用。

(1) 对眼的作用

1) 瞳孔：可激动瞳孔括约肌的 M 胆碱受体，滴眼后可引起瞳孔缩小。

2) 降低眼内压：可通过缩瞳作用使虹膜向中心拉紧，虹膜根部变薄，从而使处在虹膜周围部分的前房角间隙扩大，房水易于经滤帘进入巩膜静脉窦，结果使眼内压下降。

3) 调节痉挛：动眼神经兴奋时或用拟胆碱药如毛果芸香碱时，看近物清楚，而看远物模糊，毛果芸香碱的这种作用称为调节痉挛。

(2) 对腺体的作用：能激动腺体的 M 胆碱受体，使腺体分泌增加。

【临床应用】

(1) 青光眼：闭角型青光眼(充血性青光眼)，低浓度的毛果芸香碱(2%以下)滴眼后，可缓解或消除青光眼症状。对开角型青光眼(单纯性青光眼)的早期也有一定疗效，但作用机制未明。

(2) 虹膜睫状体炎：与扩瞳药交替应用，可防止虹膜与晶状体粘连。

(3) 其他：口服可用于颈部放射治疗口腔干燥；还用于抗胆碱药阿托品等药物中毒的抢救。

【不良反应】

过量可出现 M 胆碱受体过度兴奋症状，可用阿托品对症处理。滴眼时应压迫内眦，避免药液流入鼻腔增加吸收而产生不良反应。

第三节 N胆碱受体激动药

烟碱(尼古丁)是由烟草中提取的一种生物碱成分。其作用很复杂,既作用于自主神经节 N_N受体,也作用于神经-肌肉接头的 N_M受体,而且具有小剂量激动,大剂量阻断 N 受体的双相作用。由于烟碱作用广泛、复杂,故无临床实用价值,仅具有毒理学意义。

知识拓展

调节痉挛和调节麻痹

调节痉挛和调节麻痹是指眼调节的异常。调节痉挛是指 M 受体激动药作用或者交感神经系统过度兴奋,造成睫状肌收缩,松弛悬韧带,晶状体凸度增加,不能看远物,形成假性近视。调节麻痹作用则相反,是指 M 受体拮抗药造成睫状肌松弛,晶状体凸度减少,造成不能看近物。

小 结

乙酰胆碱为胆碱能神经递质,其性质不稳定,在体内极易被胆碱酯酶迅速分解,且作用十分广泛,选择性差,故无临床实用价值。只作为药理学研究的工具用药。毛果芸香碱其能直接作用于副交感神经节后纤维支配的效应器官的 M 胆碱受体,尤其对眼和腺体的作用较明显,滴眼后可引起瞳孔缩小,降低眼内压,调节痉挛等作用。临床主要用于青光眼和虹膜睫状体炎。

【思考题】

(1) 试述乙酰胆碱的药理作用。

(2) 试述毛果芸香碱的药理作用及临床应用。

(3) 试述毛果芸香碱治疗青光眼的机制。

(夏叶玲)

第七章　抗胆碱酯酶药和胆碱酯酶复活药

学习要点

- **掌握**：易逆性抗胆碱酯酶药的药理作用、临床应用，有机磷酸酯类中毒的机制、中毒临床表现及其中毒解救。
- **熟悉**：易逆性和难逆性抗胆碱酯酶药的作用机制。
- **了解**：胆碱酯酶的作用机制。

第一节　胆碱酯酶

胆碱酯酶分为乙酰胆碱酯酶（AChE）和丁酰胆碱酯酶。AChE 主要存在于胆碱能神经末梢突触间隙，特别是运动神经终板突触后膜的皱褶中聚集较多，也存在于胆碱能神经元内和红细胞中，特异性较高，可在胆碱能神经末梢、效应器等部位终止 ACh 作用。

第二节　抗胆碱酯酶药

抗 AChE 药能与 AChE 牢固结合，使 AChE 活性受到抑制，从而导致胆碱能神经末梢释放的 ACh 堆积，产生拟胆碱作用。从药物的作用性质上来看，该类药可分为两类：一类是易逆性抗 AChE 药，如新斯的明等；另一类为难逆性抗 AChE 药，如有机磷酸酯类。

一、易逆性抗胆碱酯酶药

1. 易逆性抗胆碱酯酶药的一般特性

【药理作用】

(1) 眼：收缩瞳孔括约肌和睫状肌，导致瞳孔缩小和睫状肌调节痉挛，降低眼内压。

(2) 胃肠道：不同药物对胃肠平滑肌的作用不同。新斯的明可促进胃平滑肌收缩及增加胃酸分泌，对食管明显弛缓和扩张的患者，能明显促进食管的蠕动，并增加其张力。

(3) 骨骼肌和神经-肌肉接头：大多数强效抗 AChE 药对骨骼肌的作用，主要是通过其抑制神经-肌肉接头 AChE，但亦有一定的直接兴奋作用（如新斯的明）。

(4) 其他此类药物：对腺体、心血管系统、中枢等有不同程度的作用。

【临床应用】

(1) 重症肌无力：新斯的明、吡斯的明和安贝氯铵为治疗重症肌无力的常规药物，常用来控制疾病症状。

(2) 腹气胀和尿潴留：新斯的明疗效较好。

(3) 青光眼：滴眼后可使瞳孔缩小，眼内压下降。毒扁豆碱、地美溴铵较为多用。

(4) 解毒：用于竞争性肌松药过量时解毒。用新斯的明、依酚氯铵和加兰他敏。

(5) 阿尔茨海默病。

2. 常用易逆性抗胆碱酯酶药

(1) 新斯的明

1) 新斯的明可抑制 AChE 活性而发挥完全拟胆碱作用，即可兴奋 M、N 胆碱受体；还能直接激动骨骼肌运动终板上的 N_M胆碱受体，以及促进运动神经末梢释放乙酰胆碱。其对腺体、眼、心血管及支气管平滑肌作用弱，兴奋胃肠平滑肌的作用较强，对骨骼肌兴奋作用最强。

2) 临床可用于治疗重症肌无力、手术或其他原因引起的腹气胀及术后尿潴留、阵发性室上性心动过速及对抗竞争性神经肌肉阻滞药(非除极化型肌松药)过量时的毒性作用。

3) 禁用于机械性肠梗阻或泌尿道梗阻患者。

(2) 毒扁豆碱

1) 眼内局部作用类似于毛果芸香碱，但较强而持久；外周作用与新斯的明相似，表现为 M、N 胆碱受体激动作用，进入中枢可抑制中枢 AChE 活性，表现为小剂量兴奋，大剂量抑制。

2) 临床主要用于治疗青光眼，滴眼时应压迫内眦，避免药液流入鼻腔后吸收而引起中毒。

(3) 其他：常用的易逆性抗 AChE 药还有吡斯的明、依酚氯铵、安贝氯铵和地美溴铵。

二、难逆性抗胆碱酯酶药——有机磷酸酯类农药

有机磷酸酯类农药包括杀虫药对硫磷、敌敌畏、敌百虫、乐果等，中毒后者不及时抢救，容易造成死亡。

1. 中毒机制 有机磷酸酯类能与 AChE 牢固结合形成不易解离的磷酰化胆碱酯酶，持久地抑制胆碱酯酶的活性，使体内 ACh 大量堆积，产生一系列中毒症状，主要表现为 M 样症状和 N 样症状。

2. 中毒表现

(1) 急性中毒

1) M 样症状：包括眼(瞳孔缩小、视物模糊、睫状肌痉挛而感觉眼痛)、腺体(唾液腺、汗腺和支气管腺体等分泌增多)、心血管(心率减慢和血压下降等，由于同时有 N 样作用，也可引起血压升高)、呼吸(支气管平滑肌收缩和腺体分泌增加)、胃肠道(恶心、呕吐、腹痛和腹泻等)、泌尿生殖(尿失禁、阴茎勃起)等系统的一系列兴奋症状。

2) N 样症状：包括 N_N受体兴奋(心动过速和血压升高等)和 N_M受体兴奋(肌无力、震颤、肌麻痹，严重时可引起呼吸肌麻痹)所引起的一系列症状。

3) 中枢神经系统症状：早期表现为先兴奋、焦虑、不安，继而出现惊厥。晚期，由过度兴奋转入抑制，出现意识模糊、共济失调、谵妄、反射消失、昏迷等症状，严重的可出现呼吸抑制，甚至呼吸停止和血管运动中枢抑制引起的血压下降或循环衰竭，危及生命。

(2) 慢性中毒：多发生于长期接触农药的人员，主要表现为血中 AChE 活性显著而持久地下降。主要表现有神经衰弱综合征、腹胀、多汗，偶有肌束颤动及瞳孔缩小症状。

3. 中毒的防治

(1) 预防：严格执行农药的管理制度，加强生产人员及使用农药人员保护措施。

(2) 急性中毒的治疗

1) 消除毒物：根据中毒途径，消除毒物避免继续吸收。

2) 使用解毒药物：① 阿托品：通过阻断 M 胆碱受体，使用时要及早、足量、反复应用，必须与胆碱酯酶复活药合用。② AChE 复活药：可使被有机磷酸酯类抑制的 AChE 恢复活性。

(3) 慢性中毒治疗：使用阿托品和解磷定类药物，疗效并不理想。对生产工人或经常接触者，当血中胆碱酯酶活性下降至 50%以下时，应调离与有机磷酸酯类有接触的岗位，以免中毒。

第三节 胆碱酯酶复活药

胆碱酯酶复活药是一类能使已被有机磷酸酯类抑制的 AChE 恢复活性的药物。

一、氯解磷定

【药理作用】

(1) 恢复 AChE 的活性：与已被有机磷酸酯类抑制的 AChE 结合生成解磷定与磷酰化 AChE 复合物，复合物再进一步裂解成为磷酰化氯解磷定，使 AChE 游离出来，恢复其水解 ACh 的活性。

(2) 直接解毒作用：氯解磷定还能与体内游离的有机磷酸酯类直接结合，成为无毒的磷酰化氯解磷定从尿排出，从而阻止游离的有机磷酸酯类继续抑制 AChE 的活性。

【临床应用】

氯解磷定能明显减轻 N 样症状，对骨骼肌作用最明显，能迅速抑制肌束颤动，对中枢神经系统的中毒症状也有一定的改善，但对 M 样中毒症状的影响较小，故应与阿托品合用。

二、碘解磷定

碘解磷定为最早应用的胆碱酯酶复活药。药理作用和临床应用与氯解磷定相似。该药对不同有机磷酸酯类中毒疗效存在差异。

知识拓展

重症肌无力

重症肌无力是一种自身免疫性疾病。其主要病因是体内异常的自身抗体破坏了神经肌接头突触后膜的 N_2 乙酰胆碱受体，导致传递障碍，肌肉麻痹。临床可累及全身肌肉，表现为无力、易疲劳，呈现"晨轻暮重"的波动性变化。若累及呼吸肌，可以出现呼吸障碍，是本病致死的主要原因。

药物新斯的明和依酚氯铵试验对本病的诊断有辅助意义，注射药物一定时间后肌力改善为阳性。

治疗上主要使用胆碱酶酶抑制药和肾上腺皮质激素，也可酌情使用血浆置换，静脉注射丙种球蛋白、免疫抑制药等方法。严密监控呼吸状况，及时改善呼吸障碍是防止死亡的重要措施。

小 结

抗胆碱酯酶药分为两类：一类是易逆性抗 AChE 药，如新斯的明等。新斯的明兴奋胃肠平滑肌的作用较强，对骨骼肌兴奋作用最强，并可减慢心率。临床用于重症肌无力、腹气胀和尿潴留、阵发性室上性心动过速、竞争性肌松药过量时的解毒。另一类为难逆性抗 AChE 药，如有机磷酸酯类。有机磷酸酯类与 AChE 牢固结合，从而导致胆碱能神经末梢释放的 ACh 堆积，产生 M 样和 N 样症状的拟胆碱作用，对人有毒性作用，临床价值不大，具有毒理学意义。

胆碱酯酶复活药是一类能使已被有机磷酸酯类抑制的 AChE 恢复活性的药物，从根本上产生解毒作用，对 N 样症状缓解最快，对中枢中毒症状也有一定的改善作用。常用的药物有氯解磷定和碘解磷定等。但此类药物对 M 样中毒症状影响较小，故应与 M 受体阻断药合用(如阿托品)。

【思考题】

(1) 试述新斯的明的药理作用和临床用途。

(2) 试述有机磷酸酯类中毒的机制。

(3) 试述解磷定解救有机磷酸酯类中毒的机制。

(4) 新斯的明与毒扁豆碱不同之处有哪些?

(夏叶玲)

第八章　胆碱受体阻断药(Ⅰ)——M胆碱受体阻断药

学习要点

- **掌握**：阿托品的药理作用、作用机制、临床应用、不良反应及禁忌证。
- **熟悉**：东莨菪碱和山莨菪碱的作用特点和临床应用。
- **了解**：① 阿托品合成代用品的分类；② 溴丙胺太林、贝那替嗪、哌仑西平的作用特点。

M胆碱受体阻断药与胆碱受体仅有亲和力而不具有内在活性，它们不产生或极少产生作用，却能妨碍乙酰胆碱或胆碱受体激动药与相应部位的M受体结合，从而产生抗胆碱样作用。相关药物包括阿托品类生物碱及其合成、半合成代用品。

第一节　阿托品及其类似生物碱

本类药物包括阿托品、东莨菪碱和山莨菪碱等，多从茄科植物，如颠茄、曼陀罗、洋金花和莨菪、唐古特莨菪等天然植物中提取得到。其中，阿托品为消旋体，东莨菪碱则为左旋体。

一、阿　托　品

【药理作用】

阿托品是M受体阻断药的代表药物，其作用机制为竞争性阻断M受体。该作用具有较高的选择性，大剂量时对N_N受体也有阻断作用，但对N_M受体无作用。

阿托品的药理作用与剂量有关，随着剂量的增加，依次出现腺体分泌减少、瞳孔扩大、心率加快、调节麻痹、胃肠道和膀胱平滑肌抑制等作用，大剂量时则出现中枢症状。

(1) 腺体：抑制腺体分泌。其中，唾液腺和汗腺对其最敏感，其次是泪腺和呼吸道腺体。较大剂量也减少胃液的分泌，但对胃酸分泌的影响较小。

(2) 眼：阿托品能阻断瞳孔括约肌和睫状肌上的M受体，从而表现出扩瞳、眼内压升高和调节麻痹的作用。

1) 扩瞳：阿托品能通过阻断M受体，松弛瞳孔括约肌，使得去甲肾上腺素能神经支配的瞳孔扩大肌的功能占优势，呈现出扩张瞳孔的效应。

2) 眼内压升高：由于瞳孔扩大，虹膜退向四周边缘，前房角间隙变窄，房水回流入巩膜静脉窦的阻力增加，造成眼内压升高。有眼内压升高倾向的患者禁用。

3) 调节麻痹：阿托品能阻断睫状肌上的M受体，导致睫状肌松弛而退向外缘，悬韧带拉紧，晶状体变为扁平，屈光度降低，不能将近物清晰地成像于视网膜上，造成看近物模糊，只适合看远物，这一作用称为调节麻痹。

(3) 平滑肌：阿托品能松弛多种内脏平滑肌，尤其对过度活动或痉挛的内脏平滑肌，其松弛作用更为显著。它可抑制胃肠道平滑肌痉挛，降低蠕动的幅度和频率，缓解胃肠绞痛；也可降低尿道和膀胱逼尿肌的张力和收缩幅度，常可解除由药物引起的输尿管张力增高。阿托品对胆管和子宫平滑肌的作用较弱。

(4) 心脏

1) 心率：治疗剂量的阿托品(0.4～0.6 mg)可使部分患者的心率短暂性轻度减慢，这种变化并不伴随血压与心排血量的变化，可能原因是阿托品阻断了突触前膜上的 M_1 受体，从而减少突触中 ACh 对递质释放的抑制作用所致。较大剂量的阿托品则通过阻断窦房结的 M_2 受体，解除迷走神经对心脏的抑制作用，使心率加快。影响程度取决于个体的迷走神经张力。在迷走神经张力高的青壮年，心率加快明显，而对运动状态、婴幼儿和老年人的心率影响较小。

2) 房室传导：阿托品可拮抗迷走神经过度兴奋所致的房室传导阻滞和心律失常，尚可缩短房室结的有效不应期，增加房颤或房扑患者的心室率。

(5) 血管与血压：治疗剂量的阿托品对血管与血压无明显影响，大剂量的阿托品则有解除小血管痉挛、扩张外周血管的作用，可引起皮肤潮红、温热，尤以面颈部皮肤为甚。

(6) 中枢神经系统：治疗量时影响不明显；较大剂量(1～2 mg)可轻度兴奋延髓和大脑，5 mg 时中枢兴奋明显增强；中毒剂量(10 mg 以上)时常见定向障碍、运动失调、惊厥、幻觉和谵妄等症状；持续大剂量则可使中枢由兴奋转为抑制，发生昏迷与中枢麻痹，最后死于循环与呼吸衰竭。

【临床应用】

(1) 解除平滑肌痉挛：适用于各种内脏绞痛。其中，对胃肠绞痛、膀胱刺激症状(如尿频、尿急等)疗效较好，对胆绞痛或肾绞痛的疗效较差，常需与阿片类镇痛药合用。

(2) 抑制腺体分泌：用于全身麻醉前给药，以减少呼吸道腺体及唾液腺分泌，防止分泌物阻塞呼吸道及吸入性肺炎的发生，也可用于严重的盗汗和流涎症的治疗。

(3) 眼科：可用于虹膜睫状体炎、验光配镜及检查眼底。

(4) 缓慢型心律失常：阿托品可用于治疗迷走神经过度兴奋所致的窦性心动过缓、窦房阻滞、房室传导阻滞等缓慢型心律失常。

(5) 抗休克：对感染性休克，可用大剂量阿托品治疗，但对休克伴有高热或心动过速患者则不宜使用。

(6) 解救有机磷酸酯类中毒。

【不良反应】

阿托品具有多种药理作用，当其某一种作用成为治疗作用时，其他的作用就成为不良反应。常见的不良反应有口干、视物模糊、心率加快、瞳孔扩大及皮肤潮红等。随着剂量的增加，上述症状加重，甚至出现中枢中毒症状。阿托品的最低致死量在成人为 80～130 mg，儿童约为 10 mg。

中毒的解救主要为对症处理。如属口服中毒，应立即洗胃，导泻，以促进毒物排出，并可用拟胆碱药如毒扁豆碱来对抗。如患者表现出明显的中枢兴奋时，可用地西泮对抗，但剂量不宜过大。不可使用吩噻嗪类药物。

【禁忌证】

青光眼及前列腺肥大患者禁用。

二、其他阿托品类生物碱

1. 山莨菪碱　山莨菪碱为从茄科植物唐古特莨菪中提取的生物碱，为左旋体，人工合成的为消旋体，简称 654-2。该药具有与阿托品类似的作用，但其作用在不同器官有不同的表现。其中，抑制腺体分泌和扩瞳作用仅为阿托品的 1/20～1/10；因不易通过血-脑屏障，中枢兴奋作用很弱；对抗 ACh 所致的平滑肌痉挛和抑制心血管的作用与阿托品相似而稍弱，但解痉作用的选择性相对较高。临床可用于感染性休克和内脏平滑肌痉挛引起的绞痛的治疗。不良反应和禁忌证与阿托品相似，但其毒性较低。

2. 东莨菪碱　东莨菪碱外周作用与阿托品相似，仅在作用强度上有所不同。抑制腺体分泌作用比阿托品强，扩瞳及调节麻痹作用较阿托品稍弱，对心血管系统的作用较弱。对于中枢神经系统，治疗剂量下就可表现出抑制作用。该药同时具有抗晕动病和抗帕金森病的作用。临床上主要用于麻醉前给药，亦可用于治疗晕动病和帕金森病。此外，还可用于妊娠呕吐和放射病呕吐的镇吐。

第二节 颠茄生物碱的合成、半合成代用品

阿托品的作用过于广泛，临床应用时不良反应较大。针对这些缺陷，通过改变其化学结构，合成了不少代用品。根据其选择性的不同，这些药物可分为：合成扩瞳药、合成解痉药和选择性M受体阻断药。合成扩瞳药包括后马托品、托吡卡胺、环喷托酯、尤卡托品等，临床主要用于一般的眼科检查。合成解痉药包括季铵类的异丙托溴铵、噻托溴铵和溴丙胺太林，叔胺类的贝那替秦等。其中，季胺类药物不易透过血-脑屏障，无中枢作用。异丙托溴铵、噻托溴铵注射给药时可产生与阿托品相似的支气管扩张和抑制呼吸道腺体分泌等作用，临床可用于呼吸道疾病的治疗；溴丙胺太林和贝那替秦则主要用于溃疡病、胃肠痉挛等的治疗。选择性M受体阻断药有M_1受体阻断药（哌仑西平、替仑西平等）、M_2受体阻断药（Tripitamine等）和M_3受体阻断药（达非那新等），临床主要用于消化性溃疡的治疗。

知识拓展

误服中毒量的颠茄果、曼陀罗果、洋金花或莨菪根茎时，也可逐次出现阿托品样症状。中毒的解救措施也与阿托品中毒相同。但应当注意的是，解救有机磷酸酯类农药中毒而用阿托品过量时，则不能使用毒扁豆碱等抗胆碱酯酶药。

小 结

阿托品的作用、用途和不良反应如下：

药理作用	临床用途	不良反应
腺体：抑制腺体分泌	用于各种内脏绞痛	尿潴留
平滑肌：解除平滑肌痉挛	全麻前给药，严重的盗汗、流涎	口干，皮肤干燥，体温升高
眼：扩瞳，升高眼内压，调节麻痹	虹膜睫状体炎，验光配镜，检查眼底	视物模糊，远视，青光眼患者禁用
心脏：解除迷走神经对心脏的抑制	缓慢型心律失常	
血管和血压：扩张血管，改善微循环	抗休克	
中枢神经系统：先兴奋，后抑制	解救有机磷酸酯类中毒	

【思考题】

(1) 阿托品具有哪些药理作用？临床可用于哪些疾病的治疗？
(2) 与阿托品相比，山莨菪碱和东莨菪碱具有哪些特点？
(3) 试比较毛果芸香碱、毒扁豆碱、阿托品对瞳孔作用的异同点。
(4) 感染中毒性休克患者，为何可用654-2抢救？

（许正新）

第九章　胆碱受体阻断药(Ⅱ)——N胆碱受体阻断药

学习要点

- **掌握**：除极化型肌松药和非除极化型肌松药的作用特点、临床应用及主要不良反应。
- **熟悉**：筒箭毒碱的作用机制、作用特点和不良反应。
- **了解**：琥珀胆碱的作用特点和用药注意事项。

第一节　N_N受体阻断药——神经节阻断药

神经节阻断药又称N_N受体阻断药，能选择性地与神经节细胞的N_N受体结合，竞争性地阻断ACh与受体结合，使ACh不能引起神经节细胞的除极化，从而阻断神经冲动在神经节中的传递。该类药物临床已较少使用。

第二节　N_M受体阻断药——骨骼肌松弛药

根据其作用机制的不同，可分为除极化型肌松药和非除极化型肌松药。

一、除极化型肌松药

除极化型肌松药的作用特点：

(1) 最初出现短时肌束颤动，与药物对不同部位的骨骼肌除极化出现的时间先后不同有关。

(2) 连续用药可产生快速耐受性。

(3) 抗胆碱酯酶药不仅不能拮抗其肌松作用，反能加强之，因此过量时不能用新斯的明解救。

(4) 无神经节阻断作用。

琥珀胆碱

琥珀胆碱在体内可被假性胆碱酯酶迅速水解成琥珀酰单胆碱，肌松作用明显减弱，然后进一步水解成为琥珀酸和胆碱，肌松作用消失。琥珀胆碱的肌松作用迅速而短暂，肌松部位从颈部肌肉开始，逐渐波及肩胛、腹部和四肢。

临床以静脉注射给药为主，常用于气管内插管、气管镜、食管镜检查等短时操作，以减少手术麻醉用量。其不宜与硫喷妥钠混合使用。与胆碱酯酶抑制剂、环磷酰胺、氮芥、普鲁卡因、可卡因等药联用，可使其作用加强。氨基糖苷类抗生素(如卡那霉素)及多肽类素抗生素(如多黏菌素B)与琥珀胆碱合用时易导致呼吸麻痹。

二、非除极化型肌松药

非除极化型肌松药又称竞争型肌松药。这类药物能与ACh竞争神经-肌肉接头的N_M胆碱受体，但不激动受体,能竞争性阻断 ACh 的除极化作用,使骨骼肌松弛。其代表药是筒箭毒碱。

本类药物的作用特点:① 肌松前无先兴奋现象。② 吸入麻醉药和氨基糖苷类抗生素能增加其肌松作用。③ 有神经节阻断和促进组胺释放作用,可引起血压下降,支气管痉挛等。④ 过量中毒可用抗胆碱酯酶药拮抗,用适量的新斯的明解救。⑤ 禁用于重症肌无力、支气管哮喘及严重休克患者。

知识拓展

除极化型肌松药

这类药物又称非竞争性型肌松药,与神经-肌肉接头后膜上的 N_M胆碱受体有较强的亲和力,且在神经-肌肉接头处不易被 AChE 分解,产生与 ACh 相似但较持久的除极化作用,使神经-肌肉接头后膜上的 N_M胆碱受体不能对 ACh 起反应,此时神经肌肉的阻滞方式已由除极化转变为非除极化,从而使骨骼肌松弛。

小 结

除极化型肌松药琥珀胆碱的肌松作用迅速而短暂。临床常用于气管内插管、气管镜、食管镜检查等短时操作。非除极化型肌松药筒箭毒碱能与 N_N 受体结合却无内在活性,从而阻断 ACh 与 N_N 受体结合,使骨骼肌松弛。临床可作为麻醉辅助药,用于胸腹手术和气管插管等。

【思考题】

(1) 试述琥珀胆碱中毒时不能用新斯的明解救的原因。

(2) 试述琥珀胆碱和筒箭毒碱对 N 胆碱受体作用的差别。

(夏叶玲)

第十章 肾上腺素受体激动药

学习要点

- **掌握**：① 去甲肾上腺素及肾上腺素的药理作用、临床应用、不良反应及禁忌证；② 多巴胺药理作用的特点与临床应用。
- **熟悉**：① 肾上腺素受体激动药的作用机制和体内过程及药物分类；② 间羟胺、麻黄碱、多巴酚丁胺的药理作用、临床应用及不良反应。
- **了解**：去氧肾上腺素和甲氧明临床应用。

肾上腺素受体激动药与肾上腺素受体结合后可激动受体，产生肾上腺素样的作用，又称为拟肾上腺素药。按其对不同肾上腺素受体亚型的选择性可分为三大类：① α肾上腺素受体激动药；② α、β肾上腺素受体激动药；③ β肾上腺素受体激动药。

第一节 α肾上腺受体激动药

一、去甲肾上腺素

去甲肾上腺素，简写NA，对α受体作用强大，对α_1和α_2受体无选择性；对心脏β_1受体作用较弱。

【药理作用】

（1）血管：激动血管的α_1受体，使全身大部分小动脉和小静脉收缩，使总外周阻力增加。皮肤黏膜血管收缩最明显，其次是肾脏血管但冠状血管舒张。

（2）心脏：较弱激动心脏的β_1受体，使心肌收缩性加强，心率加快，传导加速，心排血量增加。过大剂量，心脏自动节律性增加，可引起心律失常，但较肾上腺素少见。

（3）血压：小剂量时，收缩压比舒张压升高明显；大剂量时，血管强烈收缩使外周阻力明显增加，收缩压升高的同时舒张压也升高。

【临床应用】

用于早期神经源性休克，嗜铬细胞瘤切除后，药物中毒性低血压。用本品稀释后口服对食管和胃内上消化道出血有局部止血作用。

【不良反应】

局部组织缺血坏死，急性肾衰竭。

二、间羟胺、去氧肾上腺素和甲氧明

以上三种药物作用类似于去甲肾上腺素，但弱而持久，用于各种休克早期、手术后或脊椎麻醉后的休克。间羟胺也可用于阵发性房性心动过速，特别是伴有低血压的患者。去氧肾上腺素还能兴奋擅孔扩大肌，使瞳孔扩大，作用较阿托品弱且持续时间短，一般不引起眼内压升高和调节麻痹。

第二节 α、β肾上腺受体激动药

一、肾上腺素

肾上腺素(简写 Ad)化学性质与 NA 相似,对α受体和β受体均有强大的激动作用。

【药理作用】

(1) 心脏:通过兴奋心脏的β_1及β_2受体使心肌收缩力增强,传导加快,心率增加,心排血量增加;剂量过大易引起心律失常。

(2) 血管:主要作用于小动脉和毛细血管前括约肌,而对静脉和大动脉作用较弱。兴奋α受体使皮肤、黏膜、内脏的血管收缩;兴奋β_2受体使骨骼肌、肝脏血管和冠状动脉扩张。

(3) 血压:小剂量时收缩压升高,舒张压不变或下降;大剂量时收缩压和舒张压均升高,血压明显升高。α受体阻断药可使肾上腺素升压作用翻转,呈现明显的降压反应。

(4) 平滑肌:能激动支气管平滑肌上的β_2受体,使支气管舒张,并能抑制肥大细胞释放过敏性物质,还可激动支气管黏膜血管的α受体,使其收缩,降低毛细血管的通透性,有利于消除支气管黏膜水肿。

(5) 代谢:能提高机体代谢,升高血糖并降低外周组织对葡萄糖的摄取。还可激活甘油三酯酶加速脂肪分解,使血液中游离脂肪酸升高。

【临床应用】

(1) 心脏骤停:用于溺水、麻醉和手术过程中的意外、药物中毒、传染病和心脏传导阻滞等所致的心脏骤停。

(2) 过敏性疾病:过敏性休克(首选药)、支气管哮喘、血管神经性水肿、血清病等。

(3) 与局部麻醉药配伍及局部止血:延长局部麻醉药的麻醉时间。鼻黏膜和齿龈出血的止血。

(4) 治疗青光眼:降低眼内压。

【不良反应】

主要为心悸、烦躁、头痛和血压升高等;剂量过大时,引起心肌缺血和心律失常。

二、多巴胺

该药主要激动α、β受体和外周的多巴胺受体(D受体),也可促进神经末梢释放 NA。

【药理作用】

(1) 心血管:① 低浓度时主要使肾脏、肠系膜和冠状动脉血管舒张。② 高浓度可作用于心脏β_1受体,使心肌收缩力增强,心排血量增加。③ 继续增加给药浓度,多巴胺可激动血管的α受体,导致血管收缩,引起总外周阻力增加,使血压升高。

(2) 肾脏:① 低剂量时作用于血管的D_1受体,舒张肾血管,使肾血流量增加,肾小球的滤过率也增加。同时有排钠利尿作用。② 大剂量时作用于血管的α受体,可使肾血管明显收缩。

【临床应用】

用于各种休克,如感染性休克、心源性休克和出血性休克。与利尿药联合应用于急性肾衰竭。也可用于急性心功能不全,具有改善血流动力学的作用。应用时应注意用量。

【不良反应】

一般较轻,偶见恶心、呕吐。如剂量过大或滴注太快可出现心动过速、心律失常和肾血管收缩导致肾功能下降等,一旦发生,应减慢滴注速度或停药。

三、麻黄碱

麻黄碱能直接激动α、β两种受体,还能促进肾上腺素能神经末梢释放去甲肾上腺素而发挥间接作用。其口服易吸收，可通过血-脑屏障进入脑脊液。

【药理作用】

（1）心血管：兴奋心脏，使心收缩加强、心排血量增加。

（2）支气管平滑肌：松弛作用较肾上腺素弱，起效缓慢而持久。

（3）中枢神经系统：具有较显著的中枢兴奋作用，较大剂量可兴奋大脑和皮层下中枢。

（4）快速耐受性：短期内反复给药，作用可逐渐减弱，称为快速耐受性，也称脱敏。停药数小时后，可以恢复。产生快速耐受性的机制认为有受体逐渐饱和递质逐渐耗损两种因素。

【临床应用】

（1）预防支气管哮喘发作和轻症的治疗，对于重症急性发作效果较差。

（2）消除鼻黏膜充血引起的鼻塞，常用0.5%～1%溶液滴鼻，可消除鼻黏膜肿胀。

（3）防治某些低血压状态，用于防治硬膜外和蛛网膜下腔麻醉所引起的低血压。

（4）缓解荨麻疹和血管性神经水肿的皮肤黏膜症状。

【不良反应】

有时出现中枢兴奋所致的不安，失眠等，晚间服用宜加镇静催眠药以防止失眠。

第三节　β肾上腺受体激动药

一、异丙肾上腺素

该药主要激动β受体，对β_1和β_2受体选择性很低。而对α受体几乎无作用。

【药理作用】

（1）心脏：对心脏β_1受体具有强大的激动作用，表现为正性肌力和正性频率作用，缩短收缩期和舒张期。很少引起心室颤动。

（2）血管和血压：激动β_2受体使骨骼肌血管和冠状血管舒张，对肾血管和肠系膜血管舒张作用较弱。

（3）支气管平滑肌：激动β_2受体，舒张支气管平滑肌，舒张作用较肾上腺素强，并具有抑制组胺等过敏性物质释放的作用，但对支气管黏膜的血管无收缩作用。

（4）其他：能增加肝糖原、肌糖原分解，增加组织耗氧量。其升高血中游离脂肪酸作用与肾上腺素相似，升高血糖作用较弱。

【临床应用】

（1）心脏骤停的复苏：用于心室自身节律缓慢，高度房室传导阻滞或窦房结功能衰竭而并发的心脏骤停，常与去甲肾上腺素或间羟胺合用做心室内注射。

（2）支气管哮喘：舌下或喷雾给药，用于控制支气管哮喘急性发作，疗效快而强。

（3）房室传导阻滞：采用舌下含药或静脉滴注给药，治疗Ⅱ、Ⅲ度房室传导阻滞。

（4）抗休克：适用于中心静脉压高、心排血量低的感染性休克，但要注意补液及心脏毒性。

【不良反应】

常见的是心悸、头晕。在支气管哮喘患者，已具有缺氧状态，加以用气雾剂，剂量不易掌握，如剂量过大，易引起心律失常，甚至产生危险的心动过速及心室颤动。

二、多巴酚丁胺

主要激动β_1受体，可增加心肌收缩力，增加心排血量和降低肺毛细血管楔压，并使左心室充盈压明显降低，使心功能改善，继发地促进排钠、排水、增加尿量。临床用于心肌梗死并发心力衰竭。梗阻型肥厚性心肌病患者禁用。

知识拓展

机体的调节作用对药效的影响

机体有维持稳态的能力，当外界药物的加入干扰稳态后，机体会有调节作用以减少药物造成的效应，这在血管活性药物的作用中显得尤为突出。例如，去甲肾上腺素、麻黄碱激动 α 受体收缩血管，增加外周阻力，升高血压，机体压力感受器激活后通过迷走神经兴奋降低心率，这与 β_1 受体激动加快心率抵抗，导致表现出心率不变，甚至减慢。同样，β_1 受体激动增加心排血量，而此时外周阻力升高，导致实际上心排血量变化不大。此外，机体的调节作用也是药物不良反应的来源之一。例如，去氧肾上腺素升高血压后，可以反射性地导致心动过缓。

小　结

去甲肾上腺素可激动 α 受体，对 β_1 受体激动作用较弱，用于早期神经源性休克或药物中毒引起的低血压、上消化道出血。肾上腺素为 α 和 β 受体激动药，用于心脏骤停、严重的急性过敏反应，也用于青霉素等引起的过敏性休克、支气管哮喘急性发作，尚可与局部麻醉药配伍及用于鼻黏膜及齿龈出血的治疗。多巴胺主要激动 α、β 和外周的 D_1 受体，也可促进神经末梢释放去甲肾上腺素。用于各种休克、急性肾衰竭和急性心功能不全。异丙肾上腺素激动 β_1 和 β_2 受体，而对 α 受体几乎无作用。用于支气管哮喘、房室传导阻滞、心脏骤停、感染性休克。

【思考题】

(1) 试述去甲肾上腺素的主要不良反应和禁忌证。
(2) 肾上腺素为什么用于抢救过敏性休克？
(3) 试述异丙肾上腺素的临床用途。
(4) 试述肾上腺素用于心肺复苏的机制。
(5) 试述多巴胺的抗休克作用及其适应证。

（夏叶玲）

第十一章　肾上腺素受体阻断药

学习要点

- **掌握**：酚妥拉明、普萘洛尔的药理作用、临床应用、不良反应及禁忌证。
- **熟悉**：肾上腺素受体阻断药的作用机制。
- **了解**：① 肾上腺素受体阻断药的分类；② 肾上腺素升压作用的翻转。

肾上腺素受体阻断药，能阻断肾上腺素受体，从而拮抗去甲肾上腺素能神经递质或肾上腺素受体激动药的作用。本类药物按对α和β肾上腺素受体选择性的不同，分为α肾上腺受体阻断药、β肾上腺受体阻断药及α、β肾上腺素受体阻断药三大类。

第一节　α肾上腺素受体阻断药

α肾上腺受体阻断药能选择性地阻断肾上腺素，引起血管收缩有关的α效应，但不影响其与血管舒张有关的β效应，本类药物根据对α_1、α_2受体选择性的不同，可将其分为三类。

1. 非选择性α受体阻断药　短效类(竞争性)α受体阻断药，如酚妥拉明、妥拉唑林；长效类(非竞争性)α受体阻断药，如酚苄明。

2. 选择性α_1受体阻断药　如哌唑嗪。

3. 选择性α_2受体阻断药　如育亨宾，主要用作科研工具药。

一、非选择性α肾上腺素受体阻断药

酚妥拉明和妥拉唑林

【药理作用】

(1) 扩张血管、降低血压：通过阻断血管平滑肌α_1受体和直接扩张血管作用。对静脉和小静脉的α受体阻断作用比小动脉作用强。

(2) 兴奋心脏：这种作用部分由血管舒张，血压下降，反射性兴奋交感神经引起；部分是阻断神经末梢突触前膜α_2受体，从而促进去甲肾上腺素释放，激动心脏β_1受体的结果。偶致心律失常。此外，酚妥拉明尚具有阻断K^+通道的作用。

(3) 拟胆碱和组胺样作用：使胃肠平滑肌兴奋，胃酸分泌增加。酚妥拉明可引起皮肤潮红等。妥拉唑林可增加唾液腺及汗腺等分泌。

【临床应用】

(1) 用于外周血管痉挛性疾病。

(2) 在补足血容量的基础上应用于抗休克。

(3) 用于肾上腺素嗜铬细胞瘤的鉴别诊断、骤发高血压危象及术前准备。

(4) 防止去甲肾上腺素外漏引起组织缺血坏死。

(5) 治疗顽固性充血性心力衰竭和急性心肌梗死。

(6) 药物引起的高血压。

【不良反应】

低血压、胃肠道反应、心律失常和心绞痛。

酚苄明

酚苄明可与 α 受体形成共价键牢固结合，其作用持久。因局部刺激性强，仅作静脉注射。其能舒张血管，降低外周阻力。还具有抗 5－HT 及抗组胺作用。用于治疗外周血管痉挛性疾病、感染性休克、嗜铬细胞瘤及良性前列腺增生。

二、选择性 α_1 肾上腺素受体阻断药

选择性地阻断 α_1 受体，对去甲肾上腺素能神经末梢突触前膜 α_2 受体无明显作用，临床常用哌唑嗪、特拉唑嗪及坦洛新等。主要用于良性前列腺增生及原发性高血压的治疗。

三、选择性 α_2 肾上腺素受体阻断药

育亨宾能通过选择性地阻断 α_2 受体产生一系列作用。目前主要作为科研的工具药使用。

第二节 β 肾上腺素受体阻断药

β 肾上腺素受体阻断药能与去甲肾上腺素能神经递质或肾上腺素受体激动药竞争 β 受体。可根据其选择性分为非选择性的（β_1、β_2）受体阻断药和选择性的（β_1）受体阻断药两类。还可根据有无内在拟交感活性，分为有内在拟交感活性及无内在拟交感活性两类。

【药理作用】

（1）β 受体阻断作用

1）心血管系统：能阻断心脏的 β_1 受体，可使心率减慢，心收缩力减弱，心排血量减少，心肌耗氧量下降，血压略降低。还能延缓心房和房室结的传导。阻断血管 β_2 受体加上心脏功能受到抑制，可引起血管收缩和外周阻力增加，使冠状血管、肝、肾和骨骼肌等血流量减少。

2）支气管平滑肌：非选择性 β 受体阻断药阻断支气管 β_2 受体，使支气管平滑肌收缩，对支气管哮喘或慢性阻塞性肺疾病的患者可诱发或加重哮喘的急性发作。

3）代谢：可抑制脂肪分解，升高血糖，控制甲亢的症状。

4）肾素：通过阻断肾小球旁器细胞的 β_1 受体而抑制肾素的释放。

（2）内在拟交感活性：有些 β 受体阻断药与 β 受体结合后除能阻断受体外，尚对 β 受体具有部分激动作用，也称内在拟交感活性（ISA）。由于这种作用较弱，一般被其 β 受体阻断作用所掩盖。ISA 活性较强的药物，对心脏抑制和收缩支气管作用较无 ISA 的药物为弱。

（3）膜稳定作用：有些 β 受体阻断药具有局部麻醉作用和奎尼丁样的作用，这两种作用都由于其降低细胞膜对离子的通透性所致，故称为膜稳定作用。

（4）其他：有抗血小板聚集作用，尚有降低眼内压的作用。

【临床应用】

（1）心律失常：对多种原因引起的过速型心律失常有效。

（2）心绞痛和心肌梗死：对心绞痛有良效。对心肌梗死，早期应用可降低复发和猝死率。

（3）高血压：治疗高血压的基础药物。

（4）充血性心力衰竭：对扩张型心肌病的心力衰竭治疗作用明显。

（5）甲状腺功能亢进及甲状腺中毒危象的辅助治疗。

（6）其他：治疗原发性开角型青光眼、偏头痛、减轻肌肉震颤及酒精中毒等。

【不良反应】

一般有消化道反应，如恶心、呕吐、轻度腹泻等，停药后可消失。偶见过敏反应，如皮疹、血小板减少等。另外也可引起心血管反应（加重心功能不全、窦性心动过缓和房室传导阻滞等），还可使外周血管收缩甚至痉挛，导致雷诺症状或间歇跛行，甚至引起脚趾溃烂和坏死。此外还可诱发或加重支气管哮喘，停药过快可诱发反跳现象。

一、非选择性β肾上腺素受体阻断药

1. 普萘洛尔　普萘洛尔具有较强的β受体阻断作用，对β_1和β_2受体的选择性很低，无内在拟交感神经活性。用药后心率减慢，心肌收缩力和心排血量减少，冠状动脉血流量下降，心肌耗氧量明显减少。可用于治疗心律失常、心绞痛、高血压、甲状腺功能亢进等。

2. 纳多洛尔　缺乏膜稳定性和内在拟交感神经活性。阻断作用时间长且强，可增加肾血流量，因此肾功能不全且需用β受体阻断药者可首选此药。

3. 噻吗洛尔　作用最强，既无内在拟交感神经活性也无膜稳定作用，常用于治疗青光眼。

4. 吲哚洛尔　作用较强且有较强内在拟交感神经活性，可激动血管平滑肌β_2受体而致血管舒张，有利于高血压的治疗。

二、选择性β_1肾上腺素受体阻断药

阿替洛尔和美托洛尔对β_1受体有选择性阻断作用，缺乏内在拟交感神经活性。对哮喘患者仍需慎用。

第三节　α、β肾上腺素受体阻断药

本类药物对α、β受体的阻断作用选择性不强，临床主要用于高血压的治疗，代表药物是拉贝洛尔和阿罗洛尔。

一、拉贝洛尔(柳胺苄心定)

拉贝洛尔为消旋混合物，兼有α、β受体的阻断作用，对β受体的阻断作用强于对α受体的阻断作用5～10倍。用于中度和重度高血压、心绞痛，静脉注射可用于高血压危象。本品对儿童、孕妇及脑出血者忌用静脉注射。注射液不能与葡萄糖盐水混合静脉注射。

二、卡维地洛

卡维地洛具有α_1、β_1和β_2受体阻断活性，还具有抗氧化、抑制心肌细胞凋亡和抑制心肌重塑等作用。卡维地洛可用于原发性高血压和治疗充血性心力衰竭，可以明显改善充血性心力衰竭症状，防止和逆转心力衰竭进展过程中出现的心肌重塑，提高生活质量，降低死亡率。治疗轻、中度高血压疗效与其他β受体阻断药、硝苯地平等类似。用药量从小剂量开始。

知识拓展

肾上腺素作用的翻转

α肾上腺受体阻断药能选择性地与α受体结合，其本身不激动或较弱激动肾上腺素受体，却能阻碍去甲肾上腺素能神经递质及肾上腺素受体激动药与α受体结合，从而产生抗肾上腺素作用。使其扩血管作用充分显现出来，故能将肾上腺素的升压作用翻转为降压，这个现象称为肾上腺素作用的翻转。

小　结

α受体阻断药分类：① 短效类：酚妥拉明和妥拉唑啉有拟胆碱和组胺作用。② 长效类：酚苄明有

抗组胺作用。临床用于外周血管痉挛性疾病、静滴外漏、感染性和出血性休克、充血性心力衰竭和急性心肌梗死。也用于嗜铬细胞瘤的诊断和此病引起的高血压危象及手术前准备。

普萘洛尔为β受体阻断药,能阻断β受体,无内在拟交感神经活性。临床用于心律失常、心绞痛、高血压、甲状腺功能亢进及甲状腺中毒危象的辅助治疗等。

【思考题】

(1) 试述酚妥拉明的药理作用、临床用途、主要不良反应及禁忌证。

(2) 试述普萘洛尔的药理作用、临床用途、主要不良反应及禁忌证。

(3) 试述普萘洛尔治疗心绞痛的主要机制。

(4) 试述肾上腺素的翻转作用。

(夏叶玲)

第十二章 麻醉药

学习要点

- **掌握**：局部麻醉药的药理作用、临床应用及不良反应。
- **熟悉**：① 常用局部麻醉药的特点及应用；② 全身麻醉药的分类、特点及应用。
- **了解**：复合麻醉的方法。

麻醉药是指通过中枢或外周神经作用，能使患者局部或全身痛觉减轻或消失的药物。

第一节 局部麻醉药

局部麻醉药（简称局麻药），是一类应用于神经末梢或神经干，能暂时、完全和可逆地阻断神经冲动的产生和传导，在机体意识清醒的条件下，使局部痛觉暂时消除的药物。公认的作用机制可能与其作用于神经细胞膜上电压门控性 Na^+ 通道内侧特殊的结合位点使传导阻滞有关。

一、药理作用

1. 局部作用 可影响各类神经元如感觉和运动神经冲动的产生和传导。一般较细的无髓鞘神经纤维更容易被阻断，而较粗的有髓鞘的神经纤维敏感性较差。

2. 吸收作用 局麻药剂量或浓度过高或误将药物注入血管，可产生全身作用。中枢神经系统表现为先兴奋后抑制，开始为眩晕、烦躁不安、多言、神志错乱，最后患者转入昏迷，呼吸麻痹。可抑制心脏，使外周血管扩张，血压下降，临床上常合用微量的缩血管药进行预防。

二、麻醉方法

1. 表面麻醉 将穿透性较强的局麻药涂于黏膜表面，使黏膜下神经末梢麻醉。

2. 浸润麻醉 将局麻药注入皮下或手术野周围，使局部的神经末梢被麻醉。

3. 传导麻醉 将局麻药注射到神经干附近，使该神经干所支配的区域产生麻醉。

4. 硬脊膜外麻醉 将局麻药注入硬脊膜外腔，麻醉药沿着神经鞘扩散，阻断神经根。由于硬脊膜外腔与颅腔不通，不会引起头痛或脑脊膜刺激现象，亦不易引起呼吸中枢麻痹。

5. 蛛网膜下腔麻醉 又称脊髓麻醉或腰麻，是指将局麻药经腰椎间隙注入蛛网膜下腔，使该部位脊神经根麻醉。主要危险是呼吸麻痹和血压下降，可取轻度的头低位或给予麻黄碱预防。

三、常用局麻药

1. 普鲁卡因 脂类，用于除表面麻醉外的其他麻醉。加入少量肾上腺素后，能使作用时间延长20%。可用于损伤部位的封闭治疗。本品有变态反应，故用药前应做皮肤过敏试验。

2. 丁卡因 酰胺类，黏膜穿透力强，起效快，用于表面麻醉。毒性强，不用于浸润麻醉。

3. 利多卡因 脂类，起效快，作用强而持久，穿透力强，安全范围大，有“全能局麻药”之称，可用于各种局部麻醉，此外，本药还可用于抗心律失常。

4. 丁哌卡因 酰胺类,麻醉作用是利多卡因的4~5倍,作用可持续5~10 h。本品主要用于浸润麻醉、硬膜外麻醉和传导麻醉。本药可产生严重的心脏毒性。

第二节 全身麻醉药

全身麻醉药(简称全麻药)是一类作用于中枢神经系统,能可逆性地引起痛觉、意识和各种反射消失,达到骨骼肌松弛,便于手术进行的药物。其分为吸入性麻醉药和静脉麻醉药两大类。

一、吸入性麻醉药

【药理作用】

首先出现脊髓背角丘脑束的感觉传递阻滞,痛觉反射减弱或消失;可抑制心脏、扩张外周血管、降低血压;降低呼吸中枢对CO_2的敏感性,使呼潮气量和每分通气量降低;有骨骼肌松弛作用,各药均明显地松弛子宫平滑肌。常用药物如下:

(1) 氟烷:麻醉效价强度高,诱导期短,苏醒快。肌肉松弛和镇痛作用较弱,需联合使用阿片类镇痛药或肌松药。可诱发心律失常。可致产后出血,故禁用于难产或剖宫产患者。

(2) 异氟烷和恩氟烷:同分异构体,麻醉效价强度低于氟烷,诱导期平稳快速,苏醒快,肌松效果好。对心血管系统抑制较弱。恩氟烷剂量过大可致惊厥,有癫痫史患者应避免使用。

(3) 氧化亚氮:亦称笑气。无色、味甜、无刺激性液态气体,是目前尚在使用的最古老的气体吸入全麻药。镇痛作用较强,诱导期短而苏醒快。麻醉效能低,因而作为麻醉辅助药使用。

二、静脉麻醉药

1. 硫喷妥钠 超短效巴比妥类药物,脂溶性高,可迅速进入脑组织,麻醉作用迅速,无兴奋期。临床主要用于诱导麻醉和基础麻醉。对呼吸中枢有抑制作用,新生儿和婴幼儿禁用;可引起喉头和支气管痉挛,用药前宜皮下注射硫酸阿托品预防。

2. 氯胺酮 本品能产生明显的分离麻醉,诱导迅速,镇痛力强,尤其是体表镇痛作用明显,维持时间短,苏醒时间长。恢复期患者常有精神方面的不良反应,如幻觉和怪梦等。

三、复合麻醉

复合麻醉是指同时或先后应用两种以上麻醉药物或其他辅助药物进行麻醉,以取长补短,达到最佳麻醉效果和最小生理干扰。

1. 麻醉前给药 指患者进入手术室前应用其他药物弥补全麻药的缺陷。例如,用地西泮使患者紧张情绪消除。注射阿片类镇痛药,以增强麻醉效果等。

2. 基础麻醉 进手术室前给予大剂量镇静催眠药,如巴比妥类等,使进入浅麻醉状态,在此基础上进行麻醉,可使麻醉过程平稳并减少药量。常用于小儿。

3. 诱导麻醉 应用硫喷妥钠或氧化亚氮,缩短全麻诱导期,使患者迅速进入外科麻醉期,然后改用他药维持麻醉。

4. 合用肌松药 在麻醉同时注射骨骼肌松弛药,以满足手术对肌肉松弛的要求。

5. 低温麻醉 合并使用氯丙嗪,使体温在物理降温时下降至较低水平(28~30℃),降低心、脑等生命器官的耗能耗氧,以便于阻断血流,进行心脏直视手术。

6. 神经安定镇痛术 常用氟哌利多和芬太尼按50∶1制成的合剂作静脉注射,使患者达到意识朦胧,自主动作停止,痛觉消失。配合使用氧化亚氮和肌松药则可达到满意效果。

知识拓展

局部麻醉药溶液均呈酸性，不得与碱性药物混合使用，以免麻醉效力降低和麻醉起效时间延迟。具有对氨基苯甲酸结构的脂类不宜与磺胺类药物合用，以免降低后者的抗菌效力。普鲁卡因作为全身麻醉辅助药静脉滴注时，能使吸入麻醉药或静脉麻醉药增效，合用时应减量。

小 结

常用局麻药的比较如下：

药 名	维持时间(h)	相对强度	相对毒性	穿透力	主要用途
普鲁卡因	0.5～1	1	1	弱	除表面麻醉外的各种局麻
丁卡因	2～3	10	10～12	强	除浸润麻醉外的各种局麻
利多卡因	1～2	2	2	强	各种局麻
丁哌卡因	5～10	10	6.5	弱	浸润、传导、硬膜外麻醉

【思考题】

(1) 局麻药吸收后可产生哪些不良反应，应如何防治？

(2) 全麻药可分为哪两类？各有哪些常用药物？

(3) 复合麻醉的方法有哪些？

（崔丽蓉）

第十三章　镇静催眠药

学习要点

- **掌握：** 苯二氮䓬类药物的药理作用、作用机制、临床应用及其不良反应。
- **熟悉：** 巴比妥类药物的药理作用、临床应用及其不良反应。
- **了解：** 其他镇静催眠药的作用特点。

镇静催眠药是指能引起安静和近似生理性睡眠的药物。其包括苯二氮䓬类、巴比妥类、新型镇静催眠药和其他类。

第一节　苯二氮䓬类

临床上常用的苯二氮䓬类(BZ)药物约20种。根据半衰期的长短，可将该类药物分为：① 长效类($t_{1/2}$24～72 h)，如地西泮、氟西泮、氯氮䓬等；② 中效类($t_{1/2}$10～20 h)，如硝西泮、氯硝西泮、艾司唑仑、劳拉西泮等；③ 短效类($t_{1/2}$3～8 h)，如三唑仑、奥沙西泮等。地西泮(安定)为代表药物，也是目前临床上常用的镇静、催眠及抗焦虑药。

【药理作用及临床应用】

(1) 抗焦虑：该作用具有较高的选择性，低于镇静剂量时即可显著改善焦虑症状，如恐惧、紧张、忧虑、失眠等，疗效显著，是治疗焦虑症的首选药之一。其抗焦虑作用可能与激动边缘系统的BZ受体有关。

(2) 镇静催眠：剂量加大后，可产生镇静、催眠作用，能明显缩短入睡潜伏期，延长睡眠时间，减少觉醒次数，并能减少夜惊或夜游症的发生。由于对快动眼睡眠(REMS)缩短较少，停药后多梦现象较巴比妥类轻，因而依赖性和戒断症状也较轻。临床用于治疗各种原因引起的失眠。还可作麻醉前给药，缓解患者对手术的恐惧情绪。

(3) 抗惊厥、抗癫痫：临床上可用于破伤风、子痫、小儿高热、药物中毒性惊厥的辅助治疗。静脉注射地西泮是治疗癫痫持续状态的首选药。

(4) 中枢性肌肉松弛作用：松弛肌肉作用较强。可用于脑血管意外、脊髓损伤等引起的中枢性肌肉强直。

【作用机制】

苯二氮䓬类药物是通过与BZ受体(受点)结合，增强GABA能神经抑制功能而产生各种药理作用的。BZ受点位于$GABA_A$受体－Cl^-通道大分子复合体的α、γ亚单位上，苯二氮䓬类药物结合后，可诱导$GABA_A$受体构象发生变化，促进GABA与$GABA_A$受体结合，增加Cl^-通道开放的频率，使Cl^-内流增加，从而增强GABA的突触后抑制效应。苯二氮䓬类药物的上述各种药理作用与作用于不同脑区的BZ受体有关。

【不良反应】

苯二氮䓬类毒性小，一般不产生严重不良反应。常见头昏、嗜睡、乏力和短暂性记忆缺失，大剂量偶致共济失调。长期应用可产生耐受性，需增加剂量。久服可引起依赖性，停药后出现反跳现象和戒断症状，故不宜长期服用，并应避免突然停药。过量急性中毒可致昏迷和呼吸抑制，但安全范围大，发生严重后果者少，可用BZ受体特异性拮抗剂氟马西尼进行解救。

第二节　巴比妥类

巴比妥类药物根据其作用维持时间的长短分为：① 长效类(6～8 h)，如苯巴比妥、巴比妥；② 中效类(3～6 h)，如戊巴比妥、异戊巴比妥；③ 短效类(2～3 h)，如司可巴比妥；④ 超短效类(0.25 h)，如硫喷妥钠。

【药理作用及临床应用】

巴比妥类药物对中枢神经系统具有普遍抑制作用，随剂量增加相继出现镇静、催眠、抗惊厥、抗癫痫、麻醉等作用。与苯二氮䓬类不同，本类药物选择性低，镇静剂量才有抗焦虑作用。对睡眠时相有较大影响，明显缩短 REMS，停药后 REMS 反跳性显著延长，出现多梦、睡眠障碍，导致停药困难，因此易产生依赖性。现已很少用于失眠的治疗。本类药物均有不同程度的抗惊厥作用，可用于小儿高热、破伤风、子痫、脑膜炎、脑炎及中枢兴奋药引起的惊厥。苯巴比妥尚有抗癫痫作用，可用于癫痫大发作和癫痫持续状态的治疗。静脉注射硫喷妥钠可用于静脉麻醉和诱导麻醉。

【作用机制】

巴比妥类药物的作用机制与激活 $GABA_A$受体有关。$GABA_A$受体上有巴比妥类结合位点，药物与之结合后，可延长 Cl^- 通道开放的时间，增加 Cl^- 内流，从而使细胞膜超极化，产生抑制效应。还可减弱或阻断谷氨酸介导的除极化；在无 GABA 时，能模拟 GABA 的作用，增加 Cl^- 内流，引起中枢抑制。

【不良反应】

巴比妥类药物不良反应多，安全性差。常见眩晕、困倦、精细运动不协调，偶见剥脱性皮炎等严重过敏反应。大剂量明显抑制心血管系统，10 倍催眠量可严重抑制呼吸，甚至引起死亡。长期连续使用易产生依赖性，停药出现戒断症状，严重者出现惊厥。其肝药酶诱导作用可加速其他药物的代谢，影响药效。

第三节　其他镇静催眠药

本节药物中唑吡坦、扎来普隆、佐匹克隆是 20 世纪 80 年代中期上市的非苯二氮䓬(non-benzodiazepines, NBZ)类药物。作为一类新型催眠药，它们在作用的选择性和不良反应等方面都优于 BZ 类药物。水合氯醛和甲丙氨酯为较早应用的催眠药，现已逐渐被 BZ 类取代。

一、唑　吡　坦

唑吡坦又名思诺思，是第一个新一类的 NBZ 类短效型催眠药。作用特点为：镇静催眠作用较强，而抗焦虑、抗惊厥及松弛肌肉作用较弱。与苯二氮䓬类比较，治疗量唑吡坦对慢波睡眠(SWS)和 REM 影响更小，几乎不改变睡眠节律。耐受性良好，无依赖性和成瘾性。这些特点与其选择性结合 BZ_1 受体有关。适用于各种类型的失眠。不良反应与个体差异有关，偶有眩晕、头痛、恶心和呕吐。

二、扎　来　普　隆

扎来普隆也是选择性作用于 BZ_1 受体的短效催眠药，作用机制与唑吡坦相似。与唑吡坦不同的是镇静催眠作用稍弱，亦有抗焦虑、抗惊厥、肌肉松弛作用。本品对入睡困难者效果更佳。很少产生耐受性、依赖性和反跳性失眠。主要用于成年人及老年人失眠的短效治疗。常见副反应有嗜睡、头晕。

三、佐　匹　克　隆

与苯二氮䓬类药物相比，佐匹克隆的疗效类似或优于苯二氮䓬类。本药能提高睡眠质量，肌松作用较苯二氮䓬类弱，对记忆功能几乎没有影响。适用于各种失眠，对精神分裂症患者的睡眠改善作用比苯二氮䓬类更好。常见的不良反应是口干、口苦、晨起嗜睡、眼花。依赖性小于苯二氮䓬类。

四、其　　他

水合氯醛：对胃有刺激性，现少用于镇静催眠。直肠给药用于抗惊厥。

甲丙氨酯(眠尔通)：由于依赖性问题，现已少用。

知识拓展

$GABA_A$受体 α 亚单位有 $\alpha_1 \sim \alpha_6$ 亚型。α_1 亚单位与镇静催眠有关，α_2 亚单位与抗焦虑有关，α_3 亚单位与肌肉松弛有关。苯二氮䓬类药物对亚单位的选择性差，因此同时具有镇静催眠、抗惊厥、抗焦虑、松弛肌肉等作用。中枢神经系统有 BZ_1 和 BZ_2 两种受体，前者与镇静催眠有关，后者与认知、记忆、精神运动功能有关。BZ_1 受体与 $GABA_A$ 受体的 α_1 亚基对应(BZ_2 受体与 α_2、α_3、α_5 亚基对应)。NBZ 类药物(如唑吡坦)选择性作用于 BZ_1 受体，即对 α_1 亚单位的选择性高，故不良反应少。

小　结

镇静催眠药的分类、作用、主要用途、机制、不良反应如下：

分　类	作　　用	主要用途	机　　制	不良反应
苯二氮䓬类	抗焦虑	焦虑症的首选药	与 BZ 受体(受点)结合，增加 Cl^- 通道开放频率，增强 GABA 能神经的抑制功能	不良反应少，安全性大。久服可引起依赖性
	镇静催眠	各种类型失眠；麻醉前给药		
	抗惊厥、抗癫痫	静脉注射地西泮为癫痫持续状态的首选药；惊厥的治疗		
	中枢性肌肉松弛作用	中枢性肌肉强直		
巴比妥类	镇静催眠	已被苯二氮䓬类取代	与巴比妥结合位点结合，延长 Cl^- 通道开放时间，增强 GABA 能神经的抑制功能；尚有其他机制	不良反应多，安全性差。大剂量可见严重呼吸抑制，甚至死亡。易产生依赖性
	抗惊厥	均可用于惊厥的治疗		
	抗癫痫	苯巴比妥用于癫痫大发作和癫痫持续状态		
	麻醉	硫喷妥钠用于静脉麻醉和诱导麻醉		
其他类	唑吡坦	各种类型失眠	选择性与 BZ_1 受体结合	不良反应比 BZ 小

【思考题】

(1) 试述苯二氮䓬类药物的镇静催眠作用机制。

(2) 为什么苯二氮䓬类药物会在镇静催眠作用方面替代巴比妥类?

(3) 试述唑吡坦的作用特点。

(葛晓群)

第十四章　抗癫痫药和抗惊厥药

学习要点

- **掌握**：苯妥英钠的药理作用、临床应用和不良反应。
- **熟悉**：苯巴比妥、卡马西平、乙琥胺、丙戊酸钠治疗不同癫痫的作用特点及应用。
- **了解**：硫酸镁的药理作用和临床应用。

第一节　抗 癫 痫 药

癫痫是一种常见的反复发作的慢性中枢神经系统疾病，发作时大脑局部病灶神经元突发性的异常高频放电并向周围组织扩散，出现短暂的大脑功能失调。根据癫痫发作时的临床表现可分为部分性发作（单纯部分性发作、复合部分性发作）和全身性发作（失神性发作、强直-阵挛性发作、肌阵挛性发作和癫痫持续状态）两大类。常用抗癫痫药如下：

一、苯 妥 英 钠

苯妥英钠又名大仑丁，口服吸收慢而不规则，呈强碱性，刺激性大。血浆蛋白结合率约高达90%，本药血药浓度个体差异大，应用时应注意剂量个体化。

【药理作用】

（1）抗癫痫：癫痫大发作和单纯部分性发作的首选药，因其起效慢，常先用作用较快的苯巴比妥控制发作，再合用本药，然后逐步撤销苯巴比妥。其对精神运动性发作亦有效。

（2）治疗外周神经痛：如三叉神经痛、舌咽神经痛和坐骨神经痛等。该作用与其稳定细胞膜有关。

（3）抗心律失常：主要用于室性心率失常（详见第二十章相关内容）。

【药物相互作用】

磺胺类、水杨酸等可与苯妥英钠竞争结合血浆蛋白，从而提高后者游离血浆浓度。作为肝药酶诱导剂，可加速多种药物如避孕药代谢。

【不良反应】

口服易引起恶心、呕吐，静脉注射可发生静脉炎；可引起齿龈增生，应注意口腔卫生，经常按摩齿龈可减轻；久服易引起巨幼红细胞性贫血，甲酰四氢叶酸可防治；易致低钙血症及骨软化症，儿童会出现佝偻样病变，必要时服用维生素D；药量过大可致小脑前庭功能失调，严重者可出现精神异常；偶有男性乳房增大、女性多毛症；本品可致畸胎。

二、苯 巴 比 妥

苯巴比妥可用于防治癫痫大发作和治疗癫痫持续状态，对单纯部分性发作和精神运动性发作亦有效，较大剂量可出现嗜睡、精神萎靡等副反应，连续长期使用则减轻或消失。

三、卡 马 西 平

卡马西平为广谱抗癫痫药，对精神运动性发作疗效较好，亦可用于治疗三叉神经痛和躁狂症。不良反应有头晕、恶心、呕吐，少数患者可有粒细胞减少、再生障碍性贫血。

四、乙琥胺

乙琥胺对小发作疗效不及氯硝西泮和丙戊酸钠，因副反应少，故为小发作防治首选药，常见副反应有胃肠道反应和中枢神经系统反应，偶见粒细胞缺乏症和再生障碍性贫血。

五、丙戊酸钠

丙戊酸钠为新型广谱抗癫痫药，对小发作疗效优于乙琥胺，但因其有肝毒性，故不作首选药。其是大发作合并小发作时的首选药物。

六、苯二氮䓬类

地西泮静脉给药是控制癫痫持续状态的首选药，静脉注射易引起呼吸抑制，故应缓慢推注。硝西泮、氯硝西泮对癫痫小发作和肌阵挛性发作疗效较好。

第二节 抗惊厥药

惊厥是由于中枢神经系统过度兴奋而引起的全身骨骼肌强直性或阵挛性抽搐，常见于高热、破伤风、子痫等疾病。常用的抗惊厥药有地西泮、水合氯醛及硫酸镁。

硫酸镁

硫酸镁可因给药途径不同，产生完全不同的药理作用。口服给药有泻下和利胆作用，外用热敷可消炎去肿，而注射给药具有抗惊厥和降血压的作用。其主要用于缓解子痫、破伤风等惊厥，也用于救治高血压危象。

硫酸镁抗惊厥的主要机制是因为 Mg^{2+} 可竞争性地与 Ca^{2+} 受点结合，从而使运动神经末梢 ACh 释放减少，阻断神经-肌肉接头的传递，产生筒箭毒样肌肉松弛作用。

硫酸镁注射的安全范围窄，血镁过高可引起呼吸抑制、血压剧降和心脏骤停。肌腱反射消失是呼吸抑制的先兆表现，因此在用药过程中应注意控制低速，经常检查腱反射。中毒时立即进行人工呼吸，并缓慢静脉注射氯化钙或葡萄糖酸钙予以抢救。

知识拓展

抗癫痫药物，也可用于高热惊厥，或者用于发生癫痫时伴随发生急性疾病如脑膜炎的一部分。"癫痫"一词通常并不适用于这类患者，除非有向慢性癫痫发展的趋势。偶尔发作是由一些急性的基础毒性或代谢紊乱引起的，在这种情况下，应针对具体的异常部位进行适当的治疗，如低钙血症。

小 结

单纯部分性发作可选用苯妥英钠、卡马西平、苯巴比妥、丙戊酸钠，精神运动性发作可选用卡马西平、苯妥英钠、苯巴比妥、丙戊酸钠；小发作可选用乙琥胺、氯硝西泮、丙戊酸钠；大发作可选用苯妥英钠、卡马西平、苯巴比妥、丙戊酸钠；癫痫持续状态可选用地西泮、苯巴比妥。

【思考题】

(1) 癫痫有哪些类型？各类型首选药是什么？

(2) 试述苯妥英钠和卡马西平主要的不良反应。

（崔丽蓉）

第十五章　抗中枢神经系统退行性疾病药

学习要点

- **掌握**：左旋多巴的药理作用、作用机制和常见不良反应。
- **熟悉**：其他抗帕金森病药的作用特点及临床应用。
- **了解**：治疗阿尔茨海默病的药物。

第一节　抗帕金森病药

帕金森病(parkinson's disease，PD)比较公认的发病原因是患者脑内黑质纹状体多巴胺(dopamine，DA)能神经元的缺失使其与胆碱能神经功能间的平衡状态被打破，因此经典的抗帕金森病药主要包括拟多巴胺类药和抗胆碱药两类。

一、拟多巴胺类药

(一) 多巴胺的前体药

左旋多巴(L-DOPA)

【药理作用】

L-DOPA进入中枢后在多巴脱羧酶的催化下转变成DA，补充脑内DA的不足而产生治疗作用。但L-DOPA亦可在外周组织脱羧生成DA，这不仅减弱了L-DOPA的疗效，同时也是引起不良反应的重要原因。

【临床应用】

对各种类型PD患者均适用。但对抗精神病药引起的帕金森综合征无效。作用特点为：① 疗效与黑质纹状体病损程度相关，轻症或较年轻患者疗效好，重症或年老体弱者疗效较差；② 对肌肉僵直和运动困难的疗效好，对肌肉震颤的疗效差；③ 起效慢，用药2～3周出现体征改善，用药1～6个月后疗效最强。后期疗效不显著(3～5年后)。

【不良反应】

(1) 早期反应：① 胃肠道反应：厌食、恶心、呕吐，应用氨基酸脱羧酶(AADC)抑制药后可明显减少；② 心血管反应：直立性低血压、心律不齐等，可用β受体阻断药加以治疗。

(2) 长期反应：① 运动过多症，又称运动障碍，是由于服用大量L-DOPA后DA受体过度兴奋引起。表现为手足、躯体和舌的不自主异常运动，需减少L-DOPA用量。另外，DA受体阻断药左旋千金藤啶碱可减轻症状。② 症状波动，重则出现“开关反应”。“开”时活动正常，“关”时突然出现严重的PD症状。可使用L-DOPA/AADC抑制药缓释剂或多巴胺受体激动剂或加用MAO抑制药司来吉兰等，也可调整用药方法，即改用静脉滴注、增加服药次数而不增加或减少药物剂量等。③ 精神症状：有逼真的梦幻、幻想、幻视或抑郁症，只能用氯氮平治疗。不引起锥体外系症状。

(二) 左旋多巴的增效药

1. 氨基酸脱羧酶(AADC)抑制药　如卡比多巴、苄丝肼，其作用机制是抑制左旋多巴在外周的脱羧作用，从而使进入中枢的左旋多巴增加，减轻不良反应。

2. MAO-B抑制药　如司来吉兰，其作用机制一是选择性抑制中枢神经系统MAO-B，使脑内DA降解代谢减弱，DA浓度增加。二是发挥神经保护作用。与L－DOPA合用，能消除L－DOPA的"开－关反应"。

3. COMT抑制药　如硝替卡朋、托卡朋和恩他卡朋，其作用机制是抑制外周COMT，减少L－DOPA的降解，增加其生物利用度。

（三）多巴胺受体激动药

1. D_2类受体强激动药　溴隐亭和利修来得的作用机制是激动黑质－纹状体通路D_2类受体，部分拮抗D_1类受体。主要用于L－DOPA疗效差或不能耐受者，合用L－DOPA能减少症状波动及开关反应。

2. D_1、D_2受体激动药　培高利特可改善PD患者运动功能障碍，减少"开－关反应"和L－DOPA引起的异常运动亢进。

3. D_2类受体选择性激动药　罗匹尼罗和普拉克索能选择性激动D_2类受体，患者耐受性较好，胃肠道反应较小，已作为PD的早期治疗药物。

（四）促多巴胺释放药

促多巴胺释放药如金刚烷胺，能促进L－DOPA进入脑循环，增加DA合成、释放和减少DA重摄取等。

二、中枢性抗胆碱药

中枢性抗胆碱药如苯海索、苯扎托品等。其作用机制是通过拮抗中枢胆碱受体而减弱黑质－纹状体通路中的ACh作用，对PD的震颤和僵直有效，对动作迟缓无效。其可用于早期轻症PD患者和不能使用L－DOPA或DA受体激动药的患者，对抗精神病药引起的PD有效。

第二节　治疗阿尔茨海默病药

老年性痴呆症可分为原发性痴呆症和血管性痴呆症。前者又称为阿尔茨海默病(AD)。AD是一种与年龄高度相关的、以进行性认知障碍和记忆力损害为主的CNS退行性疾病。表现为记忆力、判断力、抽象思维等一般智力丧失，但视力、运动能力不受影响。其发病机制未明。目前尚无特效的治疗方法。现有的药物治疗是基于AD患者存在认知障碍和记忆损害，且海马出现萎缩，胆碱能神经元数目减少，故通过增强胆碱能神经功能来改善症状。效果比较肯定的是胆碱酯酶抑制药，M受体激动药正在临床试验中。

一、胆碱酯酶抑制药

1. 多奈哌齐　本品为第二代可逆性中枢AChE抑制药，通过抑制AChE而增加ACh的含量。对中枢的AChE有较高的选择性，故外周不良反应小，无肝毒性。能改善轻度至中度AD患者的认知能力，延缓病情发展。本品已成为治疗AD的主要药物。

2. 他克林　本品为第一代AChE抑制药。因其肝脏毒性，现已少用。

二、其他常用治疗AD的药物

其他常用治疗AD的药物包括M_1受体激动药(占诺美林)、NMDA受体非竞争性拮抗剂(美金刚)等(表15－1)。

表15－1　其他常用治疗AD药物特点

代表药物	作用机制	临床应用
石杉碱甲	抑制中枢AChE	各型AD患者
加兰他敏	抑制中枢AChE	轻、中度AD患者
卡巴拉汀	抑制中枢AChE	轻、中度AD患者
占诺美林	激动M_1受体	大剂量改善AD患者症状
美金刚	阻断NMDA受体	晚期AD患者

知识拓展

在黑质和纹状体，DA 能神经系统和 ACh 能神经系统的平衡对于锥体外系运动功能的控制至关重要。黑质 DA 能神经元发出上行纤维到达纹状体，其末梢与尾-壳核神经元所形成的突触以 DA 为递质，对脊髓前角运动神经元发挥抑制作用。同时尾核中的胆碱能神经元与尾-壳核神经元所形成的突触以 ACh 为神经递质起兴奋作用。正常时两种递质处于动态平衡状态，共同参与机体运动功能的调节。PD 患者由于黑质病变，DA 合成减少，使纹状体内 DA 含量降低，造成黑质-纹状体通路 DA 能神经功能减弱，而胆碱能神经功能相对占优势，因而导致 PD 患者的肌张力增高等症状。为此，提高黑质纹状体内 DA 能神经功能或抑制 ACh 能神经功能是治疗 PD 的主要策略。

小 结

左旋多巴是治疗 PD 的主要药物，其机制是在中枢转变为 DA 补充脑内 DA 的不足而发挥治疗作用。长期应用主要不良反应是运动过多症和症状波动。与 AADC 或 MAO－B 或 COMT 抑制药合用可增强疗效，降低外周不良反应。DA 受体激动药、促进 DA 释放药及抗胆碱药(苯海索)也可用于治疗 PD。多奈哌齐为 AChE 抑制药，是治疗 AD 的主要药物。

【思考题】

(1) 试述左旋多巴治疗帕金森病的机制、特点和不良反应。
(2) 试述左旋多巴与卡比多巴、恩托卡朋合用的药理学依据。
(3) 目前治疗阿尔茨海默病药主要有哪些?

(陈 琴 葛晓群)

第十六章　抗精神失常药

学习要点

- **掌握**：氯丙嗪的药理作用、作用机制、临床应用及主要不良反应。
- **熟悉**：氯氮平、碳酸锂、丙咪嗪和氟西汀的药理作用和临床应用特点。
- **了解**：其他抗精神病药物的作用特点。

抗精神失常药按其临床用途分为抗精神病药、抗躁狂症药、抗抑郁症药和抗焦虑症药。抗焦虑症药物已在镇静催眠药章节中述及。

第一节　抗精神病药

抗精神病药是指具有治疗精神分裂症及其他精神病的躁狂症状的药物。根据其临床症状，精神分裂症分为Ⅰ型和Ⅱ型，前者以阳性症状(幻觉和妄想)为主，后者以阴性症状(情感淡漠和主动性缺乏等)为主。经典抗精神病药如吩噻嗪类、硫杂蒽类和丁酰苯类，主要对阳性症状效果好；非典型抗精神病药如氯氮平等则对阳性和阴性症状都有效。

一、经典抗精神病药

氯丙嗪

【药理作用】

(1) 对中枢神经系统的作用

1) 抗精神病作用：氯丙嗪又名冬眠灵，是吩噻嗪类药物的典型代表。对精神分裂症患者具有良好的抗精神病作用，能迅速控制兴奋躁动状态，大剂量连续用药能消除患者的幻觉和妄想等症状，减轻思维障碍，使患者恢复理智，情绪安定，生活自理。但对阴性症状和抑郁症无效，甚至可使之加剧。氯丙嗪的抗精神病作用主要是通过阻断与调节情绪、行为和认知有关的中脑-边缘系统和中脑-皮质系统的 D_2 样受体而产生的。

2) 镇吐作用：有较强的镇吐作用。小剂量通过阻断延髓第四脑室底部催吐化学感受区的 D_2 样受体而发挥作用，大剂量则直接抑制呕吐中枢。氯丙嗪也能抑制位于延髓与催吐化学感受区旁的呃逆中枢调节部位，可抑制顽固性呃逆。

3) 对体温调节的作用：对下丘脑体温调节中枢有很强的抑制作用。与解热镇痛药降温作用不同，其对体温影响的特点为：① 不但降低发热机体的体温，也能降低正常体温；② 降温作用随外界环境温度而变化，环境温度越低其降温作用越明显；③ 在炎热天气，氯丙嗪可使机体体温升高。

(2) 对自主神经系统的作用：能阻断 α 受体和 M 胆碱受体。阻断 α 受体可致血管扩张、血压下降。阻断 M 受体作用较弱，大剂量可引起口干、便秘、视物模糊和排尿困难。

(3) 对内分泌系统的影响：可阻断结节-漏斗系统中 D_2 亚型受体，抑制下丘脑多种激素的分泌，从而使催乳素分泌增加，卵泡刺激素、黄体生成素和糖皮质激素分泌减少。并能抑制垂体生长激素的分泌。

【临床应用】

(1) 精神分裂症：主要用于Ⅰ型精神分裂症的治疗，能够显著缓解阳性症状，如进攻、亢进、妄想、幻觉等，对冷漠等阴性症状效果不显著。氯丙嗪对急性患者效果好，对慢性患者疗效较差。对Ⅱ型精神分裂症患者无效甚至加重病情。对其他精神病伴有的兴奋、躁动、紧张、幻觉和妄想等症状也有显著疗效。对各种器质性精神病和症状性精神病的上述症状也有效，但剂量要小，症状控制后须立即停药。

(2) 呕吐和顽固性呃逆：可用于多种药物和疾病引起的呕吐。对顽固性呃逆也有显著疗效。对晕动病无效。

(3) 低温麻醉与人工冬眠：氯丙嗪与物理降温配合可用于颅脑手术和心血管手术中的低温麻醉。与其他中枢抑制药(如哌替啶、异丙嗪)合用，可使患者处于深睡的"人工冬眠"状态，有利于渡过危险的缺氧缺能阶段，为其他治疗争取时间。用于严重创伤、感染性休克、高热惊厥、中枢性高热及甲状腺危象等病症的辅助治疗。

【不良反应】

由于氯丙嗪药理作用广泛，临床需长期应用，故不良反应较多。

(1) 一般不良反应：中枢抑制症状(嗜睡、淡漠、无力等)、M受体阻断症状(视力模糊、口干、便秘、无汗等)和α受体阻断症状(鼻塞、血压下降、直立性低血压、心动过速等)。长期用药可引起内分泌系统紊乱，如乳腺增大、泌乳、闭经、生长缓慢等。氯丙嗪局部刺激性较强，应深部肌内注射，高浓度静脉注射可致血栓性静脉炎，应稀释后缓慢注射。

(2) 锥体外系反应：长期大量服用氯丙嗪可出现4种反应：① 帕金森综合征：多见于老年人，表现为肌张力增高、面容呆板、动作迟缓、肌肉震颤、流涎等。② 急性肌张力障碍：青少年多见，表现为舌、面、颈及背部肌肉痉挛，患者出现强迫性张口、伸舌、斜颈、呼吸运动障碍及吞咽困难。③ 静坐不能：表现为坐立不安、反复徘徊。上述3种反应与阻断黑质-纹状体通路的D_2样受体有关，抗胆碱药可缓解之。④ 迟发性运动障碍：表现为口-面部不自主的刻板运动，广泛性舞蹈样手足徐动症，停药后仍长期不消失。抗DA药可使此反应减轻。

(3) 神经系统其他不良反应：① 精神异常：可引起精神异常，如过度镇静、意识障碍、萎靡、淡漠、兴奋、躁动、消极、抑郁、幻觉、妄想等，应与原有疾病加以鉴别，一旦发生应立即减量或停药。② 惊厥与癫痫：少数患者可出现局部或全身抽搐，脑电图有癫痫样放电，有惊厥或癫痫史者更易发生，应慎用，必要时加用抗癫痫药物。

(4) 过敏反应：常见症状有皮疹、接触性皮炎。少数患者出现肝损害、粒细胞减少、溶血性贫血和再生障碍性贫血等。

(5) 急性中毒：一次吞服大剂量氯丙嗪可致急性中毒，临床表现为嗜睡、意识障碍、昏迷、呼吸抑制、血压下降、心肌损害，应立即清除毒物，同时对症并进行支持疗法。

【禁忌证】

严重肝功能不全、有癫痫病史、骨髓造血功能不良、青光眼或乳腺增生症患者禁用。对冠心病患者易致猝死，应慎用。

二、非典型抗精神病药

氯氮平

氯氮平属苯二氮䓬类，为新型抗精神病药。氯氮平的抗精神病作用强，对精神分裂症的阴性和阳性症状都有治疗作用，起效迅速。本品适用于急性与慢性精神分裂症的治疗，也用于其他抗精神病药无效或锥体外系反应过强的患者。其作用机制与特异性阻断中脑-边缘系统和中脑-皮质系统的DA D_4亚型受体及阻断5-HT_{2A}受体有关。由于对黑质-纹状体系统的D_2和D_3亚型受体几乎无亲和力，因此几乎无锥体外系反应，也不引起内分泌紊乱。但仍具有抗胆碱、抗组胺及抗α肾上腺素能作用。主要不良反应为粒细胞减少，严重者可致粒细胞缺乏，用药前及用药期间须做白细胞计数检查。其他不良反应与氯丙嗪相似。

其他抗精神病药见表16-1。

表 16-1 其他抗精神病药

分类	药物	特点
其他吩噻嗪类	奋乃静、氟奋乃静、三氟拉嗪	抗精神病作用、镇吐作用强，易致锥体外系反应
	硫利达嗪（甲硫哒嗪）	镇静作用明显，锥体外系反应较少，可致心律失常
硫杂蒽类	氯普噻吨（泰尔登）	镇静作用较强，可用于伴有焦虑或抑郁症状的精神分裂症，锥体外系反应较少
	氟哌噻吨（三氟噻吨）	有特殊激动效应，有抗抑郁焦虑作用，锥体外系反应常见，禁用于躁狂症
丁酰苯类	氟哌啶醇（氟哌丁苯）	抗精神病和镇吐作用强，有抗焦虑作用。锥体外系反应发生率高，程度严重
	氟哌利多（氟哌啶）	用于增强镇痛药作用，与芬太尼合用作外科麻醉用于小手术
非典型抗精神病药	奥氮平	与氯氮平相似，但不引起粒细胞缺乏
	利培酮（维思通）	阻断 5-HT 受体强于 DA 受体。治疗精神分裂症的一线药物，锥外系统反应轻
	舒必利（止呕灵）	与氯氮平相似，另有抗抑郁、止吐、抑制胃液分泌作用。锥外系统反应少
	五氟利多	长效，每周用药 1 次

第二节 抗躁狂症药

临床上躁狂症患者可见躁狂或抑郁两者之一反复发作，或躁狂和抑郁两者交替发作。目前临床最常用的是碳酸锂，为躁狂症的首选药。其他药物如上述抗精神病药及抗癫痫药卡马西平和丙戊酸钠对躁狂症也有效。

碳酸锂

本品对躁狂症和精神分裂症的躁狂、兴奋症状有显著疗效，可使患者的行为和言谈恢复正常。主要治疗躁狂症，对躁狂和抑郁交替发作的躁狂抑郁症也有治疗和预防复发作用。碳酸锂不良反应较多，安全范围小，有效浓度为 0.8～1.2 mmol/L。不良反应有恶心、呕吐、腹痛、腹泻、手震颤、共济失调、谵妄、意识障碍、惊厥、昏迷甚至死亡，当血药浓度达到 1.6 mmol/L 时，应立即停药。

第三节 抗抑郁症药

抑郁症是一种以情绪低落、抑郁消极为特征的情感障碍性精神病。抗抑郁症药根据其作用机制分为：5-HT 及 NA 再摄取抑制剂、选择性 NA 再摄取抑制剂、选择性 5-HT 再摄取抑制剂及其他类。

一、5-HT 及 NA 再摄取抑制剂

5-HT 及 NA 再摄取抑制剂包括三环类抗抑郁药（TCAs）和文拉法辛、米那普仑、度洛西丁等全新的抗抑郁药。TCAs 是第一代单胺再摄取抑制剂，包括丙咪嗪、阿米替林、氯丙咪嗪、多赛平等，尚具有阻断 M、α_1、H_1 受体作用，不良反应多，起效慢。

丙米嗪（米帕明）

【药理作用和临床应用】

（1）抗抑郁症作用：抑郁症患者连续服药 2～3 周后开始起效，出现情绪提高、精神振奋，其运动抑制及自罪自责等抑郁症状明显改善。其作用机制是阻断突触前膜对 NA 和 5-HT 的再摄取，使其在突触间隙的浓度提高，从而促进突触传递。临床上用于各型抑郁症。尚可用于强迫症和恐惧症的治疗。

（2）抗胆碱受体作用：治疗量可阻断 M 受体而致阿托品样作用。其能阻断膀胱逼尿肌 M 受体，扩大膀胱容量；刺激大脑皮质，使患儿容易唤醒。故对小儿遗尿症有效。

（3）心血管系统：治疗量丙米嗪可降低血压，引起心动过速等心律失常。

【不良反应】

常见有口干、视物模糊、便秘、排尿困难、心动过速等，还可出现疲倦、嗜睡、震颤、共济失调、头痛、癫

痫、直立性低血压、肝功能异常、粒细胞缺乏症等。

【禁忌证】

前列腺肥大及青光眼患者禁用。癫痫患者禁用。

二、选择性 NA 再摄取抑制剂

该类药物选择性抑制 NA 的再摄取，包括地昔帕明、马普替林、去甲替林、瑞波西汀，用于以脑内 NA 缺乏为主的抑郁症。这类药物的特点是起效快，而镇静、抗胆碱和降压作用均比 TCAs 类弱。

三、选择性 5－HT 再摄取抑制剂

该类药对 5－HT 再摄取的抑制作用选择性强，对其他递质和受体作用小，既保留了与 TCAs 相似的疗效，也克服了其诸多不良反应。临床常用的包括氟西汀、帕罗西汀和舍曲林等，兼有抗抑郁和抗焦虑双重作用，也需 2～3 周起效。该类药主要适用于脑内 5－HT 不足引起的抑郁症或其他抑郁症药物疗效不佳者。

四、其 他

其他类抗抑郁药包括单胺氧化酶抑制剂（吗氯贝胺等）及其他作用机制的曲唑酮、米氮平等。

知识拓展

根据药理学特征和功能中枢 DA 受体通常分为 D_1 样受体和 D_2 样受体。后来应用重组 DNA 克隆技术获得 5 种 DA 亚型受体（D_1、D_2、D_3、D_4 和 D_5），其中 D_1 和 D_5 亚型受体在药理学特征上相似，属于 D_1 样受体，而 D_2、D_3、D_4 受体则属于 D_2 样受体。中枢神经系统主要存在 4 条 DA 通路：① 中脑-边缘系统：与情绪和行为功能有关。② 中脑-皮质系统：与认知、思想、感觉、理解、推理能力和联想有关。上述 2 条通路主要表达 D_2 样受体，其中 D_4 亚型受体与精神分裂症的发生和发展密切相关。③ 结节-漏斗系统：主要表达 D_2 样受体中的 D_2 亚型，与内分泌功能有关。④ 黑质-纹状体系统：D_1 样受体和 D_2 样受体（只有 D_2 和 D_3 亚型）均表达，与锥体外系功能有关。

小 结

氯丙嗪具有抗精神病作用、镇吐作用和体温调节作用。抗精神病作用机制是通过阻断中脑-边缘系统和中脑-皮质系统的 D_2 样受体而产生的。其主要用于精神分裂症、呕吐、顽固性呃逆、低温麻醉和人工冬眠。最主要的不良反应是锥体外系反应，系阻断黑质-纹状体通路 D_2 样受体所致。氯丙嗪阻断 α 受体、M 受体及对内分泌的影响可引起一般不良反应。碳酸锂用于躁狂症的治疗。三环类抗抑郁药丙咪嗪用于抑郁症的治疗。

【思考题】

(1) 试述氯丙嗪的临床应用及不良反应。

(2) 简述氯丙嗪的抗精神病作用机制。

(3) 试述抗抑郁药的分类及常用药物。

(4) 试述碳酸锂的特点。

（葛晓群）

第十七章　镇痛药

学习要点

- **掌握**：吗啡和哌替啶的药理作用、临床应用及不良反应。
- **熟悉**：可待因、美沙酮、芬太尼、喷他佐辛、纳洛酮的作用特点和临床应用。
- **了解**：曲马朵、布桂嗪、延胡索乙素的作用特点和临床应用。

镇痛药是一类主要作用于中枢神经系统，在不影响患者意识和其他感觉的情况下，选择性地消除或减轻疼痛的药物。他们镇痛作用强大，但反复应用易产生依赖性，故又称为麻醉性镇痛药。目前临床上应用的镇痛药主要为阿片生物碱类镇痛药及其合成代用品。

第一节　阿片生物碱类镇痛药

阿片为罂粟科植物罂粟未成熟蒴果浆汁的干燥物，含有20多种生物碱，其中具有镇痛作用的主要为吗啡和可待因。

一、吗　　啡

【药理作用】

(1) 中枢神经系统

1) 镇痛、镇静：吗啡对伤害性疼痛有强大镇痛作用，选择性高。能显著减轻患者对疼痛的感受和改善对疼痛的反应，提高患者对疼痛的耐受力；对慢性持续性钝痛的作用优于急性间断性锐痛。在镇痛的同时，兼有明显的镇静作用，可消除患者对疼痛的恐惧、焦虑和紧张情绪，并可引起愉悦、飘飘欲仙等欣快症状。

吗啡的镇痛作用是通过激动脊髓胶质区、丘脑内侧、脑室及导水管周围灰质等部位的阿片受体（主要是 μ 受体），模拟内源性阿片肽对痛觉的调制功能，从而产生镇痛效应。

2) 抑制呼吸：治疗量吗啡明显降低呼吸中枢对 CO_2 的敏感性，并抑制脑桥呼吸调整中枢，使呼吸频率减慢，潮气量减小，肺通气量下降。中毒量可致严重呼吸抑制。

3) 镇咳：抑制咳嗽中枢，产生强大镇咳作用。

4) 其他作用：缩小瞳孔，中毒时可见针尖样瞳孔；兴奋延髓催吐化学感受区，引起恶心、呕吐。

(2) 平滑肌：对胃肠道平滑肌有强大兴奋作用，可使其张力增加，但推进性蠕动减弱。由于肛门括约肌张力增加，食物运动延缓，加上中枢抑制，使患者便意迟钝，易引起便秘。吗啡也兴奋胆道括约肌，可致上腹不适甚至诱发胆绞痛。阿托品可部分缓解之。吗啡提高膀胱括约肌张力，引起尿潴留；大剂量可收缩支气管平滑肌，诱发哮喘。但对子宫张力、收缩频率和幅度呈抑制作用，延长产妇分娩时程。

(3) 心血管系统：可扩张动脉和静脉血管，降低外周阻力，引起直立性低血压。还能升高颅内压，后者是因呼吸抑制引起 CO_2 聚积导致脑血管扩张所致。

(4) 免疫系统：对免疫系统具有抑制作用，可抑制淋巴细胞的增殖和细胞因子的分泌，还能抑制人类免疫缺陷病毒（HIV）蛋白诱导的免疫反应。

【临床应用】

(1) 镇痛：用于其他镇痛药无效的急性锐痛（如严重创伤、烧伤、手术等引起的剧痛）及晚期恶性肿瘤疼痛。对心肌梗死引起的剧痛，血压正常者亦可用。对胆绞痛和肾绞痛需加用M胆碱受体阻断药阿托品等。

(2) 心源性哮喘：对左心衰竭引发肺水肿所致的呼吸困难，除应用强心苷、氨茶碱及吸氧外，静脉注射吗啡可迅速缓解患者的气促和窒息感，促进肺水肿液的吸收。其原理与吗啡扩张血管、镇静和降低呼吸中枢对 CO_2 的敏感性有关。

(3) 止泻：一般选用含少量吗啡的阿片酊或复方樟脑酊，用于非细菌性急、慢性消耗性腹泻，对细菌感染性腹泻，应合用抗生素。

【不良反应】

(1) 一般不良反应：治疗量可引起恶心、呕吐、呼吸抑制、眩晕、嗜睡、便秘、排尿困难、胆绞痛，还可引起颅内压升高和直立性低血压。

(2) 耐受性和依赖性：连续反复多次应用可产生耐受性和依赖性，一旦停药即可出现戒断症状。

吗啡急性中毒的表现为昏迷、呼吸深度抑制(2～4 次/min)、瞳孔极度缩小呈针尖样、血压降低甚至休克。呼吸麻痹是死亡的主要原因。可采用人工呼吸、吸氧及静脉注射阿片受体拮抗剂纳洛酮进行抢救。

【禁忌证】

禁用于分娩止痛、哺乳妇女止痛，以及支气管哮喘、肺心病和颅内压升高者。

二、可 待 因

可待因在体内转变成吗啡而发挥镇痛作用。其镇痛作用仅为吗啡的 1/12，镇咳作用为其 1/4。本品无明显镇静作用，欣快和成瘾性也低于吗啡。在镇咳剂量时，对呼吸抑制较轻，无明显便秘、尿潴留及直立性低血压副反应。临床上主要用于剧烈干咳和中度疼痛止痛。

第二节 人工合成的阿片受体激动药

人工合成的阿片受体激动药包括哌替啶、芬太尼、美沙酮、二氢埃托啡等(表 17－1)。二氢埃托啡是临床镇痛作用最强的药物，但因依赖性强，目前临床已基本不使用。

哌替啶

【药理作用】

主要激动阿片 μ 受体而发挥效应。作用与吗啡相似但较弱，镇痛作用为吗啡的 1/10～1/7；等效剂量呼吸抑制与吗啡相等；平滑肌作用弱于吗啡，只中度提高胃肠平滑肌张力；成瘾性小于吗啡。但镇静与扩血管作用与吗啡相当。与吗啡不同的是一般不镇咳，不缩小瞳孔，治疗量不收缩支气管平滑肌，因作用时间(2～4 h)短于吗啡(4～6 h)，较少引起便秘和尿潴留，也不对抗缩宫素而引起子宫兴奋，故不延缓产程。

【临床应用】

(1) 镇痛和心源性哮喘：与吗啡相同，亦可用于分娩止痛。

(2) 麻醉前给药和人工冬眠：麻醉前给药可消除患者术前紧张和恐惧情绪，减少麻醉药用量；与氯丙嗪和异丙嗪组成冬眠合剂，降低患者的基础代谢率。

【不良反应】

与吗啡相似，可致眩晕、恶心、呕吐、口干、心悸、直立性低血压等，久用也可产生耐受性和依赖性。过量明显抑制呼吸，并致震颤、肌肉抽搐和惊厥，此中枢兴奋作用可能与其代谢物去甲哌替啶在体内蓄积有关。禁忌证同吗啡，虽可用于分娩止痛，但临产前 2～4 h 禁用，见表 17－1。

表 17－1 人工合成的其他阿片受体激动药及其他镇痛药

药物	特点
美沙酮	口服吸收好，$t_{1/2}$ 15～40 h，依赖性产生较慢，戒断症状也较轻。用于剧痛和戒毒治疗。过量可致肺水肿
芬太尼	镇痛比吗啡强 100 倍，起效快，维持时间短。用于各种剧痛和手术止痛；与氟哌利多合用产生神经阻滞镇痛
曲马朵	镇痛和镇咳作用均弱于吗啡；不引起呼吸抑制、降压和便秘。用于急、慢性疼痛和外科手术
布桂嗪(强痛定)	镇痛作用弱于吗啡，对皮肤、黏膜和运动器官的疼痛有明显的镇痛作用。用于急、慢性疼痛

（续表）

药　物	特　点
延胡索乙素及罗通定	延胡索乙素的有效成分为左旋体罗通定。有镇静、安定、镇痛和中枢性肌肉松弛作用。镇痛作用比哌替啶弱，但比解热镇痛药强。作用机制与阻断脑内多巴胺受体及促进阿片肽释放有关。用于慢性持续性钝痛。无依赖性

第三节　阿片受体部分激动药和激动-拮抗药

阿片受体部分激动药和激动-拮抗药包括喷他佐辛、布托啡诺、丁丙诺啡和美普他酚等，见表17-2。

表17-2　阿片受体部分激动药和激动-拮抗药

药　物	类　型	受　体	特　点
喷他佐辛（镇痛新）	部分激动药	(+)κ、δ (−)μ	镇痛、呼吸抑制、兴奋胃肠道作用均较吗啡轻。可加快心率，升高血压。用于各种慢性疼痛。成瘾性很小，被列入非麻醉药品
布托啡诺	部分激动药	(+)μ、κ (−)δ	镇痛、呼吸抑制作用为吗啡的3～7倍，收缩血管，增加心脏负荷。用于中、重度疼痛，麻醉前给药，久用产生依赖性
丁丙诺啡	部分激动药	(+)κ (−)μ	镇痛作用为吗啡的25倍，起效慢，持续时间长。应用同布托啡诺，可用于戒毒
美普他酚	激动-拮抗药	μ	镇痛作用与哌替啶相当，用于中、重度疼痛，基本无成瘾性

第四节　阿片受体拮抗药

一、纳 洛 酮

对阿片受体有拮抗作用。本身无明显药理作用，但对吗啡等阿片类中毒者，能迅速对抗其呼吸抑制、血压下降及其他中枢抑制等症状，使昏迷患者复苏。对各种应激状态下内源性阿片系统激活所致的休克、呼吸抑制、循环衰竭等症状亦有明显逆转作用。临床上主要用于阿片类镇痛药急性中毒解救，也用于各种休克、脑卒中、酒精中毒、新生儿窒息、脊髓和脑损伤等。

二、纳 曲 酮

作用与纳洛酮相同，主要用于阿片类成瘾者，以减少药物滥用和防止复吸。还可治疗酒精成瘾。

知识拓展

20世纪90年代，采用受体结合实验和受体克隆技术证实中枢神经系统至少有三类阿片受体存在，即μ、δ和κ受体。并发现体内有近20种与阿片类相似的内源性镇痛物质，如脑啡肽、内啡肽、强啡肽等，统称为内源性阿片肽。伤害性刺激可使感觉神经末梢释放兴奋性递质谷氨酸、P物质等，作用于突触后膜相应受体，将痛觉冲动传入脑内引起疼痛。内源性阿片肽由特定神经元释放后激动脊髓感觉神经突触前、后膜上的阿片受体，通过G蛋白偶联机制，抑制腺苷酸环化酶，促进K^+外流，减少Ca^{2+}内流，抑制突触前膜递质释放，使突触后膜超级化，最终阻滞或减弱痛觉信号的传递，产生镇痛作用。内源性阿片肽还可增强中枢神经下行抑制系统对脊髓背角感觉神经元的抑制作用，增强对痛觉的调控。吗啡通过激动脊髓胶质区、丘脑内侧、脑室及导水管周围灰质等部位的阿片受体，主要是μ阿片受体，模拟内源性阿片肽对痛觉的调控而产生镇痛作用。

小 结

吗啡与哌替啶的比较如下：

内	容	吗 啡	哌 替 啶
药理作用	镇痛	强、久(4～6 h)	弱(1/10～1/7)、短(2～4 h)
	镇静	强	强
	呼吸抑制	强	较弱(等效剂量时相等)
	镇咳	强	无
	瞳孔	缩小	不缩小
	胃肠张力	明显增加，致便秘	中等增加，时间短，无便秘
平滑肌	奥狄氏括约肌	痉挛	弱
	支气管平滑肌	收缩	治疗量无影响
	膀胱括约肌	收缩，致尿潴留	弱，无尿潴留
血管		扩张，直立性低血压	扩张，直立性低血压
成瘾性		强	弱于吗啡
临床应用		镇痛、心源性哮喘、止泻	镇痛、心源性哮喘、麻醉前给药、人工冬眠
不良反应		多而重	少且弱于吗啡，惊厥

【思考题】

(1) 试述阿片类镇痛药镇痛机制。
(2) 比较吗啡与哌替啶的异同。
(3) 临床应用阿片类镇痛药应注意什么？

（葛晓群）

第十八章　解热镇痛抗炎药

学习要点

- **掌握：** ① 解热镇痛抗炎药的共同作用及作用机制；② 阿司匹林的作用、临床应用及不良反应。
- **熟悉：** 其他解热镇痛药的作用特点。

解热镇痛抗炎药是一类具有解热、镇痛，且大多数具有抗炎、抗风湿作用的药物。其又称非甾体抗炎药(NSAIDs)，阿司匹林是这类药物的代表。虽然该类药物结构各异，但却具有相似的药理作用、作用机制和不良反应。

1. 抗炎作用　NSAIDs 绝大多数都具有抗炎作用。机体在各种化学、物理、生物等因素刺激下可通过多环节使诱导型环氧化酶 2(COX－2)表达增加，增加前列腺素(PG)合成。PG 是体内的致炎物质，可与缓激肽等协同产生致炎作用，引起局部组织血管扩张、炎细胞浸润、组织水肿。该类药能够抑制体内 COX 的生物合成，从而使 PG 合成减少，产生良好的抗炎效果。

2. 镇痛作用　NSAIDs 对组织损伤或炎症引起的疼痛尤为有效。炎症发生时，局部组织可产生和释放缓激肽、PG 等致痛物质，PG 不仅引起疼痛，还可提高痛觉感受器对缓激肽等的敏感性，对炎性疼痛起到放大作用。NSAIDs 通过抑制 PG 合成而产生镇痛作用。部分药物可发挥中枢性镇痛作用，这与阻断中枢神经系统 PG 合成有关。

3. 解热作用　NSAIDs 对正常体温无明显影响，但能降低发热者的体温。在炎症反应中，细菌内毒素通过诱导细胞因子释放而使 PGE_2 合成增加。PGE_2 是最强的致热物质，可作用于下丘脑体温调节中枢使产热增加、散热减少，引起体温升高。NSAIDs 主要通过抑制下丘脑 COX 活性，减少 PG 合成而发挥解热作用。

4. 其他　NSAIDs 通过抑制 COX 活性，对血小板聚集具有强大的抑制作用，但只有阿司匹林是不可逆的抑制。

第一节　非选择性环氧合酶抑制药

体内 COX 有 2 种亚型。COX－1 参与机体生理功能的调节，如外周血管阻力、血小板聚集、胃肠功能及肾功能等的调节。COX－2 参与机体病理生理过程，与红、肿、热、痛等炎症反应相关。根据其对 COX 作用的选择性，NSAIDs 分为非选择性 COX 抑制药和选择性 COX－2 抑制药。

一、阿 司 匹 林

阿司匹林为 NSAIDs 的代表药物，对 COX－1 和 COX－2 的抑制作用基本相当。

【药理作用和临床应用】

(1) 解热镇痛：阿司匹林具有较强的解热镇痛作用。因不产生欣快感与成瘾性，临床应用广泛。常用于感冒发热及各种慢性钝痛，如头痛、偏头痛、牙痛、神经痛、痛经等。对各种创伤性剧痛及内脏绞痛无效。

(2) 抗炎、抗风湿：阿司匹林具有显著的抗炎、抗风湿作用，能减轻炎症引起的红、肿、热、痛，迅速缓解风湿性关节炎的症状，大剂量能使急性风湿热症状在用药后 24～48 h 明显好转。因此可用于急性风湿热的诊断，以及风湿性、类风湿关节炎的治疗。

(3) 抑制血栓形成：小剂量阿司匹林可抑制血小板中的COX-1使血栓素A_2(TXA_2)生成减少，从而使血小板聚集受阻。大剂量则因抑制血管壁中的COX，减少前列环素PGI_2(TXA_2的生理对抗物)的合成，而促进血栓形成。因此只有小剂量阿司匹林可用于防治缺血性心脏病、心肌梗死、脑血栓形成等。

【不良反应】

短期应用不良反应较少，较大剂量(抗风湿治疗)或长期应用不良反应增多。

(1) 胃肠道反应：最常见，如恶心、呕吐、上腹不适。长期或大量服用可诱发或加重溃疡。此与直接刺激胃黏膜及抑制其PGE_2合成有关。饭后服用可减轻胃肠道反应。

(2) 过敏反应：少数患者可出现荨麻疹和血管神经性水肿，偶发过敏性休克和“阿司匹林哮喘”。“阿司匹林哮喘”与本药抑制PG合成后，白三烯合成相对增加有关，宜用糖皮质激素和抗组胺药治疗。

(3) 凝血障碍：阿司匹林抑制血小板TXA_2的合成作用强大而持久，对血管内皮前列环素(PGI_2)的合成抑制弱而短暂，因此TXA_2/PGI_2比率下降，出血时间延长。大剂量则抑制凝血酶原的形成，造成凝血障碍。严重肝损害、维生素K缺乏及低凝血酶原血症应禁用。

(4) 水杨酸反应：此为药物过量时出现的中毒反应，表现为头痛、头晕、恶心、呕吐、出汗、耳鸣、视及听力下降、精神恍惚等，严重者甚至出现惊厥和昏迷。应立即停药，并静脉滴注碳酸氢钠碱化尿液，加快药物从尿中排出。

(5) 瑞夷综合征(Reye's syndrome)：患病毒感染伴有发热的儿童或青少年服用阿司匹林后有发生瑞夷综合征的危险，表现为肝衰竭合并脑病，虽少见，但可致死，病毒感染患儿不宜用。

(6) 对肾脏的影响：少数人，特别是老年人，伴有心、肝、肾功能损害的患者，可引起水肿、多尿等肾小管功能受损的症状。

二、对乙酰氨基酚

对乙酰氨基酚又名扑热息痛。本药抑制中枢神经系统PG合成的作用强度与阿司匹林相似，但抑制外周PG合成的作用弱。因此，解热镇痛作用较强而抗炎作用极弱。临床上主要用于解热和镇痛。该药短期使用不良反应轻，常见恶心、呕吐，偶见皮疹、药热、粒细胞缺乏症、贫血等过敏反应。长期大量使用可致肾损害，如肾乳头坏死，慢性间质性肾炎，急、慢性肾衰竭等。过量中毒可引起肝损害。

第二节　选择性环氧合酶-2抑制药

塞来昔布

塞来昔布为选择性COX-2抑制药。治疗量对体内COX-1无明显影响，也不影响TXA_2的合成，但可抑制PGI_2合成，具有抗炎、镇痛和解热作用。主要用于风湿性、类风湿关节炎及骨关节炎的治疗，也用于术后疼痛、牙痛、痛经等。不良反应较其他非甾体抗炎药少，有血栓形成倾向的患者慎用，对磺胺类药物过敏的患者禁用。

临床常用NSAIDs比较见表18-1。

表18-1　临床常用的NSAIDs比较

分类			主要特点
非选择性COX抑制药	水杨酸类	阿司匹林	解热、镇痛、抗炎、抑制血小板聚集作用，有胃肠反应及出血倾向
	苯胺类	对乙酰氨基酚	有解热镇痛作用，抗炎作用极弱，胃肠反应常见
	吲哚类	吲哚美辛	强效抗炎镇痛药，不良反应发生率高
	芳基乙酸类	双氯芬酸	强效抗炎镇痛药，不良反应发生率较低

（续表）

分　类			主　要　特　点
非选择性COX抑制药	芳基丙酸类	布洛芬	一线药，不良反应发生率低
	烯醇酸类	吡罗昔康	胃肠反应发生率约20%，耳鸣、皮疹等
		美洛昔康	与其他非选择性COX抑制药比较，胃肠反应轻
	吡唑酮类	保泰松	不良反应较多，现已少用
	烷酮类	萘丁美酮	前体药，肝脏激活，不良反应较少，解热作用显著
	异丁芬酸类	舒林酸	前体药，体内转化为磺基代谢物，不良反应中等程度
选择性COX-2抑制药	二芳基吡唑类	塞来昔布	胃肠系统毒性显著降低
	二芳基呋喃酮类	罗非昔布	胃肠系统毒性显著降低

知识拓展

PG广泛存在于机体各种重要组织和体液中，参与体内多种功能的调节。当机体在细菌或毒素作用下发生炎症时，PG合成和释放增多，参与一系列炎症反应。PG可使局部组织血管扩张，通透性增加，引起充血、水肿和疼痛；可致体温调定点升高，体温升高。同时，PG本身也有一定的致痛作用，还能显著地提高痛觉神经末梢对致痛物质的敏感性。细胞膜磷脂代谢过程中的各种产物均参与细胞的炎症反应，解热镇痛抗炎药通过抑制膜磷脂代谢的中间环节减少PG合成，发挥药理作用。

小　结

NSAIDs具有解热、镇痛作用，大多数还具有抗炎、抗风湿作用。作用机制是抑制体内COX活性而减少局部组织PG的生物合成。阿司匹林属非选择性COX抑制药，除具有解热、镇痛、抗炎、抗风湿作用外，还可抑制血小板聚集。临床常用于感冒发热及各种慢性钝痛、风湿性和类风湿关节炎，小剂量用于预防血栓形成。最常见的不良反应为胃肠道反应。对乙酰氨基酚具有解热镇痛作用，但无抗炎作用，主要用于退热和镇痛。选择性COX-2抑制药，如塞来昔布等，胃肠系统毒性显著降低。主要用于风湿性、类风湿关节炎和骨关节炎的治疗。

【思考题】

(1) 比较解热镇痛抗炎药与阿片类镇痛药的镇痛作用特点。
(2) 试述解热镇痛抗炎药的作用机制。
(3) 试述阿司匹林的用途及不良反应。

（葛晓群）

第十九章　钙通道阻滞药

学习要点

- **掌握**：钙通道阻滞药的药理作用及临床应用。
- **熟悉**：钙通道阻滞药的分类及其主要不良反应。
- **了解**：了解各类钙通道阻滞药的主要特征。

钙通道阻滞药是一类通过阻断钙离子通道而发挥作用的药物，又称为慢通道阻滞药。

第一节　钙通道阻滞药的分类

目前临床上使用的钙通道阻滞药主要作用于L型钙通道。参照世界卫生组织（1987年）的建议，按药物的化学结构及其选择性，可将其分为如下几类：

一、选择性钙通道阻滞药

1. 二氢吡啶类　硝苯地平、尼莫地平、尼卡地平、尼群地平、氨氯地平等。
2. 苯并噻氮卓类　地尔硫䓬、克仑硫䓬、二氯呋利等。
3. 苯烷胺类　维拉帕米、戈洛帕米、噻帕米等。

二、非选择性钙通道阻滞药

本类药主要有普尼拉明、苄普地尔、卡罗维林和氟桂利嗪等。

第二节　钙通道阻滞药的药理作用和临床应用

【药理作用】

（1）对心肌的作用

1）负性肌力作用：钙通道阻滞药可在不影响兴奋除极的情况下，明显降低心肌收缩性，使心肌收缩性脱偶联，降低心肌耗氧量。

2）负性频率和负性传导作用：钙通道阻滞药可减慢房室结的传导速度，降低窦房结自律性从而减慢心率。对心脏的负性频率和负性传导作用以维拉帕米和地尔硫䓬的作用最强；而硝苯地平可因其扩血管作用强，对窦房结和房室结的作用弱，还能反射性加快心率。

（2）对平滑肌的作用

1）血管平滑肌：该类药物能明显舒张血管平滑肌，主要是动脉，对静脉影响小。动脉中又以冠状血管较为敏感，能扩张较大的输送血管和小的阻力血管，增加冠状动脉流量及侧支循环量，治疗心绞痛有效。脑血管也较为敏感，尼莫地平扩张脑血管作用较强，能增加脑血流量。此外，该类药物也扩张外周血管，解除其痉挛，可用于外周血管痉挛性疾病的治疗。

2）其他平滑肌：钙通道阻滞药对支气管平滑肌的松弛作用较为明显，较大剂量也能松弛胃肠道、输尿管及子宫平滑肌。

(3) 抗动脉粥样硬化作用：Ca^{2+}参与了动脉粥样硬化的病理过程，如平滑肌增生、脂质沉积和纤维化等，钙通道阻滞药可干扰这些过程从而产生抗动脉粥样硬化作用。

(4) 对红细胞和血小板结构与功能的影响：钙通道阻滞药抑制Ca^{2+}内流，减轻细胞内Ca^{2+}超负荷对红细胞的损伤；地尔硫䓬对血小板活化有抑制作用。

(5) 对肾脏功能的影响：钙通道阻滞药在扩张血管和降低血压的同时，不引起水、钠潴留。对于高血压病患者，二氢吡啶类药物在降压的同时，能明显增加肾脏的血流量，但对肾小球滤过的影响较小。

【临床应用】

(1) 高血压：应用钙通道阻滞药治疗高血压已得到普遍认可。其中，对兼有冠心病的患者宜选用硝苯地平，伴有脑血管病的宜选用尼莫地平，伴有快速性心律失常者最好选用维拉帕米。

(2) 心绞痛：钙通道阻滞药对各型心绞痛都有不同程度的疗效。其中，对于变异性心绞痛，硝苯地平疗效最佳；不稳定型心绞痛，维拉帕米和地尔硫䓬疗效较好，硝苯地平宜与β受体阻断药合用。稳定型心绞痛则几类钙通道阻滞药均可使用。

(3) 心律失常：钙通道阻滞药对室上性心动过速及后除极触发活动所致心律失常有良效。

(4) 脑血管疾病：氟桂利嗪等可预防由蛛网膜下腔出血引起的脑血管痉挛及脑栓塞。

(5) 其他：钙通道阻滞药还可用于外周血管痉挛性疾病，动脉粥样硬化、支气管哮喘、偏头痛等。

【不良反应】

钙通道阻滞药相对比较安全，其主要的不良反应都是由于血管扩张及心肌抑制等引起。主要症状包括：颜面潮红、头痛、眩晕、心悸、恶心、便秘等。

第三节　常用钙通道阻滞药

1. 维拉帕米　又名异搏定，戊脉安。该药口服生物利用度仅为20%～35%，血浆蛋白结合率约为90%。主要在肝脏代谢，血浆消除半衰期约为8 h。其对窦房结的自律性及房室传导的抑制作用较强，临床主要用于室上性心律失常和心绞痛的治疗。

2. 地尔硫䓬　又名合心爽。该药口服生物利用度约为40%，血浆蛋白结合率为70%～80%。主要在肝脏代谢，血浆消除半衰期约为3.5 h。其对心脏的抑制作用比维拉帕米弱，血管扩张作用比硝苯地平弱，临床可用于轻、中度高血压和心绞痛的治疗，也可引起房室传导阻滞。

3. 硝苯地平　该药口服生物利用度约为65%，血浆蛋白结合率为90%，主要在肝脏代谢，血浆消除半衰期为4～6 h。肝肾功能不良患者，药物代谢和排泄均减慢。该药的血管扩张作用较强，对心脏的抑制作用较弱，降压的同时易引起反射性心脏兴奋，产生心悸等不良反应。临床上可用于中、重度高血压的治疗。与β受体阻断药合用可抑制其对心脏的兴奋作用。

4. 氨氯地平　该药口服吸收缓慢，达峰时间为6～8 h，生物利用度为64%，大部分在肝脏代谢，血浆消除半衰期为36 h，老年人及肝功能减退者药物消除减慢，血浆消除半衰期分别延长至48 h及60 h。该药作用与硝苯地平相似，但对血管的选择性更高，起效缓慢，降压的同时不引起反射性心脏兴奋。临床适用于轻、中度高血压的治疗，也可用于稳定型心绞痛的治疗。

5. 依福地平　此为L型和T型钙通道阻滞药，于1998年在日本首次上市，用于治疗原发性、严重及肾性高血压和心绞痛。该药能选择性作用于血管平滑肌，负性肌力作用轻微，不影响心脏功能、不引起或最小引起反射性心动过速。本品可提高肾小球滤过率而不增加肾小球内压，同时扩张入球和出球小动脉，从而减少蛋白尿的发生，较之其他钙通道阻滞药更具肾保护作用。

6. 西尼地平　该药为亲脂性的二氢吡啶类钙剂，能阻断L型和N型钙通道，起效时间、疗效、不良反应的发生率与氨氯地平相似。每日口服1次就具有良好的降压效果，主要在肝脏代谢。由于阻断了交感神经细胞膜上的N型钙通道，抑制了交感神经末梢去甲肾上腺素的释放和交感神经活动，使心悸等不良反应较少。

知识拓展

离子通道是细胞生物电活动的基础。他们具有决定细胞的兴奋性、不应性和传导性、介导兴奋-收缩偶联和兴奋-分泌偶联、调节血管平滑肌的舒缩活动、参与细胞跨膜信号转导过程、维持细胞正常形态和功能完整性等一系列重要的作用。从已经阐明的离子通道的结构上来看，各种不同离子通道均由一系列不同的功能单位(亚基)组成，这些功能单位相互之间形成各种螺旋和折叠，最后构成一个负责的功能联合体，通过通道的开放、关闭等过程对生命活动产生影响。具体结构依通道类型的不同而不同。

小 结

细胞膜上的离子通道包括钠通道、钾通道、钙通道和氯通道等几种，他们在生命活动的维持上起着很重要的作用，对这些通道进行研究具有重要的现实意义。

钙通道的阻滞药根据化学结构可分为选择性的和非选择性的两种，前者包括二氢吡啶类、苯并噻氮䓬类和苯烷胺类三种。不同类别的药物在药理作用、临床应用和不良反应上有着较大的差别。其中，二氢吡啶类药物对血管的抑制作用比较强，苯烷胺类对心脏的抑制作用比较强，苯并噻氮䓬类居于两者之间。临床治疗时需要考虑不同类别药物的特点针对性地用药。

【思考题】

试述钙通道阻滞药的药理作用及其临床应用。

（施长城　许正新）

第二十章　抗心律失常药

学习要点

- **掌握**：① 抗心律失常药的分类；② 奎尼丁、利多卡因、普罗帕酮、胺碘酮、普萘洛尔、维拉帕米的作用特点、临床应用及不良反应。
- **熟悉**：抗心律失常药的基本作用机制。
- **了解**：心律失常的发生机制及其他药物的应用。

心律失常即是心动节律和频率异常，分为快速型和缓慢型两大类。相应的，其药物治疗也包括快速型心律失常的治疗和缓慢型心律失常的治疗。对于后者，临床常用阿托品和异丙肾上腺素等药物，本章讨论的是治疗快速型心律失常的药物。

第一节　心律失常的电生理学基础

一、正常心肌电生理学特征

1. 心肌细胞膜电位　心肌细胞膜电位包括：静息电位和动作电位两种。

(1) 静息电位(VP)：指在静息状态(非兴奋状态)时心肌细胞膜内外形成的电位差。

(2) 动作电位(AP)：心肌细胞受到刺激而发生兴奋时细胞膜内、外形成的电位差，称为动作电位。典型的动作电位包括 5 个时相：0 相、1 相、2 相、3 相和 4 相。其中，从 0 相开始至 3 相终了这段时间，称之为动作电位时程(APD)。

多种跨膜离子流参与了动作电位的形成。主要包括钠电流(I_{Na})、钙电流、瞬时外向钾电流(I_{to})、延迟整流钾电流(I_K)、起搏电流(I_f)、内向整流钾电流(I_{k1})等。

2. 快反应电活动和慢反应电活动　所谓快反应电活动，是指快反应细胞所表现出来的电活动。其特征是：除极是由较强的 Na^+ 内流引发，0 相除极速率较快，动作电位幅度较大，传导速度也较快。

慢反应电活动，是指慢反应细胞所表现出的电活动。其特征为：除极是由较弱的 Ca^{2+} 内流引发，0 相除极速率较慢，动作电位幅度较小，传导速度亦较慢。

3. 自律性　自律性的产生是自律细胞动作电位 4 相舒张期自动除极的结果。它取决于 4 相舒张期自动除极速率和静息膜电位水平。除极越快或静息膜电位的绝对值越小，自律性越高；反之，则低。

4. 膜反应性和传导速度　膜反应性是指膜电位水平与其所激发的 0 相最大上升速率之间的关系。在一定范围内，膜电位的绝对值越大，0 相上升速率就越快，动作电位振幅越大，传导速度越快；反之，则传导减慢。膜反应性是决定传导速度的重要因素，反映的是钠通道或钙通道的开放情况。

5. 有效不应期　在动作电位时程中，当膜电位恢复到－60～－50 mV 时，细胞才对刺激产生可扩布的动作电位。从除极开始到这之前的一段时间即为有效不应期(ERP)，它反映快钠通道恢复有效开放所需的最短时间，其时间长短一般与 APD 的长短变化相对应，但程度可有不同。

二、心律失常发生的电生理学机制

从电生理学的角度来看，心律失常的发生主要有冲动形成异常和冲动传导异常，抑或两者兼而有之，另有一些患者的心律失常则是由于基因缺陷所致。

1. 冲动形成异常

(1) 自律性异常：包括正常自律活动改变和异常自律机制形成两方面。

(2) 后除极和触发活动：后除极是指在一个动作电位中继0相除极后所发生的除极，其频率较快，振幅较小，膜电位不稳定，易引起异常冲动发放，导致触发活动。

根据发生时间的先后，后除极可分为早后除极和迟后除极两种类型。

2. 冲动传导异常

(1) 单纯性传导障碍：包括传导减慢、传导阻滞、递减传导及单向传导阻滞等。

(2) 折返激动：是指一次冲动下传后，又可顺着另一环路折回再次兴奋原已兴奋过的心肌的现象。折返激动是在单向传导阻滞的基础上发生的，是引起快速型心律失常的重要机制之一。

3. 基因缺陷，导致心肌复极过程减慢 Q-T间期延长综合征(LQTS)是目前第一个被肯定由基因缺陷引起的心肌复极异常的疾病。Ⅲ类抗心律失常药大多选择性阻断I_{kr}通道，也可导致Q-T间期延长。

第二节 抗心律失常药的基本电生理作用及药物分类

一、抗心律失常药的基本电生理作用

根据心律失常发生的电生理学机制，抗心律失常药的基本电生理作用有如下几点。

1. 降低自律性 抗心律失常药物可通过减慢4相舒张期自动除极速率、提高阈电位水平、增加最大舒张电位、延长APD等方式降低异常自律性。

2. 减少后除极和触发活动 缩短APD的药物或钙通道阻滞药可减少早后除极的发生。钠通道或钙通道阻滞药(如奎尼丁或维拉帕米)可减少迟后除极的发生。

3. 延长有效不应期 钙通道阻滞药和β受体阻断药可减慢房室结的传导性，从而消除房室结折返所致的室上性心动过速；钠通道阻滞药和钾通道阻滞药可延长快反应细胞的ERP，钙通道阻滞药和钾通道阻滞药可延长慢反应细胞的ERP。

二、抗心律失常药物的分类

根据药物的主要作用和电生理特点，可将抗心律失常药分为四大类(表20-1)。

表20-1 抗心律失常药的分类

类 别	作 用	药 物
Ⅰ类药	Na^+通道阻滞药	
Ⅰa类	适度阻Na^+	奎尼丁、普鲁卡因胺
Ⅰb类	轻度阻Na^+	利多卡因、苯妥英钠
Ⅰc类	重度阻Na^+	普罗帕酮、氟卡尼
Ⅱ类药	β受体阻断药	普萘洛尔、美托洛尔
Ⅲ类药	延长动作电位时程药	胺碘酮、索他洛尔
Ⅳ类药	钙通道阻滞药	维拉帕米、地尔硫䓬

第三节 常用抗心律失常药

一、Ⅰ类——钠通道阻滞药

此类又分为三个亚类，即Ⅰa、Ⅰb、Ⅰc。

（一）Ⅰa类

本类能适度阻滞钠通道，不同程度抑制心肌细胞钾及钙通道，延长复极过程。

1. 奎尼丁 奎尼丁是从茜草科植物金鸡纳树皮中提取的一种生物碱，仅阻滞激活状态的钠通道。

【药理作用】

(1) 自律性：治疗量的奎尼丁能降低异位节律点的自律性，但对窦房结自律性影响较小。

(2) 传导速度：奎尼丁能抑制 Na^+ 内流，减慢0相最大上升速率而使传导减慢。此作用可使折返激动的单相传导阻滞变为双相传导阻滞从而消除折返。

(3) 不应期：奎尼丁能抑制 Na^+ 内流和 K^+ 外流，使APD及ERP延长，其中延长ERP的作用尤为明显。此作用有利于消除折返。

(4) 其他：奎尼丁还具有明显的抗胆碱作用，可增加窦性频率，阻断外周血管α受体可引起血压下降。此外还具有负性肌力作用。

【临床应用】

奎尼丁是一个广谱抗心律失常药，适用于心房纤颤、心房扑动、室上性和室性心动过速的转复和预防，以及频发室上性和室性期前收缩的治疗。对心房纤颤和心房扑动，虽然目前多采用电转律法，但复律术前使用本药可提高电复律的成功率和安全性；在电复律术后使用则可巩固治疗效果。

【不良反应】

30%～50%患者使用奎尼丁后会发生腹泻；长时间用药致血浓度过高可引起“金鸡纳反应”。奎尼丁心脏毒性较严重，中毒浓度可致房室及室内传导阻滞。奎尼丁晕厥或猝死是偶见而严重的毒性反应，患者表现为意识丧失、四肢抽搐，呼吸停止、阵发性室速、心室颤动等。目前认为，心室颤动是由于心室内发生弥漫性传导障碍及复极不均所致。药物抢救可用异丙肾上腺素和乳酸钠。此外该药还可引起血压下降、窦性频率增加等，治疗心房扑动时，应先给予钙通道阻滞药或β受体阻断药或强心苷以减慢房室传导，降低心室率，否则可引起“矛盾性”心室频率加快，甚至室颤。

2. 普鲁卡因胺 心脏电生理作用与奎尼丁相似但较弱，对心室部位的作用较强。有微弱的抗胆碱作用，但无明显阻断α受体作用。对房性、室性心律失常均有效，但主要用于室性心律失常。静脉注射用于室上性和室性心律失常急性发作的治疗，但对急性心肌梗死导致的持续性室性心律失常，不作为首选。静脉给药可引起低血压和传导减慢，严重者可发生尖端扭转型心动过速。大剂量可致窦性停搏、房室传导阻滞等心脏抑制作用。长期应用少数患者出现系统性红斑狼疮综合征。

（二）Ⅰb类

本类药能轻度阻滞钠通道，轻度降低动作电位0期除极速率。

1. 利多卡因 该药兼有局部麻醉及抗心律失常作用，能促 K^+ 外流，对希氏束-浦肯野纤维有明显选择性作用。

【药理作用】

(1) 自律性：利多卡因能抑制 Na^+ 内流，增加细胞膜对 K^+ 的通透性，使浦肯野纤维4相舒张期自动除极速率降低，自律性降低。

(2) 传导速度：治疗剂量时对心肌传导无明显影响，在心肌缺血部位，传导速度减慢，此作用有利于变单相传导阻滞为双相传导阻滞从而消除折返；对于血钾降低或心肌细胞部分除极患者则使其传导速度加快，也有助于消除折返。大剂量时则使传导减慢。

(3) 不应期：利多卡因能缩短浦肯野纤维和心室肌细胞的APD和ERP，以前者缩短为明显，ERP相对延长。

【临床应用】

主要用于室性心律失常，对室性期前收缩、室性心动过速、心室纤颤等有效。特别适用于严重室性心律失常的紧急处理，是防治急性心肌梗死时室性心律失常的首选药物。也用于防治强心苷类药物中毒、心导管术、全身麻醉、电转律后等引起的室性心律失常。静滴给药。

【不良反应】

不良反应发生率约为63%，多与剂量过大有关。主要是心血管系统和中枢神经系统抑制引起。其中，眼球震颤是利多卡因中毒的早期信号。

2. 苯妥英钠 苯妥英钠作用、用途与利多卡因相似，能与强心苷竞争 $Na^{+}-K^{+}$-ATP酶，抑制强心苷中毒所致的迟后除极。主要用于治疗室性心律失常，对强心苷中毒所致的室性心律失常特别有效。

3. 美西律 美西律又名慢心律，电生理作用与利多卡因相似。口服吸收完全、迅速，用于治疗室性心律失常，特别对心肌梗死后急性室性心律失常有效。

(三) Ⅰc类

本类药能明显阻滞钠通道，显著降低动作电位0期除极速率及幅度，明显减慢传导。

普罗帕酮

普罗帕酮又名心律平，能减慢心房、心室和浦肯野纤维的传导，延长APD和ERP，适用于期前收缩、室上性和室性心动过速、伴发心动过速和心房颤动的预激综合征等。心血管系统不良反应有低血压、心功能不全、心动过缓、心脏停搏及传导阻滞，尤其是在原有窦房结或房室结功能障碍者。其减慢传导作用易致折返，可诱发室性心动过速。

二、Ⅱ类——β受体阻断药

β受体阻断药的抗心律失常作用较Ⅰ类弱，无诱发心律失常作用，但减慢心率作用最强，心动过缓者慎用。主要有普萘洛尔、美托洛尔、阿替洛尔、纳多洛尔、醋丁洛尔、噻吗洛尔等。阻断β受体是其抗心律失常的基本机制。

1. 普萘洛尔 普萘洛尔是β受体阻断药的典型代表。该药能降低窦房结、房室结和浦肯野纤维的自律性，减慢房室结传导，延长房室交界细胞的ERP。在运动及情绪激动时作用明显。临床上主要用于治疗室上性心律失常。心肌梗死患者应用本品，可减少心律失常的发生，缩小心肌梗死范围，降低死亡率。还可用于运动或情绪改变所引发的室性心律失常，减少肥厚型心肌病所致的心律失常。不良反应有窦性心动过缓、房室传导阻滞、心力衰竭和哮喘、低血压、精神压抑、记忆力减退等。高脂血症、糖尿病患者慎用。

2. 艾司洛尔 艾司洛尔为短效β_1受体阻断药，能抑制窦房结及房室结的自律性、传导性。主要治疗室上性心律失常，降低心房扑动、心房颤动时的心室率。不良反应有低血压、心肌收缩力减弱等。

三、Ⅲ类——延长动作电位时程药

1. 胺碘酮 胺碘酮对心脏多种离子通道电流（I_{Na}、$I_{Ca(L)}$、I_K、I_{K1}、I_{to}等）均有抑制作用，可降低窦房结、浦肯野纤维的自律性和传导性，明显延长APD和ERP，且无翻转使用依赖性。还能非竞争性拮抗α、β受体和舒张血管平滑肌，能扩张冠状动脉、增加冠状动脉血流量、减少心肌耗氧量。该药属于广谱抗心律失常药，适用于多种室上性和室性心律失常的治疗。不良反应中窦性心动过缓、房室传导阻滞及Q-T间期延长常见。静脉给药易引起低血压。长期应用可见角膜褐色微粒沉着，停药后可消失。长期应用必须定期监测肺功能和血清T_3、T_4水平。

2. 索他洛尔 索他洛尔能通过非选择性阻断β受体及阻滞I_K而产生降低自律性、减慢房室结传导，延长心房、心室及浦肯野纤维的APD和ERP等作用。本品生物利用度高，几乎全部以原形从肾脏中排出。临床用于各种严重室性心律失常，也可治疗阵发性室上性心动过速及心房颤动。

3. 多非利特 多非利特为特异性钾通道阻滞药，能够抑制I_{kr}，可恢复或维持心房颤动患者的窦性心律。主要毒性反应是诱发尖端扭转型室性心动过速。

4. 决奈达隆 决奈达隆是一个新型抗心律失常药物，主要用于心房颤动和心房扑动患者维持窦性心律。结构与胺碘酮类似，但不含碘，对甲状腺等器官的毒性明显降低。决奈达隆可能增加严重心力衰竭和左心收缩功能不全患者的死亡风险。

四、Ⅳ类——钙通道阻滞药

维拉帕米

维拉帕米能通过阻断L型钙通道及I_{kr}，降低窦房结自律性，降低缺血时心房、心室和浦肯野纤维的异常自律性，减慢房室结传导；延长窦房结、房室结的ERP。临床上对室上性和房室结折返引起的心律失常效果好，为阵发性室上性心动过速的首选药。

五、其 他 类 药

腺苷

腺苷为内源性嘌呤核苷酸，通过G蛋白偶联的腺苷受体，激活心房、窦房结、房室结的乙酰胆碱敏感的钾通道，缩短APD，降低自律性，也可通过阻滞L型钙通道，减慢房室结传导，延长房室结ERP。临床主要用于迅速终止折返性室上性心律失常。

知识拓展

最早应用的抗心律失常药物是1914年发现的奎尼丁，经过上百年的探索与实践，该类药物已有相当大的进展。近年作用于钾通道的药物在抗心律失常方面也有较大发展，发现了许多新型的钾通道阻滞药。

药物治疗对救治严重心律失常患者发挥了重要作用，但同时也应注意这类药物具有的不同类型的严重不良反应，如致心律失常作用。正确合理应用抗心律失常药有赖于对心肌电生理学机制、心律失常发生机制和药物作用机制的深刻认识。

小 结

心律失常是心动频率和节律的异常，包括快速型和缓慢型两大类型。本章所述抗心律失常药主要针对快速型心律失常，通过影响心肌细胞膜上众多的钠、钾、钙等离子通道，产生降低自律性、减慢传导，延长APD和ERP等作用。其中，Ⅰ类药物又可分为Ⅰa、Ⅰb、Ⅰc三个亚类，他们通过阻断钠通道等途径产生一系列效应；Ⅱ类药物发挥作用的基础是阻断β受体；Ⅲ类药物通过抑制多种钾电流产生作用；Ⅳ类药物作用的发挥则是通过阻断钙通道等机制。由于心律失常的发生机制比较复杂，各种抗心律失常药物的药理作用、临床用途和不良反应也不尽相同，临床在选择治疗药物时需要根据患者的具体病情综合考虑。

【思考题】

(1) 试述心律失常发生的电生理学机制和抗心律失常药物的基本电生理作用。

(2) 用奎尼丁治疗心房扑动时为什么需要先给予钙通道阻滞药或β受体阻断药或强心苷？

（许正新）

第二十一章 抗高血压药

学习要点

- **掌握**：利尿药、钙通道阻滞药、β受体阻断药、ACE抑制药、AT_1受体阻断药的降压作用特点、降压机制及临床应用。
- **熟悉**：① 抗高血压药物的分类及各类代表药；② α_1受体阻断药、可乐定、硝普钠、其他抗高血压药的药理特点及临床应用。
- **了解**：① 神经节阻断药、去甲肾上腺素能神经末梢阻滞药的特点；② 高血压药物治疗的新概念及应用原则。

第一节 抗高血压药物的分类

凡能降低血压而用于高血压治疗的药物称为抗高血压药。正常人血压应低于140/90 mmHg。高于上述标准，即为高血压。

高血压的危害不在于血压升高这个现象，而是由于持续的高血压可引起一系列继发性的变化，包括微血管病变及心、脑、肾等重要器官的功能和器质性的损害，使患者的死亡率升高。

不同原因引起的高血压，其临床治疗措施不同。对于继发性高血压，治疗手段主要是针对病因，同时辅以抗高血压药，而对于原发性高血压，则主要使用有效的抗高血压药物控制血压。

根据各种药物的药理作用、作用机制及作用部位的不同，可将临床所用的抗高血压药物分为：利尿药、交感神经抑制药、肾素-血管紧张素系统抑制药、钙通道阻滞药、血管扩张药及其他类新型抗高血压药等几种。

以上药物中，国内外广泛使用或称为第一线抗高血压药物的是利尿药、钙通道阻滞药、β受体阻断药和ACE抑制药四大类药物。血管紧张素Ⅱ受体阻断药是近些年发展出的新药，具有许多优点，也将成为常用药，故将其置于上述四大类药物之后，统称为常用抗高血压药物。

第二节 常用抗高血压药物

一、利 尿 药

利尿药单用即有降压作用，与其他多种降压药合用可增强疗效，降低水钠潴留等不良反应。

利尿药降低血压的确切机制尚不十分明确。用药初期，利尿药可减少细胞外液容量及心排血量。长期给药后心排血量逐渐恢复至给药前水平而降压作用仍能维持。利尿药长期使用可降低血管阻力，可能的机制是体内Na^+减少及细胞外液容量降低后，平滑肌细胞内Na^+浓度降低而导致细胞内Ca^{2+}浓度降低，从而使血管平滑肌对缩血管物质的反应性减弱。

噻嗪类利尿药是利尿药中最常用的一类，可降低高血压并发症的发病率和病死率。单独作降压药使用时，剂量应尽量小，就氢氯噻嗪而言，其剂量不宜超过25 mg。若25 mg仍不能有效地控制血压，则应合用或换用其他类型抗高血压药。单用噻嗪类降压治疗，尤其是长期使用应合用保K^+利尿药或合用ACE抑制药。有研究认为噻嗪类有增加心血管意外的危险性，可能与其对脂质、糖代谢的不利影响有关。

二、钙通道阻滞药

钙通道阻滞药通过阻断心肌及血管平滑肌细胞膜上的钙通道，使得细胞内的 Ca^{2+} 浓度降低，从而引起血管扩张，心率减慢，心排血量降低而产生抗高血压作用。

1. 硝苯地平 又名心痛定，作用于细胞膜 L 型钙通道，对轻、中、重度高血压均有降压作用，亦适用于合并有心绞痛或肾脏疾病、糖尿病、哮喘、高脂血症及恶性高血压者。周围血管扩张可引起交感神经活性反射性增强而使心率加快。目前多推荐使用缓释片剂。

2. 氨氯地平 商品名络活喜，为第二代二氢吡啶类钙通道阻滞药，药理作用与硝苯地平相似，但降压作用较后者平缓，持续时间较长。临床用于高血压和变异型心绞痛的治疗。

3. 拉西地平 属于第三代高亲脂性二氢吡啶类钙通道阻滞药，对血管的选择性强，降压起效慢，但维持时间长，24 h 平稳降压。本品适用于轻、中度高血压的治疗。

三、肾上腺素受体阻断药

1. β受体阻断药 β受体阻断药在临床上广泛用于各类高血压的治疗，长期使用一般不引起水钠潴留，也无明显的耐受性。不具内在拟交感活性的β受体阻断药可增加血浆三酰甘油浓度，降低高密度脂蛋白-胆固醇的含量，而具有内在拟交感活性的β受体阻断药对血脂的影响很小或无影响。

(1) 普萘洛尔：为非选择性β受体阻断药，无内在拟交感活性。单用可治疗轻、中度高血压，与其他降压药合用可治疗中、重度高血压。对心排血量及肾素活性偏高的高血压患者及高血压伴有心绞痛、偏头痛、焦虑症等疗效较好。

(2) 阿替洛尔：对心脏 $β_1$ 受体的选择性较高，对血管及支气管的 $β_2$ 受体影响较小。无内在拟交感活性和膜稳定作用。口服用于各型高血压的治疗。

(3) 卡维地洛：为 α、β 受体阻断药，能阻断β受体和 $α_1$ 受体，不良反应与普萘洛尔相似，但不影响血脂代谢。用于治疗轻、中度高血压或伴有肾功能不全、糖尿病的高血压患者。

2. α受体阻断药 本类药物可通过阻断血管平滑肌细胞膜上的 $α_1$ 受体，从而产生降压作用。其不易引起反射性心率增加或血浆肾素活性增加。用药后出现水钠潴留。对代谢无明显不良影响。不作为一般高血压的首选药，主要用于高血压伴前列腺增生、伴高血脂的患者，也用于难治性高血压患者的治疗。主要不良反应为首剂现象。本类药物有哌唑嗪、特拉唑嗪、多沙唑嗪等。

四、肾素-血管紧张素系统抑制药

肾素-血管紧张素-醛固酮系统(RAS)由肾素、血管紧张素原、血管紧张素Ⅰ(AngⅠ)、血管紧张素Ⅰ转化酶(ACE)、血管紧张素Ⅱ(AngⅡ)及血管紧张素受体 6 个部分构成。RAS 在调节心血管系统的正常生理功能和高血压、心肌肥大等病理过程中具有重要的作用，其任何一个环节受到干扰均会影响机体的生理、病理过程。

根据药物作用环节的不同，RAS 系统抑制药可分为：抗血管紧张素原的基因治疗药、肾素抑制药、ACE 抑制药(ACEⅠ)、血管紧张素受体阻断药等。临床使用的主要是后两类。

1. ACEⅠ ACEⅠ通过抑制 ACE 活性，使 AngⅡ生成减少及缓激肽降解减少，降低血管阻力，从而使血压降低。该类药物的降压效果较好，对高血压患者的并发症及一些合并症亦具有良好影响。

根据 ACEⅠ化学结构的不同，可将临床使用的药物分为含有巯基的药物(如卡托普利)、含有羧基的药物(依那普利、雷米普利、培哚普利、赖诺普利、咪达普利等)和含有次磷酸基的药物(福辛普利等)。

ACEⅠ虽然化学结构各不相同，但其具有共同的药理学作用。一般而言，含有羧基的药物比其他类药物的作用强，维持时间长。很多 ACEⅠ是前药，需要经过体内转化才能发挥作用。

【药理作用】

(1) 降压作用：ACEⅠ具有良好的降压效果。其降压特点为：不引起反射性交感神经兴奋，长期应用不出现水钠潴留，也不易产生耐受性。

(2) 对血流动力学的影响：ACEⅠ能扩张外周血管，降低外周血管阻力，还能扩张冠状动脉和脑部大血管，增加心、脑部位的血流供应。

(3) 抑制和逆转心血管重构：ACEⅠ能通过抑制ACE，降低血压和心功能不全患者心脏的前、后负荷；抑制心肌和血管平滑肌的增生、肥大，长期使用能抑制和逆转心血管系统的重构。

(4) 保护血管内皮细胞：ACEⅠ对血管内皮细胞具有保护作用。用药后能逆转高血压、动脉粥样硬化及高血脂等引起的内皮细胞功能损害，使内皮依赖的血管扩张功能得以恢复。

(5) 抗心肌缺血与心肌保护作用：动物实验结果显示，ACEⅠ有抗心肌缺血和预防心肌梗死的作用，能保护心肌对抗氧自由基的损伤，减轻心肌缺血再灌注损伤。

(6) 对肾脏的保护作用：ACEⅠ能扩张肾血管，抑制肾小球血管间质细胞增生及基质蛋白积聚，防止或减轻肾小球损伤及肾小球硬化等病理过程而发挥保护肾脏的作用。

(7) 增敏胰岛素受体：多种ACEⅠ能增加糖尿病及高血压患者对胰岛素的敏感性。

ACEⅠ作用的发挥牵涉到许多因素。主要途径如下：

(1) 抑制AngⅡ的生成：ACEⅠ能通过抑制循环及局部组织中的ACE，使AngⅡ生成减少，从而消除了其收缩血管、刺激醛固酮分泌、升高血压及促进心血管细胞增生、肥大等作用。

(2) 减少缓激肽的降解：ACE同时又是激肽酶Ⅱ，当ACEⅠ抑制ACE时，组织内缓激肽降解减少，局部浓度增高，后者又可发挥一系列有益的影响。

【临床应用】

(1) 高血压：ACEⅠ适用于治疗各型高血压，多数轻、中度高血压患者单用即可控制血压。对伴有心力衰竭或糖尿病、肾病的高血压患者，ACEⅠ为首选药。

(2) 心力衰竭、急性心肌梗死：ACEⅠ能改善心力衰竭患者的预后，延长其寿命，降低死亡率。ACEⅠ还能降低急性心肌梗死并发心力衰竭患者的死亡率。

(3) 糖尿病性肾病和其他肾病：对于Ⅰ型和Ⅱ型糖尿病患者，无论其有无高血压，ACEⅠ均能改善或阻止肾功能的恶化。除多囊肾外，对其他原因引起的肾功能障碍，如高血压、肾小球病变、间质性肾炎等也有一定疗效。但对肾动脉阻塞或肾动脉硬化造成的双侧肾血管病，则能加重肾功能损伤。ACEⅠ的肾脏保护作用与降压作用无关，而是它扩张肾出球小动脉的结果。

【不良反应】

ACEⅠ的不良反应轻微，患者一般均能耐受。主要的不良反应有如下几点。

(1) 首剂低血压：多见于口服吸收快，生物利用度高的ACEⅠ。

(2) 咳嗽：无痰干咳是ACEⅠ较常见的不良反应，也是被迫停药的主要原因。偶见支气管痉挛性呼吸困难，可不伴有咳嗽。相比较而言，含磷酸基的ACEⅠ咳嗽的发生率较低。

(3) 高血钾：ACEⅠ使醛固酮分泌减少，钾排出减少，血钾升高。

(4) 低血糖：ACEⅠ能增强机体对胰岛素的敏感性。

(5) 肾功能损伤：在肾动脉阻塞或肾动脉硬化造成的双侧肾血管病患者，由于ACEⅠ能扩张肾出球小动脉，降低肾灌注压，引起肾小球滤过率和肾功能降低，从而加重肾功能损伤。

(6) 血管神经性水肿：表现为发生在嘴唇、舌、口腔、鼻和面部其他部位的急性水肿。偶尔出现在喉头，可威胁生命。多发生在用药后最初几小时内。缓激肽或其代谢产物与此有关。

(7) 对妊娠与哺乳的影响：ACEⅠ可引起胎儿畸形、发育不良甚至死胎。亲脂性强的药物如雷米普利和福辛普利能从乳汁中分泌，哺乳妇女禁用。

(8) 含巯基的ACEⅠ特有的反应：该类药物可引起味觉缺失、皮疹、白细胞减少或缺乏等与其他含巯基药物相似的反应。白细胞缺乏症仅见于肾功能障碍患者。

卡托普利

卡托普利又名巯甲丙脯酸，具有轻、中度降压作用，起效快，长期使用能保护血管内皮细胞并抑制和逆转心血管重构。因含巯基，具有明显的自由基清除作用。临床上可用于高血压、心力衰竭、急性心肌梗死和糖尿病肾病等疾病的治疗。主要的不良反应是刺激性干咳，可出现首剂低血压。

2. AT_1受体阻断药　AngⅡ受体包括AT_1受体和AT_2受体。目前仅有AT_1受体阻断药上市，代表药是氯沙坦。

氯沙坦

氯沙坦为第一个用于临床的非肽类 AngⅡ受体阻断药，对 AT_1 受体具有高度选择性。其最大降压作用小于 ACEⅠ，还可增加尿酸排泄。临床上可用于各型高血压的治疗及不耐受 ACEⅠ的心力衰竭患者。不会引起咳嗽、血管神经性水肿。哺乳者不宜使用。

同类药物尚有缬沙坦、厄贝沙坦、坎地沙坦和替米沙坦等。其中坎地沙坦作用强、应用剂量小、维持时间久、谷峰比值高(>80%)，是目前这类药物中最优的。

3. 肾素抑制药 本类药为一类新型降压药，但其对心脑血管事件的影响尚有待评估。代表药是阿利吉仑。

阿利吉仑是新一代非肽类肾素抑制药，2007 年美国 FDA 批准上市，用于轻、中度高血压的治疗。该药不引起心率的明显改变，与利尿药、β受体阻滞药、ACEⅠ及 AT_1 受体阻断药合用有协同作用。罕见的血管性水肿是其严重的不良反应。肾动脉狭窄患者禁用。

第三节 其他抗高血压药物

一、中枢性降压药

1. 可乐定 通过兴奋延髓背侧孤束核突触后膜的 α_2 受体和延髓嘴端腹外侧区的咪唑啉受体，抑制交感神经的张力，使外周血管阻力降低，产生降压作用。单独使用适用于中度高血压的治疗，常用于其他药无效时，优点是不影响肾血流量和肾小球滤过率。与利尿药合用可用于治疗重度高血压。口服还可以用于预防偏头痛或作为吗啡类成瘾者的戒毒药。其溶液剂滴眼用于治疗开角型青光眼。可乐定可加强其他中枢抑制药的作用。三环类药物可与可乐定发生竞争性拮抗，不宜合用。少数患者突然停药可出现交感神经亢进现象。

2. 莫索尼定 降压作用略低于可乐定，但不良反应少，无显著镇静作用，亦无停药反跳现象，长期应用有良好的降压效果，并能逆转高血压患者的心肌肥厚。

二、血管扩张药

1. 直接扩张血管药 该类药物通过直接扩张血管而产生降压作用，不良反应多，一般不单独使用，仅在其他降压药无效时才加用此类药物。

硝普钠

硝普钠可直接松弛小动脉和静脉平滑肌，一般不降低冠状动脉血流、肾血流及肾小球滤过率。口服不吸收，静脉滴注起效快，临床适用于高血压急症的治疗和手术麻醉时的控制性降压，也可用于高血压合并心力衰竭或嗜铬细胞瘤发作引起的血压升高。大剂量或连续应用可引起血浆氰化物或硫氰化物浓度升高而中毒，用药时需严密监测血浆氰化物浓度。

肼屈嗪

肼屈嗪能直接扩张外周血管，以扩张小动脉为主。其降压作用强，降低舒张压的作用较降低收缩压为强。可改善肾、子宫和脑的血流量。临床可用于高血压，尤其是肾性高血压及舒张压较高的重度高血压患者的治疗。一般不单独使用。

2. 钾通道开放药 本类药物有米诺地尔、吡那地尔、尼可地尔、二氮嗪等。多数药物是通过激活 ATP 敏感的钾通道产生降压作用的，降压时常伴有反射性心动过速和心排血量增加。其血管扩张具有选择性，见于冠状动脉、胃肠血管和脑血管，而不扩张肾和皮肤血管。

三、神经节阻断药

该类药物能选择性阻断 N_N 受体，可使血管扩张，血压降低。本类药物有樟磺咪芬、美卡拉明、六甲溴铵等。不良反应较多，现仅用于一些特殊情况，如高血压危象等。

四、去甲肾上腺素能神经末梢阻断药

本类药物主要通过影响儿茶酚胺的储存及释放产生作用，如利血平及胍乙啶。前者因不良反应已不单用。后者较易引起肾、脑血流量减少及水钠潴留，主要用于重症高血压的治疗。

五、其他新型抗高血压药

1. 5－HT 受体阻断药 如酮色林具有阻断 5－HT_{2A}受体及轻度的 α_1 受体阻断作用。作用温和，特别适用于老年患者。单纯以 5－HT_{2A}受体或 α_1 受体阻断均不能解释其降压作用。有研究表明，它能抑制交感神经放电，可能有中枢机制参与。

2. 前列环素合成促进药 如沙克太宁能增加前列环素的合成，能与动员胞内钙离子的各类物质相互作用，有直接松弛血管平滑肌的作用。它对血管壁脆化、组织水肿、缺血再灌注心脏具有保护作用，还具有 H_1受体阻断作用、轻度的利尿作用等作用。作用温和，副反应相对较少。

3. 内皮素受体阻断药 如内皮素(ET)具有很强的血管收缩活性，分 ET－1、ET－2、ET－3 三种。ET 受体至少包括 ET_A(ET－1 的特异性受体)和 ET_B(非特异性受体)两种。ET_A受体主要分布于心血管系统，而 ET_B受体主要分布于肾脏、肾上腺、中枢神经系统等。波生坦为非选择性非肽类内皮素受体阻断药，口服有效，降压作用较弱。

知识拓展

高血压药物治疗的新概念及应用原则：① 有效治疗与终身治疗：所谓有效治疗，就是将血压控制在 140/90 mmHg 以下。确实有效的降压治疗可以大幅减少并发症的发生。高血压病病因不明，无法根治，需终生治疗。② 保护靶器官：高血压的靶器官损伤包括心肌肥厚、肾小球硬化和小动脉重构等。在抗高血压治疗中必须考虑逆转或防止靶器官损伤。③ 平稳降压：国内外的研究证明血压不稳定可导致器官损伤。目前对抗高血压药要求药物的“谷/峰比值”在 50%以上。④ 个体化治疗：要根据患者的年龄、病情程度等情况制定个性化的治疗方案。⑤ 联合用药：抗高血压药物的联合应用常常是有益的。在目前常用的四类一线药物中，以 β 受体阻断药加二氢吡啶类钙通道阻滞药、ACE 抑制药加钙通道阻滞药的联用效果较好。

小 结

高血压是一种临床病症，长期高血压可对机体重要器官的结构和功能造成实质性损害。对于高血压患者，必须采取合理的治疗措施，以达到减少并发症和死亡率，改善生活质量的目的。

目前的抗高血压药物，根据其作用部位和作用机制的不同可分为六大类，其中，利尿药、钙通道阻滞药、β 受体阻断药和 ACE 抑制药因其疗效好，不良反应小，属于一线抗高血压药。其他药物，如中枢性降压药、血管扩张药等不良反应较大，一般较少单独使用。

各类不同的抗高血压药物均有自己的特点，临床需要根据患者的具体病症制定合理的用药方案，选择合适的药物，并要注意剂量的个体化和联合用药。

【思考题】

(1) 一线抗高血压药物有哪几类？各类有哪些代表药物(每类列举一个药名)？作用机制如何？

(2) 试比较 ACEⅠ和 AT_1受体阻断药药理作用的异同点。

(许正新)

第二十二章　治疗心力衰竭的药物

学习要点

- **掌握**：① 强心苷的药理作用、作用机制、临床应用、不良反应及其防治措施；② β受体阻断药、血管紧张素Ⅰ转化酶抑制药(ACEⅠ)治疗充血性心力衰竭(CHF)的机制和特点。
- **熟悉**：① 治疗心力衰竭药物的分类；② 血管紧张素Ⅱ受体(AT_1)拮抗药、抗醛固酮药、利尿药、其他治疗CHF药物的药理特点及临床应用。
- **了解**：① CHF的病理生理学过程；② 强心苷体内过程的特点及用药时的注意事项。

心力衰竭是多种病因所引起的各种心脏疾病的终末阶段，它是指在静脉回流适当的情况下，心脏不能排出足量的血液以满足机体组织所需的一种病理状态，临床上以组织血液灌流不足及肺循环和(或)体循环淤血为主要特征，又称充血性心力衰竭(CHF)。

关于CHF的病理生理学发病机制，目前还不清楚。CHF发生时，由于心功能减弱，心肌收缩性降低，心排血量下降，机体往往会有神经内分泌系统的一系列改变，包括交感神经系统和肾素-血管紧张素系统(RAS)激活，精氨酸加压素增多，血液和心肌组织中内皮素增多，β_1受体下调及G蛋白偶联受体激酶活性增加等，与此同时，还会出现心肌重构等一系列病理性改变。CHF的本质是心脏功能的降低，故而要治疗CHF，我们可以通过改善心功能状态的方法，采取增强心脏的收缩性，降低心脏前、后负荷及减慢心率等一系列措施。

根据药物的作用及作用机制，治疗CHF的药物可分为：肾素-血管紧张素-醛固酮系统抑制药、利尿药、β受体阻断药、强心苷类正性肌力药、血管扩张药、非苷类正性肌力药和其他治疗心力衰竭的药物等几种。

第一节　肾素-血管紧张素-醛固酮系统抑制药

一、血管紧张素Ⅰ转化酶抑制剂(ACEⅠ)

ACEⅠ治疗CHF是近30多年来最重要的进展之一。许多大型临床试验和基础研究业已证明，ACEⅠ不仅能缓解CHF的症状，还能降低CHF的发病率、病死率和改善预后，能在相当程度上逆转心力衰竭的病理过程而防止心室重构。治疗CHF的常用药物有卡托普利、依那普利、福辛普利、赖诺普利、喹那普利、雷米普利、群多普利拉等。

ACEⅠ对各阶段心力衰竭者均有作用，既能消除或缓解CHF症状、提高运动耐力、改进生活质量，防止和逆转心肌肥厚、降低病死率，还可延缓尚未出现症状的早期心功能不全者的进展，延缓CHF的发生。现已作为治疗CHF的一线药物广泛应用于临床，特别是对舒张性CHF患者疗效明显优于传统药物地高辛。其常与利尿药、地高辛合用。

二、血管紧张素Ⅱ受体(AT_1)阻断药

ACEⅠ是治疗CHF的重要基础药，但他们也有不足之处，如引起干咳、血管神经性水肿等不良反应；对糜酶转化AngⅠ为AngⅡ的途径无效。而AT_1受体阻断药则可直接阻断AngⅡ与其受体的结合，较完全地阻止AngⅡ的作用，其沙坦类药物包括氯沙坦、缬沙坦、坎地沙坦、厄贝沙坦、依普沙坦、替米沙坦等。与ACEⅠ相比，两者疗效相似，但不良反应较少，不易引起咳嗽、血管神经性水肿等，患者易于接受，使CHF的治疗又增添了一类有效的药物。

三、醛固酮拮抗药——螺内酯

以往的多数临床和基础研究对AngⅡ在CHF时作用的关注较多，不大重视醛固酮在CHF中的作用，直至最近醛固酮的重要性才被确定。

醛固酮除了保钠排钾外，还能刺激蛋白质如胶原蛋白的合成，后者的增多被认为是醛固酮致心肌纤维化及心血管重构的重要原因。它还可阻止心肌摄取NE，使之游离于血浆而诱发冠状动脉痉挛和心律失常，并导致心肌肥厚、血管损害、内皮细胞功能不全，最终影响心脏功能。

CHF时血中醛固酮的浓度可明显增高达20倍以上，而CHF治疗时单用螺内酯仅发挥较弱的作用，但与ACEⅠ合用则既能进一步减少标准治疗的病死率，又能降低猝死和室性心律失常的发生率，效果呈相加作用，是CHF药物治疗的又一进步。

依普利酮是新型的选择性醛固酮受体拮抗药，其对醛固酮受体具有高度选择性，避免了螺内酯引起的性激素样副反应，是治疗CHF的一个安全、有效的药物。

第二节 利尿药

利尿药在心力衰竭治疗中起着重要的作用，它能促进Na^+、H_2O排泄，减少血容量，降低心脏前负荷，消除或缓解静脉淤血及其所引发的肺水肿和外周水肿，对CHF伴有水肿或有明显淤血者尤为适宜。常用于治疗心力衰竭的利尿药有：中效能利尿药、高效能利尿药和低效保钾利尿药。其中，对轻度CHF患者，单用噻嗪类利尿药即可；对中、重度CHF或单用噻嗪类疗效不佳者，可口服袢利尿药或与噻嗪类和保钾利尿药合用；对严重CHF、慢性CHF急性发作、急性肺水肿或全身水肿者，宜静脉注射呋塞米。应用保钾利尿药时应注意补钾。

第三节 β受体阻断药

传统观念认为β受体阻断药具有负性肌力作用而禁用于CHF。自从认识到CHF发病过程中交感神经活性增高及其促进CHF恶化的不良影响，尤其是经大规模临床试验证明这类药物确能缓解症状，降低病死率，且不良反应少以后，才注意到β受体阻断药在CHF治疗中的意义。迄今β受体阻断药已成为CHF的标准治疗药之一。

常用的β受体阻断药分属于三代：第一代以普萘洛尔为代表，其对β受体的阻断无选择性；第二代为选择性β_1受体阻断药，如美托洛尔、比索洛尔；第三代如卡维地洛、布新洛尔、奈必洛尔等，它们是β受体兼α受体阻断药，具有扩张血管和全面的拮抗交感神经等作用。

临床试验证明，美托洛尔、卡维地洛长期应用能显著改进左心室功能和结构，增加心脏射血分数，改善心肌能量代谢，降低心肌氧化应激。关于β受体阻断药用于CHF治疗的机制，目前认为该类药物能够抑制交感神经和RAS系统的活性，纠正心力衰竭时的神经激素功能紊乱和血流动力学紊乱。此外，该类药物还具有抗心律失常和抗心肌缺血作用，用药后能够阻止临床症状恶化，改善心功能，降低CHF患者病死率和猝死及心律失常的发生率。应用时宜从小剂量开始，疗效观察时间应比较长，并与利尿药、ACE

抑制药和强心苷合用。

第四节　强心苷类正性肌力药

强心苷是一类历史悠久地具有强心作用的苷类化合物，迄今其临床应用已逾200多年。它们都来源于植物。根据其起效快慢的不同，可将其分为慢效类（如洋地黄毒苷）、中效类（地高辛）、速效类[毛花苷丙（又名西地兰）、毒毛花苷K（毒K）]等。

【药理作用】

（1）对心脏的作用

1）正性肌力作用：即加强心肌收缩性。强心苷的正性肌力作用有以下特点：① 使心肌收缩力增强，收缩更敏捷，因此舒张期相对延长；② 不增加甚至使衰竭心肌的耗氧量有所降低；③ 增加衰竭心脏的心排血量。

关于强心苷正性肌力机制，目前认为，强心苷与心肌细胞膜上的强心苷受体 $Na^{+}-K^{+}-ATP$ 酶结合并抑制其活性，导致钠泵失活，使细胞内 Na^{+} 量增加，又通过 $Na^{+}-Ca^{2+}$ 双向交换机制，使心肌细胞内 Ca^{2+} 增加，心肌的收缩加强。

2）负性频率作用：即减慢心率。关于强心苷减慢心率的机制，可能的原因有如下几点：① 强心苷的正性肌力作用使得心脏的心排血量增大，通过外周的压力感受器，反射性兴奋迷走神经，从而引起心率减慢；② 强心苷能提高心肌对迷走神经的敏感性；③ 强心苷能兴奋脑干副交感神经中枢。

3）对传导组织和心肌电生理特性的影响：强心苷能降低窦房结自律性，减慢房室传导，缩短心房和浦肯野纤维的有效不应期，提高浦肯野纤维的自律性。

（2）对神经和内分泌系统的作用：中毒剂量的强心苷可兴奋延髓极后区催吐化学感受区引起呕吐，还可兴奋交感神经中枢，明显地增加交感神经冲动发放而引起快速型心律失常。兴奋脑干副交感神经中枢可引起心率减慢和抑制房室传导。强心苷还能降低CHF患者血浆肾素活性，进而减少AngⅡ及醛固酮含量，对心功能不全时过度激活的RAS产生拮抗作用。

（3）利尿作用：主要是心功能改善后增加了肾血流量和肾小球滤过功能，同时强心苷可直接抑制肾小管 $Na^{+}-K^{+}-ATP$ 酶，减少肾小管对 Na^{+} 的重吸收，促进水钠排泄。

（4）对血管的作用：强心苷能直接收缩血管平滑肌，使外周血管阻力升高，但CHF患者用药后，因交感神经活性降低的作用超过直接收缩血管的效应，所以血管阻力下降、心排血量及组织灌流增加、动脉压不变或略升。

【临床应用】

（1）心力衰竭：强心苷可用于多种原因引起的心力衰竭的治疗，但其疗效受病因的影响。其中，对于伴有心房纤颤或心室率快的心力衰竭，强心苷的疗效最好；对于心脏瓣膜病，如风湿性心脏病（但不包括高度二尖瓣狭窄）、先天性心脏病、冠状动脉粥样硬化性心脏病和高血压性心脏病所导致的心力衰竭，强心苷的疗效较好；对于有心肌能量产生障碍的心力衰竭，如严重贫血、维生素 B_{12} 缺乏、甲状腺功能亢进等，强心苷的疗效较差；对于由肺源性心脏病、严重心肌损害或有活动性心肌炎等引起的心力衰竭，强心苷的疗效差且易中毒；对于有心肌外机械因素所致的心力衰竭，强心苷的疗效很差甚至无效。

（2）某些心律失常

1）心房纤颤：主要危害在于心房过多冲动下传至心室，引起心室频率过快，妨碍心室排血而致循环障碍。强心苷能抑制房室传导，使过多冲动隐匿在房室结中不能通过房室结下达到心室，从而减慢心室频率，用药后多数患者心房纤颤并未停止，而循环障碍却得到纠正。

2）心房扑动：频率较心房纤颤时为少，但冲动较强，容易传入心室。强心苷能不均一地缩短心房不应期而引起折返激动，使心房扑动转为心房纤颤，然后发挥其治疗心房纤颤的作用而获得疗效。对某些患者，在转为心房纤颤后，停用强心苷，常可恢复窦性节律。

3）阵发性室上性心动过速：对于阵发性室上性心动过速，临床常可用增强迷走神经活性的措施停止。强心苷可使迷走神经兴奋性提高，因而有效，但少用。应注意，强心苷中毒时也会出现阵发性室上性心动过速，因此用药前应先鉴别其发病原因。

【不良反应】

强心苷的安全范围小，治疗量与中毒量很接近（一般治疗量已接近中毒量的60%），而且用药的个体差异较大，容易发生不同程度的毒性反应。常见的毒性反应有：

(1) 心脏反应：此为强心苷最严重、最危险的不良反应。表现为各种心律失常。其中以室性期前收缩为多见、早见，约占心脏反应的33%。也可发生二联律、三联律。

(2) 胃肠道反应：最常见的早期中毒症状。主要表现为厌食、恶心、呕吐及腹泻等。呕吐易致失钾，故应注意补钾或考虑停药。

(3) 中枢神经系统反应：主要表现为眩晕、头痛、失眠、疲倦和谵妄等症状及视觉障碍，如黄视、绿视症和视物模糊等。视觉障碍通常是强心苷中毒的先兆，可作为停药的指征。

防治措施如下：

(1) 预防：① 根据患者的具体情况（年龄、体重、肝肾功能、心脏状况等）制定合适的用药方案；② 避免各种诱发中毒的因素，如低钾、低镁、高钙、心肌缺氧、酸碱平衡紊乱等；③ 警惕中毒的先兆，如室性期前收缩、黄视、绿视症、窦性心动过缓等。一旦发现，立即停药。

(2) 治疗：主要是针对心脏毒性采取的对症治疗措施。

1) 快速型心律失常：对过速性心律失常者可静脉滴注钾盐，轻者口服。因细胞外 K^+ 可阻止强心苷与膜 Na^+-K^+-ATP酶的结合，故能阻止毒性的发展。对严重者，还需用苯妥英钠，它与强心苷争夺 Na^+-K^+-ATP酶，能抑制期前收缩、心动过速，并不减慢房室传导。也可用利多卡因解救室性过速及心室颤动。对危及生命的极严重中毒者，宜用地高辛抗体或其提纯的Fab片段作静脉注射，它能迅速结合并中和地高辛，使后者脱离 Na^+-K^+-ATP酶而解除毒性。

2) 缓慢型心律失常：阿托品等，不宜补钾盐。

第五节 血管扩张药

血管扩张药治疗CHF的根据是：药物扩张静脉可减少静脉回心血量，降低前负荷，进而缓解肺部充血症状。药物扩张小动脉可降低外周阻力，降低后负荷，进而改善心功能，缓解组织缺血症状。多数血管扩张药只能缓解症状，改进血流动力学效应、提高运动耐量，未能降低病死率。用于临床的药物主要包括：硝酸酯类、肼屈嗪、硝普钠、哌唑嗪、奈西立肽、波生坦等。他们分别通过不同的机制产生扩张血管的作用。

第六节 非苷类正性肌力药

非苷类正性肌力药包括β受体激动药（多巴胺、多巴酚丁胺、异布帕明）及磷酸二酯酶抑制药（米力农、氨力农、维司力农、匹莫苯等）等。这类药物可使CHF患者的病死率增加，主要用于急性发作时的短期支持治疗，不宜作常规治疗用药。

第七节 其他治疗心力衰竭的药物

除了以上药物外，临床还有其他的一些药物用于CHF的治疗，譬如钙增敏药（左西孟旦等）、钙通道阻滞药等。

知识拓展

自1785年英国医师W. Withering首次报道了洋地黄治疗水肿以来，20世纪20年代洋地黄类强心苷就成为治疗CHF的主要药物，由此开创了单纯应用强心苷的时代。20世纪50年代噻嗪类利尿药问世，并与强心苷合用，这是CHF治疗史上的一次重大进展。

20世纪70年代初，合用血管扩张药治疗CHF，用以减轻心脏前、后负荷，改善血流动力学的变化。但血管扩张药不能降低死亡率，久用疗效降低。20世纪70年代后期β受体激动药、多巴酚丁胺及PDEⅢ抑制药用于治疗CHF，但仅短期应用于急性心力衰竭的治疗。

20世纪80年代以来，ACEⅠ成功用于治疗CHF，此为近几十年来CHF治疗史上的又一重要进展。此外，自认识到神经内分泌系统在CHF发生、发展中所起的重要作用后，又将原来视为禁忌的β受体阻断药列为治疗CHF的标准用药，这一根本性的转变充分体现了探索阶段的艰辛历程。

小　结

心力衰竭是多种病因所引起的各种心脏疾病的终末阶段，又称充血性心力衰竭（CHF）。其发病机制目前尚未清楚。根据药物的作用及作用机制的不同，临床治疗CHF的药物主要包括：① RAS抑制药：其中，ACEⅠ不仅能缓解CHF的症状，还能降低CHF的发病率、病死率和改善预后，现已作为治疗CHF的一线药物广泛应用于临床，特别是对舒张性CHF患者疗效明显。AT_1受体阻断药可以作为ACEⅠ的替代药物。依普利酮是新型的选择性醛固酮受体拮抗药，与ACEⅠ合用则既能进一步减少标准治疗的病死率，又能降低猝死和室性心律失常的发生率。② 利尿药：CHF治疗的传统用药之一，对CHF伴有水肿或有明显淤血者尤为适宜。③ β受体阻断药：可用于心功能Ⅱ～Ⅲ级者CHF的治疗。应用时宜从小剂量开始，并与利尿药、ACE抑制药和强心苷合用。④ 强心苷类正性肌力药：对心脏具有正性肌力作用、负性频率作用、减慢房室传导等作用，临床可用于CHF及心房纤颤、心房扑动、阵发性室上性心动过速等疾病的治疗，仅能短时间改善CHF的症状，不影响其自然进程。⑤ 其他类：包括血管扩张药、非苷类正性肌力作用药、钙增敏药及钙通道阻滞药等。主要用于急性发作时的短期支持治疗，不作常规治疗用药。

【思考题】

(1) 治疗心力衰竭的药物有哪几类？列出主要代表药物。
(2) 试述强心苷用于治疗心力衰竭的药理学基础。
(3) 试述强心苷的不良反应及中毒的防治措施。
(4) 试述地高辛治疗心房纤颤和心房扑动的药理依据。

（许正新）

第二十三章　调血脂药与抗动脉粥样硬化药

学习要点

- **掌握：** 他汀类、贝特类、普罗布考的药理作用及临床应用。
- **了解：** 胆汁酸结合树脂、多烯脂肪酸、黏多糖的作用特点和临床应用。

动脉粥样硬化是一种慢性炎症过程，是缺血性心脑血管病的病理基础。由于动脉粥样硬化形成的病因、病理很复杂，因此药物的涉及面也很广。本章主要介绍调血脂药、抗氧化药、多烯脂肪酸类、保护动脉内皮药等。

第一节　调 血 脂 药

血脂以胆固醇酯(CE)和三酰甘油(TG)为核心，外包胆固醇(Ch)和磷脂(PL)构成球形颗粒。再与载脂蛋白(Apo)相结合，形成脂蛋白(LP)溶于血浆进行转运与代谢。总胆固醇(TC)为 CE 和 Ch 之和。脂蛋白分为：乳糜微粒(CM)、极低密度脂蛋白(VLDL)、低密度脂蛋白(LDL)、高密度脂蛋白(IDL)、中间密度脂蛋白(HDL)。其中当 VLDL、LDL、IDL、Lp(a)浓度高出正常、HDL 低于正常时，易导致动脉粥样硬化。

一、主要降低 TC 和 LDL 的药物

1. 他汀类　他汀类为羟甲基戊二酸单酰辅酶 A(HMG－CoA)还原酶抑制剂。主要有洛伐他汀、辛伐他汀、普伐他汀、氟伐他汀等。

【药理作用】

(1) 调血脂作用：在治疗剂量下，对 LDL－C 的降低作用最强，TC 次之，降 TG 作用很弱，而 HDL－C 略有升高，长期应用可保持疗效。其作用机制是竞争性抑制 Ch 合成的限速酶 HMG－CoA 还原酶，从而使 Ch 合成受阻。Ch 合成减少后，解除了对 LDL 受体基因的抑制，使 LDL－R 合成增加，从而使血浆中 LDL 大量被摄入肝脏，使血浆 LDL－C 降低。

(2) 非调血脂作用：包括提高血管内皮对扩血管物质的反应性；抑制血管平滑肌细胞的增殖和迁移，并促进其凋亡；减少动脉壁巨噬细胞及泡沫细胞形成，使动脉粥样硬化斑块稳定和缩小；以及抗炎、抑制血小板聚集、抗氧化作用等。

(3) 肾保护作用：具有抗细胞增殖、抗炎症、免疫抑制、抗骨质疏松等作用，减轻肾损害的程度，从而保护肾功能。

【临床应用】

他汀类主要用于杂合子家族性和非家族性、Ⅱb 和Ⅲ型高脂蛋白血症，也可用于 2 型糖尿病和肾病综合征引起的高胆固醇血症。还可用于肾病综合征、预防心脑血管急性事件、抑制血管成型术后再狭窄、缓解器官移植后的排异反应和治疗骨质疏松症等。

【不良反应】

大剂量引起肌痛、磷酸肌酸激酶(CPK)增高等肌病表现，偶有横纹肌溶解症。偶见无症状性转氨酶升高。故应做肝功能检查，出现肌病应立即停药。

2. 胆汁酸结合树脂　考来烯胺和考来替泊可与胆汁酸牢固结合阻滞后者的肝肠循环和反复利

用，从而大量消耗胆固醇，使血浆 TC 和 LDL－C 水平降低。临床用于以 TC 和 LDL－C 升高为主的高脂蛋白血症。

二、主要降低 TG 和 VLDL 的药物

贝特类(苯氧酸类)

贝特类药物主要有吉非贝齐、苯扎贝特、非诺贝特等。

【药理作用】

(1) 调血脂作用：明显降低血浆 TG、VLDL－C、TC、LDL－C，升高 HDL－C。其作用机制为：激活过氧化物酶增殖激活受体 α(PPAR－α)，增加 LPL 等基因表达。LPL 活性的增加可促进 CM 和 VLDL 中的 TG 水解为脂肪酸和甘油，同时尚可减少脂肪酸的合成，使肝脏合成 TG 和 VLDL 的脂肪酸减少。

(2) 非调血脂作用：抗血小板聚集，抗凝血，降低血液黏度，抗炎。

【临床应用】

主要用于原发性高 TG 血症，如Ⅱb、Ⅲ、Ⅳ型高脂血症，尤其对家族性Ⅲ型高脂血症效果较好。

第二节 抗 氧 化 剂

氧自由基能损伤血管内皮，对 LDL 进行氧化修饰。氧化修饰的 LDL(ox－LDL)有细胞毒作用：① 损伤血管内皮；② 促进血小板、单核细胞黏附；③ 促进泡沫细胞的形成；④ 使血管平滑肌增殖、迁移。因此有促进动脉粥样硬化形成和发展的作用。抗氧化剂可防治动脉粥样硬化。

普罗布考

【药理作用】

(1) 抗氧化作用：能抑制 ox－LDL 的生成，从而抑制它的细胞毒作用。

(2) 调血脂作用：降低血浆 TC、LDL－C、HDL－C 及 Apo A_1 也明显下降，对 TG 和 VLDL 无影响。

(3) 对动脉粥样硬化病变的影响：长期应用可使冠心病发病率降低，已形成的动脉粥样硬化病变停止发展或消退，黄色瘤明显缩小或消失。

【临床应用】

各型高胆固醇血症：杂合子及纯合子家族性高胆固醇血症，非家族性高胆固醇血症，糖尿病性、肾性高胆固醇血症。

第三节 其 他 类

其他类包括多烯脂肪酸类，如 n－3 型多烯脂肪酸和 n－6 型多烯脂肪酸，适用于高 TG 性高脂血症。黏多糖和多糖类，如肝素、低分子量肝素、天然类肝素(硫酸软骨素等)。低分子量肝素主要用于不稳定型心绞痛、急性心肌梗死等。天然类肝素用于缺血性心脑血管疾病。

知识拓展

载脂蛋白(apoprotein，Apo)分为 A、B、C、D、E 五类。除了结合和转运脂质外，还可调节脂蛋白代谢中关键酶的活性，参与脂蛋白受体的识别，介导血浆脂蛋白与细胞表面受体结合。例如，Apo AⅠ可以激活血浆中卵磷脂胆固醇脂酰转移酶(LCAT)，识别 HDL 受体；Apo AⅡ可以激活肝脂肪酶(HL)，稳定 HDL 的结构；Apo B48 可以促进 CM 的合成；Apo B100 可以识别 LDL 受体；Apo CⅠ可以激活 LCAT；Apo CⅡ可以激活脂蛋白脂肪酶；Apo D 可以转运 CE；Apo E 可以识别 LDL 受体等。

小 结

他汀类药物主要降低 LDL－C 和 TC，其机制是抑制 HMG－CoA 还原酶而抑制胆固醇的合成。主要用于高胆固醇血症。贝特类主要降低 TG、VLDL－C，用于原发性高 TG 血症。普罗布考具有抗氧化和调血脂作用，用于各型高胆固醇血症。

【思考题】

(1) 试比较他汀类与贝特类的药理作用及临床应用。
(2) 试述普罗布考的药理作用及机制。

（姜 新 葛晓群）

第二十四章 抗心绞痛药

学习要点

- **掌握**：硝酸甘油、β受体阻断药和钙通道阻滞药的抗心绞痛作用、机制、临床应用、不良反应及应用注意事项。
- **了解**：心绞痛的概念、发病机制及临床分型。

心绞痛是因冠状动脉供血不足，心肌急剧的、暂时的缺血缺氧所引起的临床综合征，是冠心病的常见症状。其主要病理生理机制是心肌需氧和供氧的平衡失调。影响心肌耗氧的因素主要有心室壁张力、心率、每分射血时间和心肌收缩力。而心肌供氧主要取决于冠状动脉血流量、冠状动脉灌注压、冠状动脉侧支循环和心脏舒张时间。当心肌耗氧大于供氧即可能发生心绞痛。因此，增加供氧或降低耗氧均能达到抗心绞痛的目的。抗心绞痛药可通过不同途径来调整氧的供需平衡，但主要通过降低耗氧发挥治疗作用。目前临床常用的抗心绞痛药分为三类：① 硝酸酯类；② β肾上腺素受体阻断药；③ 钙通道阻滞药。

第一节 硝酸酯类

一、硝酸甘油

硝酸甘油是硝酸酯类的代表药，见效快、疗效好、应用方便、价廉，是目前防治心绞痛最常用的药物。

【药理作用】

基本作用是松弛平滑肌，以血管平滑肌舒张最明显。一般通过以下几方面防治心绞痛。

(1) 降低心肌耗氧量：可扩张静脉血管，减少回心血量，使心室容积减小，室壁张力降低；也可舒张动脉血管，使外周阻力下降，心脏做功减少，上述均可使心肌耗氧量下降。

(2) 扩张冠状动脉，增加缺血区血液供应：可扩张较大的心外膜血管、输送血管及侧支血管，对阻力血管的舒张作用较弱。缺血区的阻力血管因缺氧、代谢产物堆积而处于舒张状态，比非缺血区阻力小。因此用药后血液顺压力差流向缺血区，增加缺血区的供血供氧。

(3) 降低左心室充盈压，增加心内膜供血：由于冠状动脉是垂直穿壁供应心内膜血液的，故当心绞痛发作时，心内膜下缺血更为严重。硝酸甘油可扩张静脉，减少回心血量，降低心室内压；扩张动脉，降低心室壁张力，有利于心外膜血管向心内膜下供血。

(4) 保护缺血心肌细胞，减轻缺血损伤：硝酸甘油释放 NO，促进内源性 PGI_2、降钙素基因相关肽等物质生成与释放，可对心肌产生直接的保护作用，减轻缺血损伤。

硝酸甘油在平滑肌细胞内可释放出 NO。NO 可激活鸟苷酸环化酶，使细胞内 cGMP 含量增加，进而激活 cGMP 依赖性蛋白激酶，使细胞内 Ca^{2+} 浓度下降而松弛血管平滑肌。

【临床应用】

主要用于防治心绞痛。舌下含服可迅速缓解各型心绞痛，重症可静脉滴注。在有发作先兆或诱发心绞痛因素存在时用药也可预防发作。尚可用于急性心肌梗死和充血性心力衰竭的治疗。

【不良反应】

常见不良反应与扩血管有关，表现为面部潮红、搏动性头痛、眼内压升高等。大剂量还可引起直立性低血压。连用2～3周可出现耐受性，停用1～2周可恢复。宜采用间歇疗法，或从小剂量用起可避免。

二、硝酸异山梨酯

硝酸异山梨酯药理作用与硝酸甘油相似，较弱，维持时间较久，舌下含化用于缓解心绞痛发作。口服可用于预防心绞痛发作。

第二节 β受体阻断药

该类药物较多，用于抗心绞痛的药物有普萘洛尔、阿替洛尔、美托洛尔等。

【药理作用】

(1) 降低心肌耗氧量：心绞痛发作时，心肌和血液中儿茶酚胺含量增多，激活心脏的β_1受体，使心肌收缩力增强，心率加快，耗氧增多。β受体阻断药阻断β_1受体，使心肌收缩力减弱，心率减慢，耗氧减少。

(2) 改善缺血区供血：一方面通过减慢心率，延长舒张期，有利于血液从心外膜流向心内膜，改善心内膜下缺血；另一方面阻断冠状血管的β_2受体，使非缺血区血管阻力增加，迫使血液流向缺血区，改善缺血区供血。

(3) 其他：可抑制脂肪分解酶，减少游离脂肪酸的生成，减少氧消耗。另外，还能促进氧与血红蛋白分离，增加组织对氧的摄取、利用，缓解心肌供氧不足。

【临床应用】

主要用于稳定型心绞痛，对伴有心律失常或高血压的患者更适用。对心肌梗死的患者也适用，可缩小梗死面积。对冠状动脉痉挛诱发的变异型心绞痛不宜应用。

第三节 钙通道阻滞药

钙通道阻滞药对变异型心绞痛疗效最佳。常用药物有硝苯地平和维拉帕米等。

【药理作用】

通过阻断L型钙通道，减少钙内流，使心肌和血管平滑肌内钙含量减少而产生作用。

(1) 降低心肌耗氧量：能使心肌收缩力减弱，心率减慢，血管平滑肌松弛，心脏前后负荷减轻，心肌耗氧量下降。

(2) 舒张冠状血管：舒张输送血管、阻力血管和侧支血管，增加冠状动脉血流量，改善缺血区供血，特别是对痉挛收缩的冠状血管有明显的解除痉挛的作用。

(3) 保护缺血心肌细胞：心肌缺血时，细胞膜对Ca^{2+}的通透性增加，使细胞内Ca^{2+}聚集，特别是线粒体内的Ca^{2+}超负荷，失去氧化磷酸化能力，促使心肌细胞死亡。钙通道阻滞药可阻滞Ca^{2+}内流，减轻缺血心肌细胞的Ca^{2+}超负荷，保护缺血的心肌细胞。

(4) 抑制血小板聚集：通过阻滞Ca^{2+}内流，降低血小板内Ca^{2+}浓度，抑制血小板聚集。

【临床应用】

特别适用于冠状动脉痉挛和变异型心绞痛，也可用于稳定型及不稳定型心绞痛。

知识拓展

β受体阻断药与硝酸甘油合用可取长补短，增强疗效，纠正不良反应。表现在：两药都有增加心肌供氧及降低心肌耗氧的作用，从而提高抗心绞痛的疗效；能抵消各自所产生的不良反应，如硝酸甘油通过扩张外周血管减少回心血量能缩小普萘洛尔所引起的心室容积增大和心室射血时间延长；普萘洛尔通过阻断β受体能对抗硝酸甘油所引起的心率加快和心肌收缩力增强。但由于两药都可降低血压，对心绞痛治疗不利，因此，应注意从小剂量开始逐渐增加剂量。

小 结

抗心绞痛药作用、机制及主要作用如下：

抗心绞痛药		硝酸甘油	β受体阻断药	钙通道阻滞药
作用	降低心肌耗氧量	√	√	√
	改善缺血区供血	√	√	√
	保护缺血心肌细胞	√	—	√
	其他	增加心内膜供血	减少游离脂肪酸生成，促进氧与血红蛋白分离	抑制血小板聚集
机制		产生 NO	阻断心肌 β_1受体	阻断心肌和血管钙通道
主要应用		防治各型心绞痛	稳定型心绞痛	冠状动脉痉挛和变异型心绞痛最佳

【思考题】

(1) 试述硝酸甘油抗心绞痛的药理作用及机制。
(2) 试述硝酸甘油的主要不良反应。
(3) 为什么将β受体阻断药与硝酸甘油合用治疗心绞痛？

（葛晓群）

第二十五章　利尿药和脱水药

学习要点

- **掌握**：① 高效能利尿药呋塞米的药理作用、临床应用、不良反应及应用注意事项；② 中效能利尿药氢氯噻嗪的药理作用、临床应用和不良反应；③ 低效能利尿药螺内酯、氨苯蝶啶、阿米洛利的作用特点；④ 甘露醇的药理作用和临床应用。
- **熟悉**：利尿药的分类及依据。
- **了解**：乙酰唑胺的作用机制和临床应用。

肾单位是肾脏中尿液形成的基本单位，尿液形成包括肾小球的滤过、肾小管和集合管的重吸收过程。根据作用于肾单元的部位，利尿药分为五类，分别为：碳酸酐酶抑制剂、袢利尿药、噻嗪类及类噻嗪类利尿药、保钾利尿药和渗透性利尿药。

第一节　利 尿 药

一、袢利尿药（高效利尿药）

袢利尿药能选择性抑制髓袢升支粗段 Na^+-K^+-$2Cl^-$ 共转运子，抑制 NaCl 的重吸收，是目前最强效的利尿药。常用药物有呋塞米（速尿）、依他尼酸（利尿酸）和布美他尼。这三个药物口服吸收较迅速，生物利用度高（60%～100%），60%以上经肾小球滤过和肾小管分泌作用排泄。

【药理作用】

(1) 利尿作用：袢利尿药使尿中 Na^+、K^+、Cl^-、Ca^{2+} 和 Mg^{2+} 的排出增多。由于同时抑制 K^+ 的重吸收，因此无电位差驱动 Ca^{2+} 和 Mg^{2+} 重吸收，其通过细胞间隙被重吸收也被减弱。

(2) 促进前列腺素的合成，PGE_2 抑制盐在髓袢升支粗段的转运。

(3) 扩张血管作用，其机制可能与前列腺素的合成有关。

【临床应用】

(1) 急性肺水肿和脑水肿。袢利尿药能迅速扩张血管使回心血量减少，在利尿作用发生之前即可迅速缓解肺水肿。此外利尿使血液浓缩，血浆渗透压升高，有利于消除脑水肿。

(2) 其他严重水肿。

(3) 急、慢性肾衰竭。

(4) 高钙血症。袢利尿药与生理盐水联合以减少血浆体积的消耗，用以处理高钙血症。

(5) 促进毒物排泄。袢利尿药可用于溴、氟和碘等阴离子和药物过量，加速肾清除。

【不良反应】

(1) 水和电解质平衡紊乱：包括低血容量、低血钾、低血钠、低氯性碱血症和低血镁。

(2) 耳毒性：袢利尿药可引起剂量依赖的听力丧失，该作用通常是可逆性的。

(3) 高尿酸血症：袢利尿药引起的低血容量导致尿酸在近曲小管的重吸收增加。

(4) 其他：引起高血糖，升高 LDL 胆固醇和三酰甘油，并降低 HDL 胆固醇。除了依他尼酸外，其他袢利尿药有磺胺结构，对磺胺过敏者可能发生交叉过敏反应。

二、噻嗪类及类噻嗪类利尿药(中效利尿药)

噻嗪类能抑制远曲小管近端 $Na^{+}-Cl^{-}$ 共转运子进而抑制 NaCl 的转运和重吸收。利尿效能中等,是临床广泛应用的利尿药和降血压药。常用的噻嗪类有氯噻嗪、氢氯噻嗪等。

【药理作用】

(1) 利尿作用:噻嗪类药物为中效利尿药,能使尿中 Na^{+}、K^{+}、Cl^{-} 的排出增多,但可使 Ca^{2+} 的重吸收增加。

(2) 抗利尿作用:可明显减少尿崩症患者的尿量。

(3) 降压作用:早期通过利尿降低血容量而降低血压,长期用药通过扩张血管产生降压作用。

【临床应用】

(1) 水肿:对轻、中度水肿效果好。

(2) 高血压。

(3) 其他:肾源性尿崩症和加压素无效的垂体性尿崩症;特发性高钙尿引发的肾结石。

【不良反应】

(1) 水和电解质平衡紊乱:包括细胞外体积损耗、低血钾、低血钠、低血氯、代谢性碱血症、低血镁和高尿酸血症。

(2) 代谢变化:高血糖和高血脂。

(3) 过敏反应:噻嗪类利尿药有磺胺结构,与磺胺类药物有交叉过敏。

三、保钾利尿药(低效能利尿药)

【药理作用】

这类药物主要作用于远曲小管远端和集合管。其中一部分药物可通过直接拮抗醛固酮受体而产生利尿作用,如螺内酯和依普利酮。另一部分药物则可通过抑制肾小管上皮细胞 Na^{+} 通道而发挥作用,如氨苯蝶啶和阿米洛利。

【临床应用】

(1) 保钾利尿药是低效能利尿药,通常与袢利尿药或噻嗪类利尿药联合使用治疗高血压或水肿,并钝化这两种药物的排钾作用。

(2) 高醛固酮血症:螺内酯用于原发性和继发性高醛固酮血症。

(3) 充血性心力衰竭。

【不良反应】

不良反应较少,久用可引起高血钾。螺内酯可引起男性乳房发育症和性功能障碍及女性多毛症。依普利酮对盐皮质激素受体选择性高,故克服了上述症状。

四、碳酸酐酶抑制药

乙酰唑胺是碳酸酐酶抑制药,通过抑制碳酸酐酶抑制 $NaHCO_3$ 在近曲小管的重吸收。利尿作用弱。由于眼睫状体向房水分泌 HCO_3^-,脉络丛形成脑脊液也涉及 HCO_3^- 的分泌,这些过程也可被碳酸酐酶抑制剂所抑制。主要的临床应用为治疗青光眼,调节体液 pH 和急性高山病等。

第二节　脱 水 药

这类药物包括甘油果糖、山梨醇和甘露醇。

【药理用及临床应用】

(1) 增加尿量:渗透性利尿药在肾小球可以自由滤过,但在肾小管液中不能被重吸收,水在渗透压的作用下无法被近曲小管和髓袢降支重吸收，尿量增加。

（2）降低颅内压和眼内压：渗透性利尿药可显著提高血浆渗透压，产生组织脱水作用，可迅速降低颅内压和眼内压。甘露醇是治疗脑水肿、降低颅内压的首选药物。

【不良反应】

循环血量增加可增加心脏负担。注射过快可引起一过性头痛、眩晕、畏寒和视力模糊。此外肾功能严重受损的患者，渗透性利尿药可能会被重吸收，无法排泄而留在血液，在渗透压作用下水从细胞进入血液，造成低血钠。

知识拓展

利尿药的临床应用原则

1. 心源性水肿　轻、中度宜选用噻嗪类，重度选用高效利尿药，注意补钾或加服保钾利尿药。

2. 肾源性水肿　① 急性肾炎水肿：宜低钠膳食，卧床休息；② 慢性肾炎水肿：补充白蛋白，限制钠盐的摄入；③ 重度水肿加服氢氯噻嗪并补钾，无效时改用高效利尿药并补钾。

3. 肝性水肿　宜先用醛固酮受体拮抗剂（螺内酯）和氨苯喋啶，疗效不佳时合用噻嗪类或高效利尿药。

4. 急性肺水肿和脑水肿　① 肺水肿：静注呋塞米等高效利尿药减轻心脏负荷，但对伴有心源性休克的患者禁用；② 脑水肿：与甘露醇合用，可显著降低颅内压。

5. 急性肾衰竭　① 早期应用高效利尿药，通过利尿剂增加肾血流量及流速而防止肾小管萎缩和坏死；② 少尿期：应用噻嗪类利尿药；③ 无尿期：禁用高效利尿药。

小　结

常用利尿药和脱水药如下：

	代表药	作用机制	药理作用	临床应用
袢利尿药（高效利尿药）	呋塞米	抑制髓袢升支粗段 Na^+-K^+-$2Cl^-$ 共转运子	增加水 Na^+、Cl^-、K^+、Ca^{2+} 和 Mg^{2+} 的排泄	急性脑水肿、肺水肿和其他严重水肿；肾衰竭；高钙血症；毒物排泄
噻嗪类及类噻嗪类利尿药（中效利尿药）	氢氯噻嗪	抑制远曲小管近端 Na^+-Cl^- 共转运子	中等程度增加水 Na^+、Cl^-、K^+ 的排泄，减少 Ca^{2+} 排泄	轻、中度水肿；高血压病；尿崩症；肾结石
保钾利尿药（低效能利尿药）	螺内酯	醛固酮受体拮抗剂	排 Na^+ 保 K^+ 作用	高醛固酮血症；其他利尿药导致的低血钾；充血性心力衰竭
	阿米洛利	阻断集合管上皮的 Na^+ 通道		其他利尿药导致的低血钾
碳酸酐酶抑制药	乙酰唑胺	通过抑制近曲小管的碳酸酐酶抑制 $NaHCO_3$ 重吸收	降低 HCO_3^- 的重吸收；降低体液 pH；降低眼内压	治疗青光眼；调节体液 pH；急性高山病
脱水药	甘露醇	提高血浆渗透压，发挥组织脱水和渗透性利尿作用	增加尿量；降低颅内压；降低眼内压	溶质增加所导致的肾衰竭；降低颅内压；青光眼

【思考题】

（1）试述呋塞米、氢氯噻嗪、螺内酯和氨苯蝶啶等利尿剂的药理作用、利尿机制、临床应用及其主要不良反应。

（2）常用的脱水药有哪些？应用时应注意什么？甘露醇首选用于哪种水肿？为什么？

（李　巍）

第二十六章　作用于血液系统及造血器官的药物

学习要点

- **掌握**：肝素类、香豆素类的抗凝血作用机制、作用特点、临床应用、不良反应及禁忌证；抗贫血药铁剂的体内过程、临床应用、不良反应。
- **熟悉**：① 链激酶、尿激酶的抗凝血作用机制、作用特点、临床应用和不良反应；② 促凝血药维生素 K 及凝血酶的作用机制、临床应用及不良反应；③ 纤维蛋白溶解抑制药氨甲苯酸、氨甲环酸的药理作用和临床应用；④ 维生素 B_{12}、叶酸的临床应用。
- **了解**：① 抗血小板药物的分类和作用机制；② 造血细胞生长因子红细胞生成素的药理作用、临床应用；③ 血容量扩充剂右旋糖酐的药理作用、临床应用和不良反应。

第一节　抗凝血药

血液凝固是由一系列凝血因子参与的复杂的蛋白质水解活化的过程。抗凝血药是指一类通过干扰凝血因子，从而阻止血液凝固的药物，临床主要用于血栓栓塞性疾病的预防与治疗。

一、肝素类

肝素(heparin)因最初由肝脏中提取而得名，药用肝素是从猪小肠或牛肺中提取而得，是一种黏多糖硫酸脂，呈强酸性，带有大量负电荷。肝素分子量大，不易透过生物膜，口服不被吸收，临床多采用静脉注射给药。

【药理作用】

肝素在体内、体外均具有迅速而强大的抗凝作用。其抗凝作用主要通过激活抗凝血酶Ⅲ(AT－Ⅲ)，使多种凝血因子灭活来完成的。AT－Ⅲ是一种生理性抗凝物质，能与血浆中凝血酶及凝血因子Ⅻa、Ⅺa、Ⅸa、Ⅹa 相结合，并形成稳定的复合物，从而使上述凝血因子灭活。此外，肝素还能抑制血小板的黏附和聚集，并能促进血管内皮释放脂蛋白酯酶，水解乳糜微粒及 VLDL，具有调血脂作用。

【临床应用】

(1) 血栓栓塞性疾病：主要用于防治血栓形成和栓塞，如深静脉血栓、肺栓塞、脑栓塞及急性心肌梗死。对于已形成的栓塞无溶解作用。

(2) 弥散性血管内凝血(DIC)：应早期应用，防止因纤维蛋白原及其他凝血因子耗竭而发生继发性出血。

(3) 体外抗凝：用于心血管手术、心导管、血液透析等，防止血液凝固。

【不良反应】

应用过量易引起自发性出血，表现为各种黏膜出血、硬脑膜下血肿、关节腔积血和伤口出血等。出血严重时，停用肝素，缓慢注射硫酸鱼精蛋白拮抗。

少数患者可出现血小板减少，偶见发热、皮疹等过敏反应，长期应用可致骨质疏松和骨折。

【禁忌证】

对肝素过敏、有出血倾向、血友病、血小板减少症、紫癜、严重高血压、肝肾功能不全、溃疡病、颅内出血、孕妇、先兆流产及产后、外伤及术后等禁用。

二、香豆素类

香豆素类包括双香豆素、华法林和醋硝香豆素(新抗凝)等。它们的药理作用相同,因口服吸收后参与体内代谢才发挥抗凝作用,故称口服抗凝药。

【药理作用】

香豆素类的化学结构与维生素K相似,在肝脏中能竞争性抑制维生素K由环氧型向氢醌型的转化,阻止其循环利用。维生素K作为羧化酶的辅酶参与凝血因子Ⅱ、Ⅶ、Ⅸ、Ⅹ的合成,其循环受阻则影响上述凝血因子的合成,使之停留于无凝血活性的前体阶段,从而影响凝血过程。由于香豆素类对于已合成的凝血因子无抑制作用,需等到体内已合成的凝血因子耗竭后才能发挥抗凝作用,故此类药物抗凝作用起效缓慢,作用维持时间较长,一般需口服后12～24 h才发挥作用,1～3 d达到高峰,作用维持3～4 d。

【临床应用】

香豆素类临床应用与肝素相同,可防治血栓栓塞性疾病,也可作为心肌梗死的辅助用药。因其起效缓慢,作用维持时间长,一般与肝素合用(序贯疗法)。也用于风湿性心脏病、髋关节固定术、人工置换心脏瓣膜等手术后防止静脉血栓发生。

【不良反应】

过量易致自发性出血,可用维生素K拮抗,必要时输新鲜血浆或全血。用药期间应检查凝血酶原时间,做好控制在25～30 s。其他不良反应有胃肠反应、过敏等。

【禁忌证】

禁忌证同肝素。

肝素与香豆素类药物的比较见表26-1。

表26-1 肝素和香豆素类药物的比较

		肝 素	香 豆 素 类
相同点	临床应用	血栓栓塞性疾病	
	不良反应	自发性出血	
	禁忌证	有出血倾向者	
不同点	分子结构	大分子	小分子
	作用机制	激活抗凝血酶Ⅲ,灭活凝血因子	拮抗维生素K,抑制凝血因子合成
	作用部位	体内、外	体内
	起效速度	快	慢
	持续时间	短	长
	给药途径	静脉	口服
	出血解救	鱼精蛋白	维生素K

三、枸橼酸钠

枸橼酸钠为体外抗凝药,能与血浆中的Ca^{2+}形成难解离的可溶性络合物,降低血浆中游离Ca^{2+}浓度,从而产生抗凝作用。因枸橼酸根在体内易氧化,从而失去络合Ca^{2+}的作用,故无体内抗凝作用。临床上仅用于体外血液保存,输血时每100 mL全血中加入2.5%枸橼酸钠10 mL可保持血液不凝固。当大量输血或输血速度过快时,因机体不能及时氧化枸橼酸钠,可引起血钙下降,导致手足抽搐、心功能不全、血压骤降,应立即静脉注射葡萄糖酸钙等钙盐解救。

第二节 抗血小板药

抗血小板药又称血小板抑制药，主要通过抑制血小板的黏附、聚集及释放功能，防止血栓的形成和发展。在止血、血栓形成、动脉粥样硬化等过程中起着重要作用。

1. 阿司匹林 阿司匹林又名乙酰水杨酸，是环氧酶抑制药。小剂量抑制血小板中环氧酶活性，抑制花生四烯酸代谢，减少血栓素 A_2(TXA_2)的生成，抑制血小板聚集，防止血栓形成。每日给予小剂量阿司匹林可防治外周血栓栓塞性疾病，如脑血栓、心肌梗死、深静脉血栓形成等。

2. 双嘧达莫 双嘧达莫又名潘生丁，主要通过抑制血小板磷酸二酯酶活性，使 cAMP 增高产生作用，也能抑制腺苷摄取，进而激活血小板腺苷环化酶使 cAMP 浓度增高。双嘧达莫体内、外均具有抗血栓作用，临床主要用于治疗血栓栓塞性疾病，常与华法林合用防止心脏瓣膜置换术术后血栓形成。

3. 噻氯匹啶 噻氯匹啶是强效血小板抑制剂，能选择性干扰 ADP 介导的血小板活化，不可逆抑制血小板的黏附和聚集。主要用于预防急性心肌再梗死、一过性脑缺血及脑卒中的治疗，适用于不宜应用阿司匹林治疗的患者。

第三节 纤维蛋白溶解药

纤维蛋白溶解药能激活纤溶酶原使之转变纤溶酶，促进纤维蛋白溶解，又称血栓溶解药，用于治疗急性血栓栓塞性疾病，但对于形成已久并已机化的血栓难以发挥作用。

1. 链激酶 链激酶(SK)是由 β-溶血性链球菌培养液中提取的一种蛋白质，可与纤溶酶原结合形成 SK-纤溶酶原复合物，促使游离的纤溶酶原转变成纤溶酶，迅速水解纤维蛋白，使血栓溶解。

临床主要用于治疗急性血栓栓塞性疾病。冠状动脉内注射可使急性心肌梗死面积缩小，阻塞冠状动脉再通，恢复血流灌注。静脉注射治疗动静脉内新鲜血栓形成和栓塞，对深静脉血栓、肺栓塞、眼底血管栓塞均有疗效。须早期用药，血栓形成不超过 6 h 疗效最佳，24 h 后几乎无效。

不良反应为自发性出血，严重出血可注射氨甲苯酸对抗。SK 具有抗原性，可引起皮疹、药物热等过敏反应，静脉注射过快可致低血压。

2. 尿激酶 尿激酶(UK)是由人新鲜尿液中分离得到的一种糖蛋白，能直接激活纤溶酶原转变为纤溶酶，发挥溶血栓作用。临床应用、不良反应、禁忌证同 SK。尿激酶无抗原性，不引起过敏反应。

3. 阿尼普酶 阿尼普酶为第二代溶栓药，是链激酶以 1∶1 比例与人赖氨酸-纤溶酶原形成的复合物。其进入体内需脱去酰基后才发挥作用，有一定潜伏期。临床常用于急性心肌梗死的治疗，也可用于其他血栓性疾病。常见的不良反应为注射部位和胃肠道出血，也有过敏反应。

同属第二代溶栓药的还有阿替普酶、西替普酶等。

4. 雷特普酶 雷特普酶是用基因重组技术改良而成的第三代溶栓药，具有溶栓作用强、起效快、耐受性好、给药方便等特点。临床用于急性心肌梗死的治疗，不良反应为自发性出血。

第四节 促凝血药

一、维生素 K

维生素 K 的基本结构为甲萘醌，包括维生素 K_1、维生素 K_2、维生素 K_3 和维生素 K_4。存在于植物中的为维生素 K_1，由肠道细菌合成或得自腐败鱼粉者为维生素 K_2，两者均为脂溶性，需胆汁协助吸收。维生素 K_3 和维生素 K_4 为人工合成品，两者均为水溶性，不需胆汁协助吸收。

【药理作用】

维生素K作为羧化酶的辅酶，参与肝脏合成凝血因子Ⅱ、Ⅶ、Ⅸ、Ⅹ。维生素K缺乏可导致上述凝血因子合成停留于前体状态，凝血酶原时间延长，引起出血。

【临床应用】

临床主要用于维生素K缺乏引起的出血，如梗阻性黄疸、胆瘘，慢性腹泻所致出血；因肠道胆汁减少，维生素K吸收障碍所致的出血；早产儿、新生儿或长期应用广谱抗生素者，因肠道缺乏正常菌群，维生素K合成不足所致的出血；长期应用抗凝药香豆素类、水杨酸类或其他原因导致凝血酶原过低所致的出血。

【不良反应】

维生素K毒性较低，静脉注射维生素K_1速度过快可产生潮红、呼吸困难、胸痛、虚脱。口服维生素K_3和维生素K_4可引起恶心、呕吐等胃肠道反应，较大剂量可致新生儿、早产儿溶血性贫血及高铁血红蛋白症，葡萄糖-6-磷酸脱氢酶缺乏患者也可诱发急性溶血性贫血。肝功能不佳者慎用。

二、凝血因子制剂

凝血因子制剂是从健康人或动物血液中提取、分离、纯化、冻干而制得的含有各种凝血因子的制剂，主要用于凝血因子缺乏时的补充治疗，可以促进凝血、防止出血。

1. 凝血酶 凝血酶是从猪、牛血液中提取并精制而成。凝血酶直接作用于纤维蛋白原，使其转变为纤维蛋白，加速血液凝固而迅速发挥止血作用，还可促进上皮细胞有丝分裂，加速创伤愈合。临床常用于结扎困难的小血管、毛细血管及实质性脏器出血的止血，也可用于创面、口腔、消化道及泌尿道等部位的止血，还可用于缩短穿刺部位出血时间。本品需直接与创面接触才能起止血作用。

2. 凝血酶原复合物 凝血酶原复合物是由健康人新鲜血浆分离制得，含有凝血因子Ⅱ、Ⅶ、Ⅸ、Ⅹ及其他少量血浆蛋白，能补充血浆凝血因子，促进凝血。临床上主要用于治疗乙型血友病、严重肝脏疾病、香豆素类过量和维生素K依赖性凝血因子缺乏等引起的出血，也可用于预防手术出血。

三、纤维蛋白溶解抑制药

纤维蛋白溶解抑制药是一类通过竞争性拮抗纤溶酶原激活因子，从而抑制纤维蛋白溶解，产生止血作用的物质。临床常用的有氨甲苯酸(PAMBA)、氨甲环酸(AMCA)等。

1. 氨甲苯酸 氨甲苯酸又名止血芳酸、对羧基苄胺，能竞争性抑制纤溶酶原激活因子，使纤溶酶原不能转变为纤溶酶，从而抑制纤维蛋白的溶解，产生止血作用。大剂量直接抑制纤溶酶的活性，抑制纤维蛋白原和纤维蛋白的降解而止血。临床上主要用于治疗纤维蛋白溶解症所致出血，如肺、肝、胰、前列腺、甲状腺、肾上腺等手术时的异常出血，妇产科和产后出血及前列腺肥大出血、上消化道出血等，还可用于链激酶或尿激酶过量引起的出血。对癌症出血、创伤出血及非纤维蛋白溶解引起的出血无止血作用。不良反应少，过量可致血栓，并可能诱发心肌梗死。

2. 氨甲环酸 氨甲环酸又名止血环酸、凝血酸。其作用与止血芳酸相似，但较强，是其7～10倍。本品用于各种出血性疾病、手术时异常出血等。

第五节 抗贫血药及造血细胞生长因子

一、抗 贫 血 药

循环血液中红细胞数和血红蛋白量低于正常称为贫血。常见的贫血类型为缺铁性贫血、巨幼红细胞性贫血和再生障碍性贫血三类。临床需要根据不同的病因选用不同的抗贫血药。

1. 铁剂 常用的铁剂有硫酸亚铁、枸橼酸铁铵和右旋糖酐铁等。

口服铁剂或食物中的铁，都以Fe^{2+}形式在十二指肠和空肠上段吸收，Fe^{3+}很难被吸收。胃酸、维生素

C、食物中果糖、半胱氨酸等有助于 Fe^{3+} 的还原，可促进铁剂吸收。胃酸缺乏，抗酸药，食物中高磷、高钙、鞣酸等物质可使铁沉淀，妨碍其吸收。四环素等可与铁络合，也不利于吸收。铁的吸收还与体内储存铁多少有关。当体内铁缺乏时，转铁蛋白受体合成增加，铁蛋白的生成减少，以此增加铁的摄取和利用，减少储存。

【药理作用】

铁是红细胞成熟过程中合成血红蛋白必不可少的物质。吸收到骨髓的铁，先吸附在有核红细胞膜上，再进入细胞内线粒体，与原卟啉结合形成血红素，后者再与珠蛋白结合，形成血红蛋白。此外，体内的一些生化反应也需要铁，多种酶也需要铁作辅基。当铁缺乏时，不仅血红蛋白合成减少引起贫血，而且影响细胞及组织的氧化还原能力，造成多方面功能紊乱。

【临床应用】

临床主要用于治疗失铁过多（月经过多、消化性溃疡、痔疮出血、子宫肌瘤、钩虫病等急、慢性失血）、需铁增加（妊娠、哺乳期及儿童生长期等）、铁吸收障碍（萎缩性胃炎、胃癌、慢性腹泻等）和红细胞大量破坏（疟疾、溶血等）等情况下引起的缺铁性贫血。由于体内储存铁恢复正常需要较长时间，因此待血红蛋白正常后仍需减半量继续服药 2～3 个月。

【不良反应】

口服铁剂可刺激胃肠道引起恶心、腹痛、腹泻等不适，饭后服用可减轻，也可引起便秘。小儿误服 1 g 以上铁剂可引起急性中毒，表现为坏死性胃肠炎、呕吐、腹痛、血性腹泻，甚至引起休克、呼吸困难、死亡。解救时可用磷酸盐或碳酸盐溶液洗胃，并以特殊解毒剂去铁胺注入胃内以结合残存的铁。

2. 叶酸　叶酸属于 B 族维生素的一种，广泛存在于动植物食品中。人体每日最低叶酸需要量为 50 μg。食物中每日有 50～200 μg 叶酸在十二指肠和空肠上段吸收。

【药理作用】

食物中叶酸和叶酸制剂进入体内被还原为具有活性的四氢叶酸，四氢叶酸是体内“一碳单位”的传递体，可传递一碳单位，参与核酸合成和氨基酸代谢，与维生素 B_{12} 共同促进红细胞的生长和成熟。当叶酸缺乏时，DNA 和蛋白质合成障碍，红细胞发育和成熟停滞，出现巨幼红细胞性贫血。消化道上皮增殖也受抑制，出现舌炎、腹泻。

【临床应用】

用于治疗各种原因所致巨幼红细胞性贫血，如由于营养不良或婴儿期、妊娠期所致的巨幼红细胞性贫血。对叶酸拮抗剂如甲氨蝶呤、乙胺嘧啶、甲氧苄啶等所致巨幼红细胞性贫血，由于二氢叶酸还原酶抑制，应用叶酸无效，需用亚叶酸钙治疗。对维生素 B_{12} 缺乏所致的“恶性贫血”，大剂量叶酸治疗仅能纠正血常规，不能改善神经症状。叶酸对缺铁性贫血无效。

3. 维生素 B_{12}　维生素 B_{12} 为含钴复合物，广泛存在于动物内脏、牛奶、蛋黄中。

维生素 B_{12} 必须与胃壁细胞分泌的糖蛋白即“内因子”结合才能免受胃液消化而进入空肠吸收。胃黏膜萎缩、胃切除等致“内因子”缺乏可影响维生素 B_{12} 吸收，引起“恶性贫血”。

【药理作用】

(1) 参与叶酸的循环利用：同型半胱氨酸甲基化需要维生素 B_{12} 参与，并使 5-甲基四氢叶酸转变成四氢叶酸，促进四氢叶酸的循环利用。当维生素 B_{12} 缺乏时，叶酸代谢循环受阻，可引起与叶酸缺乏相似的巨幼红细胞性贫血。

(2) 维持有鞘神经纤维的功能：脂肪代谢中间产物甲基丙二酰辅酶 A 转化为琥珀酰辅酶 A 参与三羧酸循环需要维生素 B_{12} 参与，该过程关系到神经髓鞘脂质的合成。维生素 B_{12} 缺乏时，导致脂肪酸代谢异常，合成了异常脂肪酸，神经髓鞘结构缺损而出现神经病变。

【临床应用】

主要用于治疗恶性贫血和巨幼红细胞性贫血，也可作为神经系统疾病（神经炎、神经萎缩）及肝脏疾病等辅助治疗。维生素 B_{12} 本身无毒，但有可能引起过敏反应，不能滥用。

二、造血细胞生长因子

红细胞生成素

红细胞生成素（EPO）是由肾皮质近曲小管管壁细胞分泌的糖蛋白。现在临床应用地是用 DNA 重组技术制备的重组人红细胞生成素(rhEPO)。

EPO能与红系干细胞的EPO受体结合,刺激红系干细胞增生和成熟,并促使网织红细胞入血,增加红细胞数和血红蛋白含量。EPO对多种原因引起的贫血有效,尤其是慢性肾衰竭所致的贫血,对骨髓造血功能低下、肿瘤化学治疗及艾滋病药物治疗引起的贫血也有效。

不良反应少,主要为因红细胞快速增加、血液黏滞度增高引起的高血压、血凝增强等。

第六节 血容量扩充药

大量失血或失血浆可引起血容量降低,严重者可导致休克,迅速补足血容量是治疗休克的基本疗法。除全血和血浆外,也可应用人工合成的血容量扩充药。目前最常用的是右旋糖酐。

右旋糖酐

右旋糖酐是葡萄糖的聚合物,依聚合的葡萄糖数目不同,分为不同分子量的产物。临床上常用的有右旋糖酐70(中分子量)、右旋糖酐40(低分子量)和右旋糖酐10(小分子量)。

【药理作用】

右旋糖酐分子量较大,可提高血浆胶体渗透压,吸收血管外水分,从而扩充血容量,维持血压。作用强度与维持时间依中、低、小分子量逐渐降低。低分子和小分子右旋糖酐能抑制红细胞和血小板聚集,因而能防止血栓形成和改善微循环,还具有渗透性利尿作用。

【临床应用】

临床上各类右旋糖酐主要用于低血容量性休克,也可用于防治心肌梗死、心绞痛、脑血栓形成等血栓栓塞性疾病,还可用于防治急性肾衰竭,对休克伴少尿者尤为适用。

【不良反应】

偶见药物热、荨麻疹等过敏反应,极少数患者可出现过敏性休克。大剂量连续应用可出现凝血功能障碍和出血。

知识拓展

华法林的替代品希美加群

希美加群(Ximelagatran)是一种使用方便的新型抗凝剂,它是作为华法林的替代品而开发研制的,为的是找到一种更方便患者和医师使用的药物。华法林虽然广泛应用于卒中、心肌梗死和膝关节置换术后,但需要密切的实验室监测以进行剂量调整,并与某些食物和药物有相互作用。多项研究显示,希美加群使用时无需密切监测,且不与食物和其他药物发生相互作用。

小 结

抗凝血药主要用于防治血栓栓塞性疾病。肝素通过激活抗凝血酶Ⅲ(AT-Ⅲ)发挥其强大的体内、体外的抗凝血作用,过量易致自发性出血,可用鱼精蛋白解救。香豆素类化学结构与维生素K相似,可竞争性拮抗维生素K,抑制凝血因子合成,发挥体内抗凝血作用,过量出血可用维生素K解救。枸橼酸钠仅用于体外抗凝。纤维蛋白溶解药链激酶、尿激酶用于治疗急性血栓栓塞性疾病,但对形成已久并已机化的血栓效果差。阿司匹林等抗血小板药能抑制血小板的聚集,发挥抗血栓作用。

促凝血药应根据药物的作用机制合理选用。维生素K用于维生素K缺乏或凝血酶原过低所致出血;凝血因子制剂主要用于凝血因子缺乏时的补充治疗;氨甲环酸用于纤溶亢进所致出血。

抗贫血药应根据贫血类型选择,缺铁性贫血使用铁剂,巨幼红细胞性贫血选用叶酸,恶性贫血则用维生素B_{12}。血容量扩充药主要用于防治低血容量休克、抗血栓及改善微循环。

【思考题】

(1) 比较肝素和香豆素类在抗凝机制、作用特点、临床应用、主要不良反应及其药物对抗等方面的异同点。

(2) 贫血主要分几类？各用什么药物进行治疗？

(王锦淳)

第二十七章　组胺和抗组胺药

学习要点

- **掌握**：抗组胺药的药理作用、临床应用及不良反应。
- **熟悉**：组胺药的药理作用。
- **了解**：组胺药的作用机制。

第一节　组　　胺

目前发现组胺受体有 H_1、H_2、H_3、H_4 四种受体亚型。体内的组胺以无活性的形式存在，只有在组织损伤、炎症、神经刺激、某些药物或一些抗原/抗体反应条件下，以活性的形式释放。

【药理作用】

（1）腺体的作用：激动 H_2 受体，小剂量即有很强地促进胃酸和胃蛋白酶分泌作用，也有较弱地促进唾液腺、支气管腺体分泌作用。

（2）平滑肌的作用：兴奋激动平滑肌的 H_1 受体，使支气管平滑肌收缩，引起呼吸困难。

（3）心血管系统作用：激动血管平滑肌的 H_1 和 H_2 受体，使毛细血管舒张和通透性增加，血管渗出增加，引起局部水肿。严重时可导致循环血量减少、血压下降甚至休克。

（4）血小板：血小板膜上存在 H_1 受体、H_2 受体。组胺作用于 H_1 受体，促进血小板聚集，通过 H_2 受体增加血小板中的 cAMP 含量，对抗血小板聚集。最终影响取决于两者功能平衡变化。

（5）神经末梢：组胺刺激神经末梢可引起痛和痒的感觉。

【临床应用】

组胺本身无治疗作用。主要用于鉴别胃癌和恶性贫血患者是否发生真性胃酸缺乏症。

组胺 H_1 受体激动剂有培他司汀，具有扩张血管作用，可促进脑干和迷路的血液循环，纠正内耳血管痉挛，减轻膜迷路积水；还具有抗血小板聚集及抗血栓形成作用。

组胺 H_2 受体激动剂有英普咪定，具有刺激胃酸分泌和增强心室收缩功能，用于胃功能检查和治疗心力衰竭。

第二节　抗 组 胺 药

根据对受体的选择性不同，抗组胺药分为三类。

1. H_1 受体阻断药　　治疗皮肤、黏膜变态反应性疾病的主要药物。

2. H_2 受体阻断药　　减少胃酸分泌，是治疗消化性溃疡的重要药物。

3. H_3 受体阻断药　　目前主要作为实验研究的工具药物。

一、H_1 受体阻断剂

H_1 受体阻断剂分为第一代阻断剂如异丙嗪、氯苯那敏、曲吡那敏等。第二代阻断剂如西替利嗪、阿伐斯汀、美喹他嗪、阿司咪唑、佐卡巴斯汀及咪唑斯汀等。

【药理作用】

(1) 阻断 H_1受体作用：对抗组胺引起的支气管、胃肠道平滑肌的收缩作用，有很强地抑制组胺引起的局部毛细血管扩张和通透性增加的作用。

(2) 中枢抑制作用：第一代药物可通过血-脑屏障，对中枢有抑制作用；第二代药物不易透过血-脑屏障，故无中枢抑制作用。

(3) 其他作用：异丙嗪和苯海拉明等具有阿托品样抗胆碱作用，有较强的止吐、防晕作用。咪唑斯汀对鼻塞疗效显著。

【临床应用】

(1) 皮肤黏膜变态反应性疾病：对荨麻疹、过敏性鼻炎、昆虫叮咬、血清病、药疹及接触性皮炎有一定疗效。对支气管哮喘效果疗效差，对过敏性休克无效。

(2) 防晕止吐：用于晕动病、放射病等引起的呕吐，常用异丙嗪和苯海拉明。

(3) 其他：具有镇静作用的 H_1受体阻断药(如异丙嗪)与平喘药(氨茶碱)配伍，可对抗氨茶碱的中枢兴奋、失眠等副反应，同时也对气道炎症起到一定的治疗作用。

【不良反应】

(1) 中枢神经系统反应：第一代药物多见镇静、嗜睡、乏力等中枢抑制现象，以苯海拉明、异丙嗪最为明显。第二代则多数无中枢抑制现象。

(2) 消化道反应：口干、厌食、便秘或腹泻等。

(3) 心脏的毒性作用：第二代药物可引起尖端扭转型室性心动过速等严重心律失常。

二、H_2受体阻断剂

H_2受体阻断药选择性地阻断 H_2受体，抑制胃酸分泌，是治疗消化性溃疡的重要药物。此类药物有西咪替丁、雷尼替丁、法莫替丁、尼扎替丁、罗沙替丁等(详见第二十九章)。

知识拓展

H_3、H_4受体阻断药

H_3受体是一种新型组胺受体，广泛分布于中枢和外周神经末梢。它是一种突触前受体，在突触后也有分布，既能调节组胺的合成与释放，又能调节其他神经递质的释放，进而调节中枢和外周器官的活动。H_3受体拮抗药能改善大鼠的学习与记忆能力。H_3受体拮抗剂可能具有减肥的作用，目前正在临床试验。

H_4受体是新发现的组胺受体，主要在与炎症反应有关的组织和造血细胞中表达。H_4受体拮抗剂有可能作为炎症和过敏的治疗药物。

小 结

组胺本身无治疗作用，临床应用很少。主要用于鉴别胃癌和恶性贫血患者是否发生真性胃酸缺乏症。组胺可导致疾病，如过敏性鼻炎、荨麻疹、花粉过敏、湿疹、瘙痒症等是常见病。H_1受体阻断药可用于以上疾病的治疗。另外，第一代抗组胺药异丙嗪和苯海拉明等有阿托品样抗胆碱作用，有较强的止吐、防晕作用。第二代抗组胺药咪唑斯汀对鼻塞疗效显著。

第一代抗组胺药物有嗜睡的不良反应。第二代抗组胺药物 H_1受体选择性高，无镇静作用，但有心脏的毒性作用，引起尖端扭转型室性心动过速。

【思考题】

(1) 试述异丙嗪的药理作用。

(2) 试述 H_1受体阻断药的药理作用、临床应用及不良反应。

(3) 试述第二代 H_1受体阻断药的特点。

(夏叶玲)

第二十八章　作用于呼吸系统的药物

学习要点

- **掌握**：平喘药的分类及常用平喘药物的作用特点、临床应用和不良反应。
- **了解**：各类镇咳药、祛痰药的作用特点、机制和应用。

第一节　平 喘 药

急性支气管哮喘患者气道狭窄的原因包括气道平滑肌的收缩，管腔黏液变稠，以及由于水肿、细胞浸润和分泌、血管和平滑肌细胞增生造成的支气管黏膜变厚。上述原因中平滑肌的收缩可被药物逆转，逆转水肿和细胞浸润则需要使用抗炎药物持续治疗。

一、支气管扩张药

(一) 拟交感药物

【药理作用】

激动肾上腺素 β_2受体可松弛气道平滑肌，抑制肥大细胞释放介质。肾上腺素受体激动剂在通常情况下最好以吸入方式给药，可在支气管平滑肌形成最大的局部效应和最小的全身毒性。

【临床应用】

(1) 非选择性激动剂：肾上腺素和异丙肾上腺素：除激动 β_2受体外，同时作用于其他受体，由于其诱发心律失常等副反应，目前很少用于哮喘的治疗。

(2) 选择性激动剂

1) 短效 β_2受体激动剂：沙丁胺醇和特布他林等短效 β_2受体选择性激动剂是目前使用最多治疗哮喘的药物。本品可吸入或口服，特布他林也可皮下注射。短效 β_2受体激动剂是急性重症哮喘的首选药物。

2) 长效 β_2受体激动剂：包括沙美特罗、福莫特罗和阿福特罗等。这类药物在哮喘和慢性阻塞性肺疾病(COPD)的治疗中有显著优势，药效持续时间可达 12 h 以上。

【不良反应】

不良反应较小，但仍可引发心脏反应。还可引起肌肉震颤、糖原分解、血乳酸和丙酮酸升高。

(二) 茶碱

茶碱的支气管扩张作用不及 β_2受体激动剂，抗炎作用不及糖皮质激素，但由于价格便宜，仍有较广泛的使用。其作用机制不明确。

【临床应用】

用于急性和慢性哮喘和 COPD 治疗。此外茶碱也可用于治疗中枢型睡眠呼吸暂停综合征。

【不良反应】

最常见的不良反应包括有头痛、恶心和呕吐，腹部不适及焦躁不安等；还有可能促进胃酸分泌和利尿作用；高剂量引发心律失常，静脉给药时须充分稀释后缓慢地注射。

(三) M 受体阻断剂

这类药物阻断内源性乙酰胆碱对 M 胆碱受体的活化，包括通过活化 M_3受体引起的支气管平滑肌的收缩作用。异丙托溴铵为阿托品季铵衍生物，对 M_1、M_2和 M_3无选择性，由于其溶解度小，吸入后全身吸收低，从而降低了副反应。

二、抗炎平喘药

（一）糖皮质激素

吸入型糖皮质激素是治疗除轻度哮喘以外的其他哮喘的一线药物，但对COPD治疗效果差。

【药理作用】

糖皮质激素治疗哮喘的机制仍不明确，最有可能与抗炎性质有关。糖皮质激素与其受体结合后调控基因转录，上调抗炎症基因的表达同时抑制促炎症基因的表达（详见第三十一章）。

【临床应用】

糖皮质激素用于哮喘的治疗可有效改善所有哮喘控制的指标：症状的严重性，气道口径和支气管的反应性，发作频率及生活质量。气雾吸入是糖皮质激素有效且低副反应控制哮喘的给药途径。倍氯米松、布地缩松、环索奈德、氟尼缩松、氟替卡松、莫米松和氟羟泼尼松龙可吸入给药，并极大地减少全身吸收。口服和注射糖皮质激素被保留用于需紧急处理的患者。

【不良反应】

吸入常用剂量的糖皮质激素时一般不发生不良反应，久用可引起口腔真菌感染。

（二）磷酸二酯酶(PDE)-4抑制剂

PDE-4是肥大细胞、嗜酸粒细胞、中性粒细胞、T淋巴细胞、巨噬细胞及感觉神经和上皮细胞等结构细胞中的主要PDE亚型。PDE-4抑制剂罗氟司特可抑制cAMP的水解，提高cAMP的胞内浓度，有效控制哮喘和COPD的炎症反应。

三、抗过敏平喘药

1. 色甘酸钠和奈多罗米钠 色甘酸钠和奈多罗米钠曾被广泛用于哮喘的治疗。其作用机制可能是改变细胞表面的慢性氯通道的功能，抑制气道神经进而抑制哮喘。可作用于气道肥大细胞抑制对抗原的早期反应，作用于嗜酸粒细胞抑制吸入的抗原引起的炎症反应。由于更有效的吸入型糖皮质激素制剂的应用，使色甘酸钠的使用锐减。在美国色甘酸钠和奈多罗米钠都不再用于呼吸系统适应证。

2. 炎症介质拮抗剂

(1) H_1受体阻断药：哮喘急性发作时肥大细胞可释放组胺。但临床证据表明H_1受体阻断药对哮喘的治疗可能无益。新抗组胺药物西替利嗪和氮䓬斯汀对哮喘治疗有功效，但可能与其H_1受体拮抗作用无关。抗组胺药不作为常规抗哮喘药物。

(2) 白三烯通路抑制剂：5-脂氧合酶抑制剂齐留通可抑制白三烯的合成，但由于肝毒性使用较少；扎鲁司特和孟鲁司特为LTD_4受体抑制剂，毒性较小。扎鲁司特用于成人和6岁以上儿童支气管哮喘的长期防治；孟鲁司特用于成人和12岁以上儿童支气管哮喘的长期防治。

第二节 镇咳药

咳嗽是一种保护性反射，在使用镇咳药前，应寻找引起咳嗽的原因并针对病因进行治疗。对于无痰的剧烈干咳，应采用镇咳药物进行治疗。

一、中枢性镇咳药

可待因是阿片类衍生物中常用的中枢性镇咳药，通过激动脊髓咳嗽中枢的μ受体发挥作用。本品特别适用于病理性咳嗽或气管插管患者。不良反应包括镇静和便秘。小儿用量过大可导致惊厥，长期用药产生耐药性和成瘾性。右美沙芬作用与可待因相似，但无成瘾性，便秘作用较轻。

二、外周性镇咳药

苯佐那酯：麻醉呼吸道、肺和胸膜的肺牵张感受器。不良反应主要包括有头晕和吞咽困难。

第三节　祛痰药

一、痰液稀释药

此类药物包括恶心性祛痰药和刺激性祛痰药。两者均增加痰液中水分，稀释痰液，但机制不同。恶心性祛痰药包括氯化铵、碘化钾和愈创甘油醚，刺激胃黏膜引起恶心，通过迷走反射促进支气管腺体分泌增加。刺激性祛痰药刺激气管分泌进而促进痰液稀释。

二、黏痰溶解药

痰液的成分主要为黏蛋白和破损的炎症细胞残留的 DNA。乙酰半胱氨酸、羧甲斯坦、厄多斯坦、美司钠和美司坦可通过破坏二硫键溶解黏蛋白；脱氧核糖核酸酶可降解 DNA。

知识拓展

咳嗽变异性哮喘：指以慢性咳嗽为主要或惟一临床表现的一种特殊类型哮喘，临床表现主要为长期顽固性干咳，常常在运动、吸入冷空气、上呼吸道感染后诱发，在夜间或凌晨加剧，体检时无哮鸣音。一般的止咳化痰药和抗生素治疗无效，而用抗组胺药、β_2 受体激动剂、茶碱类或肾上腺皮质激素可缓解。

小　结

抗哮喘药物如下：

		作用特点	临床应用
β受体激动剂	异丙肾上腺素	β_1 和 β_2 激动剂，在扩张支气管的同时具有强烈的心血管效应	较少用于支气管哮喘，其他应用见第十章
	沙丁胺醇	选择性 β_2 激动剂，迅速发挥支气管扩张效应	哮喘；COPD；哮喘预防
	沙美特罗	选择性 β_2 激动剂，药效持续时间可达 12 h 以上	哮喘预防；哮喘；COPD
茶碱		机制尚不清；药理作用包括扩张支气管、强心、利尿、扩张血管和中枢兴奋作用	哮喘；COPD
糖皮质激素		通过基因表达调控发挥抗炎症作用	哮喘；其他应用见第三十一章

【思考题】

(1) 试述抗喘药的分类及其代表性药物的作用特点和临床应用。
(2) 试述镇咳药的分类。
(3) 试述常用的祛痰药的分类及其发挥祛痰作用的原理。

（李　巍）

第二十九章　作用于消化系统的药物

学习要点

- **掌握**：抗消化性溃疡药物的分类。H^+-K^+-ATP酶抑制药和H_2受体阻断药的药理作用和临床应用。幽门螺杆菌的药物治疗原则。
- **熟悉**：止吐药、止泻药的种类和临床应用。
- **了解**：消化功能调节药的药理作用与临床应用。

第一节　抗消化性溃疡药

目前临床上治疗消化性溃疡的药物主要分为四大类：① 抗酸药；② 抑制胃酸分泌药；③ 增强胃黏膜屏障功能的药物；④ 抗幽门螺杆菌感染药物。

一、抗　酸　药

抗酸药为弱碱性物质，口服后在胃内直接通过酸碱中和反应，升高胃内容物pH，解除胃酸对胃、十二指肠黏膜的侵蚀和对溃疡面的刺激，降低胃蛋白酶活性，发挥缓解溃疡病的疼痛和促进愈合的作用，有些形成胶状保护膜，覆盖溃疡面。抗酸药的作用与胃内充盈度有关，当胃内容物将近排空或完全排空后，抗酸药才能充分发挥抗酸作用，故抗酸药应在餐后1～1.5 h后和晚上睡觉前服用。常用药物有氢氧化铝、碳酸钙、氢氧化镁、氢氧化铝、三硅酸镁等。由于抗酸药不能调节胃酸的分泌，目前已较少单独应用，大多组成复方制剂。

二、抑制胃酸分泌药

1. H_2受体阻断药　本类药物有西咪替丁、雷尼替丁和法莫替丁等。其能竞争性地阻断壁细胞基底膜的H_2受体，对基础胃酸分泌的抑制作用最强。对进食、胃泌素、迷走兴奋及低血糖等诱导的胃酸分泌也有抑制作用。此类药物可减少夜间胃酸分泌，因此作为治疗胃及十二指肠溃疡疾病的首选药物，也用于治疗无并发症的胃食管反流综合征和预防应激性溃疡的发生。长期大剂量使用西咪替丁有抗雄激素作用，促进催乳素分泌。西咪替丁是肝药酶抑制剂，可抑制华法林、苯妥英钠、茶碱、奎尼丁等药物在体内转化，使上述药物血药浓度升高。

2. H^+-K^+-ATP酶抑制药(质子泵抑制药)　H^+-K^+-ATP酶抑制药有抑酸作用，作用强而持久。其能使胃蛋白酶的分泌减少。另外，可抑制幽门螺杆菌。用于治疗反流性食管炎、消化性溃疡、上消化道出血及幽门螺杆菌感染。

常用药物包括奥美拉唑、兰索拉唑、泮托拉唑、雷贝拉唑等。

3. M胆碱受体阻断药　本类药能通过阻断胃壁细胞上的M_3受体，抑制胃酸分泌等途径产生作用。但与M受体阻断相关的不良反应较多，目前已较少用于溃疡的治疗。

4. 胃泌素受体阻断药　丙谷胺与胃泌素竞争胃泌素受体，有抑制胃酸分泌作用。本类药也促进胃黏膜黏液合成，增强胃黏膜－HCO_3^-盐保护屏障，保护胃黏膜，促进溃疡愈合，从而发挥抗溃疡病作用。

三、胃黏膜保护药

本类药物通过增强胃黏膜细胞屏障和黏液-HCO_3^-盐屏障或两者都增强抵御胃酸、胃蛋白酶的效应，而发挥抗溃疡的作用。常用药物包括米索前列醇类药、硫糖铝等。

1. 米索前列醇 一种合成前列腺素衍生物，可抑制胃壁细胞的胃酸分泌和胃蛋白酶的分泌，增加黏液和HCO_3^-的分泌，增强胃黏膜屏障功能及增加胃黏膜血流等。临床用于胃和十二指肠溃疡，对吸烟者的溃疡愈合疗效较好。不良反应有腹痛、腹泻、恶心、腹部不适，也有头痛、头晕等。

2. 硫糖铝 硫糖铝牢固地黏附于上皮细胞和溃疡基底，增强胃黏膜保护屏障，能抑制幽门螺杆菌的繁殖。临床用于消化性溃疡、慢性糜烂性胃炎、反流性食道炎及幽门螺杆菌感染。本药在酸性环境中起保护胃、十二指肠黏膜作用，不宜与碱性药物合用。

四、抗幽门螺杆菌药

幽门螺杆菌(Hp)为革兰阴性厌氧菌，在生长过程中可产生尿素酶等多种酶和细胞毒素，损伤胃黏膜。Hp感染与胃炎关系密切，也是胃和十二指肠溃疡发病的重要因素。由于Hp易对抗菌药物产生耐药性，临床采用联合用药方案。

第二节 消化功能调节药

消化功能调节药包括助消化药、止吐药和胃肠促动药、止泻药与吸附药、泻药、利胆药和胆石溶解药等。

一、助 消 化 药

助消化药多为消化液中成分或促进消化液分泌的药物，能改善胃肠的消化功能，用于治疗消化不良。常用药物有胃蛋白酶、胰酶、乳酶生等。

二、止 吐 药

此类药物包括：H_1受体阻断药、M受体阻断药、多巴胺(D_2)受体阻断药及5-HT_3受体阻断药等。后者中常用的有昂丹司琼、格雷司琼、阿洛司琼等。

三、增强胃肠动力药

西沙比利，为5-HT_4受体激动剂，临床用于治疗胃肠运动障碍性疾病。

四、泻　　药

此类药物包括刺激性泻药(比沙可啶、酚酞、大黄、番泻叶等)、渗透性泻药(硫酸镁、乳果糖、甘油等)和润滑性泻药(液状石蜡等)。他们通过不同的机制产生导泻作用。

五、止泻药与吸附药

对于腹泻患者应以对因治疗为主，但对腹泻剧烈而持久的患者，可适当给以止泻药。止泻药减少肠道蠕动，减轻或保护肠道免受刺激而达到止泻作用，用于急、慢性功能性腹泻。例如，阿片制剂临床用于较严重的非细菌感染性腹泻。洛哌丁胺、鞣酸蛋白等均可用于治疗腹泻。活性炭及复方的矽炭银均是吸附药，能吸附肠道内气体、毒物等，起止泻和阻止毒物吸收的作用。

六、利 胆 药

利胆药是具有促进胆汁分泌或胆囊排空的药物。主要药物有去氢胆酸、熊去氧胆酸、鹅去氧胆、酸硫酸镁、桂美酸和牛胆酸钠等。

知识拓展

卓-艾综合征——促进产酸的肿瘤

卓-艾综合征是由胃窦G细胞增生或分泌胃泌素的肿瘤引起，其特点是高胃泌素血症导致的大量胃酸分泌，从而引起上消化道多发性、难治性消化性溃疡，有些患者还可以表现为难治性腹泻。肿瘤一般位于十二指肠、胰腺及其相邻部位，约有半数为恶性，可以通过CT、放射性同位素或者超声内镜定位。外科手术切除肿瘤可以根治此症，或者至少减少瘤负荷以缓解症状。H^{+}-K^{+}-ATP酶抑制药等药物的使用仅能对症治疗，而不能够根治疾病。

小 结

抗消化性溃疡药：抗酸药，中和胃酸；抑制胃酸分泌药（H_2受体阻断药、H^{+}-K^{+}-ATP酶抑制药、M胆碱受体阻断药）能抑制胃酸分泌；增强胃黏膜屏障功能药，形成胃黏膜屏障；抗幽门螺杆菌感染药，根除幽门螺杆菌。

消化功能调节药：助消化药多为消化液中成分或促进消化液分泌的药物。止吐药是通过阻断H_1受体、M受体、多巴胺（D_2）受体、5-HT_3受体达到止吐作用。

泻药与止泻药：泻药促进粪便排出，用于便秘、清理肠道蠕动或加速肠内毒物排出。止泻药减少肠道蠕动，减轻或保护肠道免受刺激而达到止泻作用，用于急、慢性功能性腹泻。

【思考题】

(1) 抗消化性溃疡药物有哪几分类？
(2) H^{+}-K^{+}-ATP酶抑制药有哪些？
(3) 泻药可分为哪几类？并列举代表性药物。
(4) 常用的促进胃动力药有哪些？
(5) 试述奥美拉唑药理作用及临床应用特点。

（夏叶玲）

第三十章　子宫平滑肌兴奋药与抑制药

学习要点

- **掌握**：缩宫素的药理作用、临床应用、不良反应。
- **熟悉**：麦角生物碱和前列腺素类对子宫的作用。
- **了解**：子宫平滑肌抑制药的临床应用。

子宫平滑肌兴奋药是一类选择性兴奋子宫平滑肌的药物，包括缩宫素、麦角生物碱和前列腺素类。子宫平滑肌抑制药能够抑制子宫平滑肌的收缩，包括 β_2 肾上腺素受体激动药、硫酸镁、钙拮抗药、前列腺素合成酶抑制药等。

第一节　子宫平滑肌兴奋药

一、缩 宫 素

缩宫素又名催产素，其前体是由丘脑下部合成，沿下丘脑-垂体束转运至神经垂体，转化并储存在神经垂体中。临床应用的缩宫素多由猪、牛的垂体后叶中提取，也可人工合成。

【药理作用】

(1) 兴奋子宫平滑肌：缩宫素通过激动子宫平滑肌的缩宫素受体直接兴奋子宫平滑肌，使子宫收缩加强，频率加快。其兴奋子宫作用可因用药剂量和子宫生理状态的不同而不同。小剂量(2～5 U)可使子宫底部产生节律性收缩，而使子宫颈松弛，类似正常分娩，有利于胎儿娩出；大剂量(10 U)则使子宫持续强直性收缩，不利于胎儿娩出，并有导致胎儿窒息甚至子宫破裂的危险。子宫平滑肌对缩宫素的敏感性受性激素的影响，雌激素可提高子宫对缩宫素的敏感性，孕激素则降低其敏感性。妊娠早期，体内孕激素水平高，子宫对缩宫素不敏感，可保证胎儿安全发育；妊娠中、后期，孕激素水平逐渐下降，雌激素水平逐渐上升，子宫对缩宫素的敏感性逐渐增高，临产时达到高峰；分娩后，子宫对缩宫素的敏感性又逐渐降低。

(2) 促进排乳：缩宫素还可激动乳腺上的缩宫素受体，使乳腺腺泡周围的肌上皮细胞收缩，促进排乳，但不增加排乳总量。

【临床应用】

(1) 催产、引产：对于胎位和产道正常而宫缩乏力的产妇，可用小剂量缩宫素催产，以加强子宫节律性收缩，促进分娩；对于死胎、过期妊娠及妊娠合并严重疾病(如心脏病、肺结核)需终止妊娠者，可用小剂量缩宫素引产。一般每次 2.5～5 U，稀释后缓慢静脉滴注。

(2) 产后止血：产后及流产后因宫缩乏力或子宫复位不良引起的子宫出血，应立即肌内注射较大剂量(5～10 U)缩宫素，以达到止血目的。但因缩宫素作用持续时间短暂，可加用麦角制剂使子宫维持在收缩状态。

(3) 催乳：在哺乳前 2～3 min，以滴鼻剂滴鼻，可促进乳汁排出。

【不良反应】

缩宫素过量可致子宫持续性强直性收缩，导致胎儿宫内窒息或子宫破裂。因此，用于催产、引产时须注意：① 严格掌握剂量，避免发生子宫强直性收缩；② 严格掌握禁忌证，产道异常、胎位不正、头盆不称、前置胎盘、三胎以上经产妇及有剖宫产史者禁用，以防子宫破裂或胎儿宫内窒息。偶见恶心、呕吐、心律失常等不良反应。

二、麦角生物碱

麦角是寄生在黑麦及其他禾本科植物上的一种麦角菌的干燥菌核，其有效成分是多种麦角生物碱，包括麦角新碱、双氢麦角碱和麦角胺等。

1. 麦角新碱

【药理作用】

麦角新碱能选择性兴奋子宫平滑肌，使子宫收缩，其作用强度与子宫的生理状态有关，妊娠子宫比未孕子宫敏感，尤以临产时和产后的子宫最敏感。与缩宫素比较，麦角新碱的特点是：① 兴奋子宫迅速、强大而持久，剂量稍大即可引起子宫强直性收缩；② 对子宫体和子宫颈的作用无明显差别，不宜用于催产和引产。

【临床应用】

(1) 子宫出血：用于产后、流产后、月经过多等原因引起的子宫出血。常肌内注射 0.2～0.5 mg，使子宫平滑肌产生强直性收缩，机械性压迫肌层内血管而止血。

(2) 产后子宫复原：本品可促进产后子宫收缩，加速子宫复原。

【不良反应】

不良反应包括恶心、呕吐、头晕、冷汗、面色苍白及血压升高等，偶见过敏反应。

2. 麦角胺 麦角胺能收缩脑血管，降低脑动脉搏动幅度，可用于治疗偏头痛，常与咖啡因配伍使用。本品久用可损害血管内皮细胞，甚至导致肢端坏死。

三、前列腺素类

前列腺素(PG)是一类广泛存在于体内的自体活性物质，对心血管、呼吸、消化及生殖系统等有广泛的生理作用和药理作用。作为子宫兴奋药，常用的主要有地诺前列酮(PGE_2，前列腺素 E_2)、地诺前列素($PGF_{2\alpha}$，前列腺素 $F_{2\alpha}$)、卡前列素(15 - $MePGF_{2\alpha}$，15 -甲基前列腺素 $F_{2\alpha}$)。

【药理作用】

(1) 兴奋子宫平滑肌：前列腺素对妊娠各期子宫均有明显的兴奋作用，其中以前列腺素 E_2 和前列腺素 $F_{2\alpha}$ 活性最强。对临产前的子宫最为敏感；对妊娠初期和中期子宫的收缩作用比缩宫素强，可引起足以导致流产的高频率和大幅度收缩。前列腺素 E_2 引起子宫收缩的性质类似正常分娩，在增强子宫平滑肌节律性收缩的同时，也能使子宫颈部松弛。可用于足月妊娠或过期妊娠的引产，也可用于 28 周前的宫内死胎终止妊娠。

(2) 抗早孕：前列腺素 E_2 能促进黄体退化，使血中黄体酮水平急剧下降，子宫内膜脱落，对停经 49 d 内的早孕妇女，可发挥抗早孕作用。其可用于妊娠 49 d 内的药物流产。

【不良反应】

不良反应主要为恶心、呕吐、腹痛、腹泻等胃肠不适，系前列腺素兴奋胃肠道平滑肌所致；少数人还有头晕、发热、血压下降等，一般停药后症状即消失。

第二节 子宫平滑肌抑制药

此类药物又称抗分娩药，能抑制子宫平滑肌收缩，减少子宫活动，主要用于治疗痛经和早产。常用药物包括 β_2 肾上腺素受体激动药、硫酸镁、钙拮抗药、前列腺素合成酶抑制药等。

1. 利托君 利托君为选择性 β_2 受体激动药，可激动子宫平滑肌 β_2 受体，松弛子宫平滑肌。对妊娠和非妊娠子宫都具有抑制宫缩的作用，可用于治疗先兆早产和痛经。

2. 硫酸镁 硫酸镁可抑制中枢神经系统，抑制神经-肌肉接头乙酰胆碱的释放，松弛骨骼肌，具有镇静、抗惊厥作用，还可通过拮抗 Ca^{2+} 的作用，松弛子宫平滑肌，并降低子宫对缩宫素的敏感性，从而抑制子宫平滑肌收缩。可用于防治早产、妊娠期高血压及子痫、先兆子痫的发作。

知识拓展

药物流产

药物流产简称药流，是采用口服或注射药物的方法终止早期妊娠的抗早孕方法。目前常用的药物是米非司酮和前列腺素联合应用。米非司酮使子宫蜕膜变性坏死、宫颈软化，前列腺素使子宫收缩，促使胚胎排出。药物流产的适应证是怀孕在 49 d 内的早期宫内妊娠。药物流产简单、无创、副反应小、后遗症少，近年来广泛应用于临床。

小　结

子宫平滑肌兴奋药是一类选择性兴奋子宫平滑肌的药物，包括缩宫素、麦角生物碱和前列腺素类。缩宫素可兴奋子宫平滑肌，使子宫收缩加强，频率加快，临床用于催产、引产及产后出血的治疗。麦角新碱兴奋子宫作用强大而持久，可用于产后止血，不宜用于催产和引产。前列腺素类除了能够兴奋子宫平滑肌，还有抗早孕的作用。子宫平滑肌抑制药能够抑制子宫平滑肌的收缩，常用药物有 β_2 肾上腺素受体激动药、硫酸镁等，主要用于治疗痛经和早产。

【思考题】

(1) 试述缩宫素的药理作用、临床应用、不良反应及注意事项。
(2) 试比较缩宫素与麦角新碱在药理作用和临床应用的异同。

（王锦淳）

第三十一章　肾上腺皮质激素类药物

学习要点

- **掌握**：糖皮质激素的药理作用、作用机制、临床应用、不良反应和禁忌证。
- **熟悉**：糖皮质激素的用法与疗程。
- **了解**：盐皮质激素、促皮质素及皮质激素抑制药的特点及应用。

肾上腺皮质激素是肾上腺皮质所分泌的激素的总称，属甾体类化合物，可分为三类：① 盐皮质激素，由球状带分泌，有醛固酮和去氧皮质酮等；② 糖皮质激素，由束状带合成和分泌，有氢化可的松和可的松等，其分泌和生成受促皮质素（ACTH）调节；③ 性激素，由网状带所分泌，通常所指肾上腺皮质激素，不包括后者。临床常用的皮质激素是指糖皮质激素。

第一节　糖皮质激素

本类药物口服、注射均可吸收。主要在肝中代谢转化，然后与葡萄糖醛酸或硫酸结合由尿中排出。可的松和泼尼松在肝内分别转化为氢化可的松和泼尼松龙而生效，故严重肝功能不全的患者只宜应用氢化可的松或泼尼松龙。

糖皮质激素类药作用广泛而复杂，且随剂量不同而异。生理剂量的糖皮质激素类药主要影响物质代谢过程，药理剂量的糖皮质激素类药则还有抗炎、免疫抑制、抗毒、抗休克等作用。

【药理作用及作用机制】

(1) 对代谢的影响

1) 糖代谢：糖皮质激素能增加肝糖原、肌糖原含量并升高血糖。其机制为：促进糖原异生；减慢葡萄糖分解为 CO_2 的氧化过程；减少机体组织对葡萄糖的利用。

2) 蛋白质代谢：促进淋巴和皮肤等的蛋白质分解，抑制蛋白质的合成，久用可致生长减慢、肌肉消瘦、皮肤变薄、骨质疏松、淋巴组织萎缩和伤口愈合延缓等。

3) 脂肪代谢：促进脂肪分解，抑制其合成。久用能增高血胆固醇含量，并激活四肢皮下的脂酶，使脂肪重新分布于面部、胸、背及臀部，形成满月脸和向心性肥胖。

4) 水和电解质代谢：也有较弱的盐皮质激素的作用，能潴钠排钾。还可增加肾小球滤过率和拮抗抗利尿激素的作用，故可利尿。过多时还可引起低血钙，长期应用可致骨质脱钙。

(2) 允许作用：糖皮质激素对有些组织细胞虽无直接活性，但可给其他激素发挥作用创造有利条件，称为允许作用。例如，糖皮质激素可增强儿茶酚胺的血管收缩作用和胰高血糖素的血糖升高作用。

(3) 抗炎作用：糖皮质激素有强大的抗炎作用，能对抗各种原因（如物理、化学、生理、免疫等）所引起的炎症。在炎症早期可减轻渗出、水肿、毛细血管扩张、白细胞浸润及吞噬反应，从而改善红、肿、热、痛等症状；在后期可抑制毛细血管和成纤维细胞的增生，延缓肉芽组织生成，防止粘连及瘢痕形成，减轻后遗症。但必须注意，炎症反应是机体的一种防御功能，炎症后期的反应更是组织修复的重要过程。因此，糖皮质激素在抑制炎症、减轻症状的同时，也降低机体的防御功能，可致感染扩散、阻碍创口愈合。

(4) 免疫抑制和抗过敏作用

1) 免疫系统的抑制作用：对免疫过程的许多环节均有抑制作用。首先抑制巨噬细胞对抗原的吞噬和处理。动物实验指出，小剂量主要抑制细胞免疫；大剂量则能抑制由 B 细胞转化成浆细胞的过程，使抗体生成减少，干扰体液免疫，但在人体迄今未证实糖皮质激素在治疗剂量时能抑制抗体产生。

2）抗过敏作用：抗原抗体反应可引起肥大细胞脱颗粒而释放组胺、5-羟色胺、缓激肽、过敏性慢反应物质等，引起一系列过敏反应症状。糖皮质激素能减少上述过敏介质的产生，抑制过敏反应，解除过敏症状。

（5）抗休克作用：超大剂量的皮质激素类药物已广泛用于各种严重休克，特别是中毒性休克的治疗。但一般认为其作用与下列因素有关：① 扩张痉挛收缩的血管和加强心脏收缩；② 降低血管对某些缩血管活性物质的敏感性，使微循环血流动力学恢复正常，改善休克状态；③ 稳定溶酶体膜，减少心肌抑制因子的形成；④ 提高机体对细菌内毒素的耐受力。

（6）其他作用

1）退热作用：糖皮质激素对严重感染引起的发热，具有高效退热作用。这可能与其抑制体温中枢对致热原的反应、稳定溶酶体膜、减少内源性致热原释放有关。但在发热诊断未明前，不可滥用，以免掩盖症状影响诊断。

2）血液与造血系统：皮质激素能刺激骨髓造血功能，使红细胞和血红蛋白含量增加，大剂量可使血小板增多并提高纤维蛋白原浓度，缩短凝血时间；促使中性白细胞数增多，但却降低其游走、吞噬、消化及糖酵解等功能，因而减弱对炎症区的浸润与吞噬活动。对淋巴组织也有明显影响，在肾上腺皮质功能减退者，淋巴组织增生，淋巴细胞增多；而在肾上腺皮质功能亢进者，淋巴细胞减少，淋巴组织萎缩。

3）中枢神经系统：能提高中枢神经系统的兴奋性，出现欣快、激动、失眠等，偶可诱发精神失常。儿童用量过大能致其惊厥。

4）消化系统：糖皮质激素能使胃酸和胃蛋白酶分泌增多，提高食欲，促进消化，但大剂量应用可诱发或加重溃疡病。

5）骨骼系统：长期大量应用本类药物时可出现骨质疏松，特别是脊椎骨。故可有腰背痛，甚至发生压缩性骨折、鱼骨样及楔形畸形。其机制可能是糖皮质激素抑制成骨细胞的活力，减少骨中胶原的合成，促进胶原和骨基质的分解，使骨质形成发生障碍。

6）心血管系统：糖皮质激素增强血管对活性物质的反应性。在实验系统中糖皮质激素可以增加血管壁肾上腺素受体的表达。在糖皮质激素分泌过多的Cushing综合征和一小部分应用合成的糖皮质激素患者，可以出现高血压。

【临床应用】

（1）严重感染或炎症

1）严重急性感染：如中毒性菌痢、暴发型流行性脑膜炎、中毒性肺炎、重症伤寒、急性粟粒性肺结核、猩红热及败血症等，在应用有效的抗菌药物治疗感染的同时，可用皮质激素作辅助治疗。病毒性感染一般不用激素，因用后可减低机体的防御能力反使感染扩散而加剧。但对严重传染性肝炎、流行性腮腺炎、麻疹和乙型脑炎等，也有缓解症状的作用。

2）防止某些炎症后遗症：如结核性脑膜炎、脑炎、心包炎、风湿性心瓣膜炎、损伤性关节炎、睾丸炎及烧伤后瘢痕挛缩等，早期应用皮质激素可防止后遗症发生。对虹膜炎、角膜炎、视网膜炎和视神经炎等非特异性眼炎，应用后也可迅速消炎止痛、防止角膜混浊和瘢痕粘连的发生。

（2）自身免疫性疾病及过敏性疾病

1）自身免疫性疾病：风湿热、风湿性心肌炎、风湿性及类风湿关节炎、全身性红斑狼疮、结节性动脉周围炎、皮肌炎、自身免疫性贫血和肾病综合征等应用皮质激素后可缓解症状。一般采用综合疗法，不宜单用，以免引起不良反应。异体器官移植手术后所产生的排异反应也可应用皮质激素。

2）过敏性疾病：荨麻疹、枯草热、血清热、血管神经性水肿、过敏性鼻炎、支气管哮喘和过敏性休克等，应以肾上腺受体激动药和抗组胺药治疗，病情严重或无效时，也可应用皮质激素辅助治疗，使能抑制抗原-抗体反应反致的组织损害和炎症过程。

（3）抗休克治疗：感染中毒性休克时，在有效的抗菌药物治疗下，可及早、短时间突击使用大剂量皮质激素，见效后即停药；对过敏性休克，皮质激素为次选药，可与首选药肾上腺素合用；对心源性休克，须结合病因治疗；对低血容量性休克，在补液补电解质或输血后效果不佳者，可合用超大剂量的皮质激素。

（4）血液病：可用于急性淋巴细胞性白血病、再生障碍性贫血、粒细胞减少症、血小板减少症和过敏性紫癜等的治疗，但停药后易复发。

（5）局部应用：对接触性皮炎、湿疹、肛门瘙痒、牛皮癣等都有疗效。宜用氢化可的松、泼尼松龙或氟轻松。对天疱疮及剥脱性皮炎等严重病例仍需全身用药。

(6) 替代疗法：用于急、慢性肾上腺皮质功能减退症(包括肾上腺危象)、脑垂体前叶功能减退及肾上腺次全切除术后作替代疗法。

【不良反应】

(1) 长期大量应用引起的不良反应

1) 类肾上腺皮质功能亢进综合征：因物质代谢和水盐代谢紊乱所致，可出现库欣(Cushing)综合征，如满月脸、水牛背、向心性肥胖、皮肤变薄、痤疮、多毛、水肿、低血钾、高血压病、糖尿病等。停药后可自行消退，必要时采取对症治疗，如应用降压药、降糖药、氯化钾、低盐、低糖、高蛋白饮食等。

2) 诱发或加重感染：因皮质激素抑制机体防御功能所致。长期应用常可诱发感染或使体内潜在病灶扩散，特别是在原有疾病已使抵抗力降低如肾病综合征者更易产生。还可使原来静止的结核病灶扩散、恶化。故结核病患者必要时应并用抗结核药。

3) 消化系统并发症：使胃酸、胃蛋白酶分泌增加，抑制胃黏液分泌，降低胃肠黏膜的抵抗力，故可诱发或加剧胃、十二指肠溃疡，甚至造成消化道出血或穿孔。对少数患者可诱发胰腺炎或脂肪肝。

4) 心血管系统并发症：长期应用糖皮质激素由于水钠潴留和血脂升高可引起高血压和动脉粥样硬化，还可以引起脑卒中、高血压性心脏病、血管脆性增加等。

5) 骨质疏松、肌肉萎缩、伤口愈合迟缓等：与激素促进蛋白质分解、抑制其合成及增加钙、磷排泄有关。骨质疏松多见于儿童、老人和绝经妇女，严重者可有自发性骨折。因抑制生长素分泌和造成负氮平衡，还可影响生长发育。对孕妇偶可引起畸胎。

6) 糖尿病：糖皮质激素能促进糖原异生，降低组织对葡萄糖的利用，抑制肾小管对葡萄糖的重吸收，长期应用超生理剂量糖皮质激素者，将引起糖代谢紊乱，约半数患者出现糖耐量受损或糖尿病(类固醇性糖尿病)。患者一旦出现糖尿病应立即停药用激素，如不能停药，应酌情给予口服降糖药或胰岛素。

7) 其他：① 精神失常，与脑神经元递质释放异常有关，有精神病或癫痫病史者禁用或慎用；② 癫痫发作，与惊厥阈值降低有关；③ 青光眼，与前房角小梁网结构胶原束肿胀有关。

(2) 停药反应

1) 长期应用尤其是连日给药的患者，减量过快或突然停药时，由于皮质激素反馈性抑制脑垂体前叶对 ACTH 的分泌，可引起肾上腺皮质萎缩和功能不全。多数患者可无表现，也有少数患者遇到严重应激情况(如感染、创伤、手术)时可发生肾上腺危象(如恶心、呕吐、乏力、低血压、休克等)，需及时抢救。这种皮质功能不全需半年甚至1～2年才能恢复。因此不可骤然停药。

2) 反跳现象：因患者对激素产生了依赖性或病情尚未完全控制，突然停药或减量过快而致原病复发或恶化。常需加大剂量再行治疗，待症状缓解后再逐渐减量、停药。

【禁忌证】

曾患或现患严重精神病和癫痫，活动性消化性溃疡病，新近胃肠吻合术，骨折，创伤修复期，角膜溃疡，肾上腺皮质功能亢进症，严重高血压病、糖尿病、孕妇、抗菌药不能控制的感染等都是皮质激素的禁忌证。当适应证与禁忌证并存时，应全面分析，权衡利弊，慎重决定。一般说，病情危重时，虽有禁忌证存在，仍不得不用，待危急情况过去后，尽早停药或减量。

第二节　盐皮质激素

盐皮质激素包括醛固酮和去氧皮质酮。主要用于慢性肾上腺皮质功能不全症，纠正失水、失钠和钾潴留等，以恢复水电解质平衡。

第三节　促皮质素及皮质激素抑制药

一、促皮质素

促皮质素(ACTH)是维持肾上腺正常形态和功能的重要激素。临床用于诊断脑垂体前叶-肾上腺皮质功能水平及长期使用皮质激素的停药前后，以防止发生皮质功能不全。由于 ACTH 易引起过敏反应（因临床应用制剂来自牛、羊、猪垂体），现已少用。

二、皮质激素抑制药

皮质激素抑制药可代替外科的肾上腺皮质切除术，临床常用的有米托坦和美替拉酮。

米托坦主要用于不可切除的皮质癌、切除后复发癌及皮质癌术后辅助治疗。不良反应可有厌食、恶心、腹泻、皮疹、嗜睡、头痛、眩晕、乏力、中枢抑制及运动失调等反应。

美替拉酮临床用于治疗肾上腺皮质肿瘤和产生 ACTH 的肿瘤所引起的氢化可的松过多症和皮质癌。还可用于垂体释放 ACTH 功能试验。不良反应较少，可有眩晕、消化道反应等。

知识拓展

隔日疗法

皮质激素的分泌具有昼夜节律性，每日上午 8～10 时为分泌高潮（约 450 nmol/L），随后逐渐下降（下午 4 时约 110 nmol/L），午夜 12 时为低潮，这是由 ACTH 昼夜节律所引起。临床用药可随这种节律进行，即长期疗法中对某些慢性病采用隔日一次给药法，将 1 日或 2 日的总药量在隔日早晨一次给予，此时正值激素正常分泌高峰，对肾上腺皮质功能的抑制较小。实践证明，外源性皮质激素类药物对垂体-肾上腺皮质轴的抑制性影响，在早晨最小，午夜抑制最大，隔日服药以用泼尼松、泼尼松龙等中效制剂较好。

小　结

糖皮质激素作用、应用、不良反应及用法如：

（1）四大生理作用：升糖、解蛋、分脂、保钠。

（2）四抗作用（超生理剂量）：抗炎、抗毒、抗过敏、抗休克。

（3）对血液及造血系统的“四多一少”：红细胞、血红蛋白、血小板、中性粒细胞增多，嗜酸粒细胞及淋巴细胞减少。

（4）不良反应“四个一”：① 一进：类肾上腺皮质功能亢进症；② 一退：肾上腺皮质萎缩和分泌功能减退；③ 一缓：伤口愈合迟缓；④ 一反：停药反跳现象。

（5）不良反应“四诱发”：诱发或加重感染；诱发或加重糖尿病、高血压；诱发或加重溃疡病；诱发或加重精神病。

（6）“四用法”：① 小量替代：肾上腺皮质功能减退等；② 大量突击：严重感染或休克；③ 正量久用：自身免疫疾病、炎症后遗症等；④ 隔晨顿服。

【思考题】

（1）用糖皮质激素治疗严重感染时，为何要与足量有效的抗菌药物合用？

（2）试述糖皮质激素隔日早晨顿服疗法的意义。

（3）糖皮质激素长期大量应用会产生哪些不良反应？

（王冬艳）

第三十二章　甲状腺激素及抗甲状腺药

学习要点

- **掌握**：硫脲类抗甲状腺药物、碘剂碘化物的药理作用、临床应用和不良反应。
- **熟悉**：甲状腺激素的药理作用和临床应用。

第一节　甲状腺激素

甲状腺激素是维持机体正常代谢和生长发育所必需的激素，包括甲状腺素(T_4)和三碘甲状腺原氨酸(T_3)。临床常用的甲状腺激素制剂来自动物的甲状腺组织。口服易吸收，主要在肝、肾线粒体内脱碘，并与葡萄糖醛酸或硫酸结合而经肾排泄，也可通过胎盘和进入乳汁，故孕妇和哺乳期妇女应慎用。T_4需转化为T_3才能发挥作用。

【临床应用】

(1) 甲状腺功能减退

1) 呆小病：重在预防，若尽早诊治，则发育仍可正常；若治疗过晚，躯体虽可发育正常，但智力仍然低下。治疗应从小剂量开始，应终身治疗。

2) 黏液性水肿：一般服用甲状腺片，从小量开始，逐渐增大至足量。剂量不宜过大，以免增加心脏负担而加重心脏疾患。垂体功能低下的患者宜先用皮质激素再给予甲状腺激素，因易发生急性肾上腺皮质功能不全。

(2) 单纯性甲状腺肿：其治疗取决于病因。由于缺碘所致者应补碘。临床上无明显原因，发现症状可给予适量甲状腺激素，补充内源性激素的不足，缓解甲状腺组织代偿性增生肥大。

【不良反应】

过量可出现甲状腺功能亢进的临床症状，在老人和心脏病患者中，可发生心绞痛、心肌梗死、心力衰竭等，一旦出现，必须立即停药，并用β受体阻断药对抗。

第二节　抗甲状腺药

一、硫脲类

硫脲类可分为两类：① 硫氧嘧啶类，包括甲硫氧嘧啶、丙硫氧嘧啶，前者因不良反应较多已少用；② 咪唑类，包括甲巯咪唑(他巴唑)、卡比马唑(甲亢平)。

【临床应用】

(1) 内科药物治疗：适用于轻症和不宜手术或^{131}I治疗者，如儿童、青少年及术后复发而不适于^{131}I治疗者可用。开始治疗给大剂量以对甲状腺激素合成产生最大抑制作用。经1～3个月后症状明显减轻，当基础代谢率接近正常时，药量即可递减，直至维持量，疗程1～2年。

(2) 手术前准备：为减少麻醉和手术后的合并症，防止术后发生甲状腺危象，在手术前应先服用硫脲类药物，使甲状腺功能恢复或接近正常。由于硫脲类致使促甲状腺激素(TSH)反馈性分泌增多，使腺体增生，组织脆而充血，不利于手术，故于术前2周左右还须加服大量碘剂。

(3) 甲状腺危象的治疗：甲状腺危象的患者可因高热、虚脱、心力衰竭、肺水肿、电解质紊乱而死亡。此时除主要应用大剂量碘剂和采取其他综合措施外，大剂量硫脲类（常用丙硫氧嘧啶）可作为辅助治疗，以阻断甲状腺激素的合成。

【不良反应】

(1) 过敏反应：最常见，有皮疹、瘙痒和荨麻疹等轻度过敏。一般不需停药也可消失。

(2) 消化道反应：有厌食、呕吐、腹痛、腹泻等，偶见肝炎。

(3) 粒细胞缺乏：最严重的不良反应，常在治疗后2～3个月内出现，严重者可有咽痛、乏力、肌痛、发热、感染等，在治疗过程中需定期检查血常规。

(4) 医源性甲状腺肿及甲状腺功能减退症：长期使用硫脲类药物，可使血清甲状腺激素水平显著下降，反馈性增加TSH分泌而引起腺体代偿性增生、腺体增大、充血，严重的可出现压迫症状，即医源性甲状腺肿。

(5) 硫脲类药：易通过胎盘和进入乳汁，妊娠时慎用或不用，哺乳期妇女禁用；结节性甲状腺肿合并甲亢及甲状腺癌患者禁用。

二、碘及碘化物

【临床应用】

常用复方碘溶液含碘5%、碘化钾10%，也可单用碘酸钾、碘化钾或碘化钠。

(1) 小剂量：作为合成甲状腺激素的原料，小剂量的碘可用于治疗单纯性甲状腺肿，在食盐中按$1/10^5$～$1/10^4$的比例加入碘化钾或碘化钠可有效地防止发病。

(2) 大剂量：大剂量碘产生抗甲状腺作用，作用快而强。用药1～2 d起效，10～15 d达最大效应。此时若继续用药，反使碘的摄取受抑制、胞内碘离子浓度下降，因此失去抑制激素合成的效应，甲状腺功能亢进的症状又可复发。这就是碘化物不能单独用于甲状腺功能亢进内科治疗的原因。临床主要用于甲状腺功能亢进的手术前准备和甲状腺危象的治疗。

【不良反应】

少数患者对其发生过敏反应，严重者可因上呼吸道水肿或严重喉头水肿而窒息。也有部分患者发生碘中毒。长期使用可诱发甲状腺功能亢进。

三、放射性碘

【临床应用】

(1) 甲状腺功能亢进治疗：^{131}I适用于不宜手术、术后复发及抗甲状腺药治疗无效或过敏者。一般用药1个月后见效。

(2) 甲状腺功能检查：小剂量^{131}I可用于检查甲状腺功能。甲状腺功能亢进时摄碘率高，摄碘高峰时间前移；而甲状腺功能减退时相反。

【不良反应】

剂量过大易致甲状腺功能低下，可补充甲状腺激素对抗。孕妇、哺乳期妇女、年龄小于20岁、严重肝肾功能不全者、白细胞减少者不宜用^{131}I治疗。

四、β受体阻断药

临床主要用于甲状腺功能亢进及甲状腺危象的辅助治疗，与硫脲类药物合用则疗效迅速而显著。不能使用其他疗法的甲状腺功能亢进患者可单用本药控制症状。

知识拓展

单纯性甲状腺肿

单纯性甲状腺肿系由甲状腺非炎性或肿瘤性原因阻碍甲状腺激素(TH)合成而导致的代偿性甲状腺肿大。本病不伴有甲状腺功能亢进或减退的表现,甲状腺呈弥漫性或多结节性肿大。根据发病的流行情况,可分为地方性甲状腺肿和散发性甲状腺肿两种。前者流行于离海较远,海拔较高的山区,这些地区土壤、水源、食物中含碘甚少,是一种多见于世界各地的地方性多发病。后者散发于各地,如在青春期、妊娠期、哺乳期、寒冷、感染、创伤和精神刺激时,由于机体对TH的需要量增多,可诱发或加重甲状腺肿。

小 结

抗甲状腺激素药物总结如下:

种类和机制	代表药	临床应用
硫脲类(直接抑制甲状腺激素合成)	硫氧嘧啶类:甲硫氧嘧啶、丙硫氧嘧啶; 咪唑类:甲巯咪唑、卡比马唑、甲巯咪唑	① 内科治疗;② 手术前准备;③ 甲状腺危象
大剂量碘剂(减少甲状腺激素合成和释放)	复方碘溶液 碘化钾	① 术前准备;② 甲状腺危象;③ 碘缺乏防治
放射性碘(利用射线破坏腺体组织)	放射性碘^{131}I	① 甲状腺功能亢进治疗;② 甲状腺功能检查;③ 碘缺乏防治
辅助治疗药物(减轻甲亢症状)	β受体阻断药	① 甲状腺功能亢进辅助治疗;② 手术前准备;③ 甲状腺危象

【思考题】

(1) 抗甲状腺药有哪几类?各有何应用?

(2) 试述硫脲类药物的作用特点及主要不良反应。

(3) 不同剂量的碘和碘化物各有何作用?

(王冬艳)

第三十三章　胰岛素及其他降血糖药

学习要点

- **掌握**：胰岛素的药理作用、临床应用和不良反应。
- **熟悉**：口服降糖药的类别、临床应用和不良反应。
- **了解**：胰岛素的理化性质和常用制剂类型。

第一节　胰 岛 素

胰岛素口服无效，因易被消化酶破坏，因此所有胰岛素制剂都必须注射，皮下注射吸收快。为延长胰岛素的作用时间，可制成中效及长效制剂。这类制剂经皮下及肌内注射后，在注射部位发生沉淀，再缓慢释放、吸收。所有中、长效制剂均为混悬剂，不可静脉注射。

【药理作用】

（1）糖代谢：增加葡萄糖的转运，加速葡萄糖的氧化和酵解，促进糖原的合成和储存，抑制糖原分解和异生而降低血糖。

（2）脂肪代谢：能促进脂肪合成并抑制其分解，减少游离脂肪酸和酮体的生成。

（3）蛋白质代谢：增加氨基酸的转运和蛋白质的合成，抑制蛋白质的分解。

（4）促进 K^+ 内流：激活 Na^+-K^+-ATP 酶，促进 K^+ 进入细胞内纠正细胞内缺钾。

【临床应用】

（1）糖尿病：① 1 型糖尿病；② 经控制饮食及用口服降血糖药未能控制或因严重肝、肾功能损害不适合用口服降糖药的 2 型糖尿病；③ 糖尿病发生严重并发症者；糖尿病酮症酸中毒、非酮症高血糖高渗性昏迷、乳酸酸中毒伴高血糖；④ 糖尿病伴有合并症：糖尿病合并重度感染、消耗性疾病、高热、妊娠、创伤及手术等。

（2）纠正细胞内低钾：将葡萄糖、胰岛素、氯化钾组成极化液（GIK 溶液），促进 K^+ 内流，又可减少缺血心肌中的游离脂肪酸，用于防治心肌梗死时的心律失常。

【不良反应】

（1）低血糖反应：为胰岛素过量所致，胰岛素能迅速降低血糖，出现饥饿感、出汗、心率加快、焦虑、震颤等症状，严重者会引起昏迷、惊厥及休克，甚至导致脑损伤及死亡。长效胰岛素降血糖作用较慢，不出现上述症状，而以头痛、精神情绪障碍、运动障碍为主要表现。

为防止低血糖症的严重后果，应教会患者熟知反应，以便及早发现，及时妥善处理，此反应必须与酮症酸中毒性昏迷、非酮症高血糖高渗性昏迷鉴别。

（2）超敏反应：一般反应轻微而短暂，偶可引起过敏性休克。多数为使用牛胰岛素所致，可用人胰岛素或猪胰岛素代替。必要时可用 H_1 受体阻断药或糖皮质激素治疗。

（3）局部反应：可见注射部位皮肤发红、皮下硬结甚至脂肪萎缩，女性多于男性。应注意更换注射部位，应用高纯度胰岛素制剂后已较少见。

（4）胰岛素抵抗（IR）：机体对胰岛素的敏感性下降称为胰岛素抵抗。分两型：① 急性抵抗：常由并发感染、创伤、手术、情绪激动等应激状态所致。出现急性耐受时，需短时间内增加胰岛素剂量，使其达数千单位。② 慢性抵抗：原因较为复杂，可能是体内产生了抗胰岛素受体抗体。此时更换其他动物胰岛素制剂或改用高纯度胰岛素，并适当调整剂量常可有效。

第二节 口服降血糖药

一、磺 酰 脲 类

目前常用的磺酰脲类降糖药有三代：第一代有甲苯磺丁脲(甲苯磺丁脲)、氯磺丙脲；第二代有格列本脲(优降糖)、格列吡嗪(吡磺环己脲)；第三代主要有格列齐特(达美康)等。

【临床应用】

(1) 降血糖作用：该类药物可通过促进已合成的胰岛素释放入血而发挥降血糖作用，也称“促胰岛素分泌剂”。用于胰岛功能尚存30%以上的2型糖尿病且单用饮食控制无效者；也用于对胰岛素产生耐受的患者，可减少胰岛素的用量，但对1型糖尿病患者无效。

(2) 抗利尿作用：氯磺丙脲有抗利尿作用，可改善尿崩症患者症状。

(3) 对凝血功能的影响：格列齐特能降低血小板黏附力，刺激纤溶酶原的合成，改善微循环。对预防和减轻糖尿病患者微血管并发症有一定作用。

【不良反应】

常见不良反应为皮肤过敏、胃肠不适、嗜睡及神经痛，也可致肝损害，尤以氯磺丙脲为甚，少数患者有白细胞、血小板减少及溶血性贫血，因此需定期检查肝功能和血常规。较严重的不良反应为持久性的低血糖，常因药物过量所致。新型磺酰脲类降糖药较少引起低血糖。

二、双 胍 类

常用的有二甲双胍(甲福明)、苯乙双胍(苯乙福明)，两药作用相似，但前者较弱。

【临床应用】

本类药可明显降低糖尿病患者血糖，对正常人的血糖无影响。当胰岛功能完全丧失时，仍有降血糖作用。其用于轻症糖尿病患者，尤其适用于肥胖和单用饮食控制无效者。

【不良反应】

本类药物有乳酸性酸血症、酮血症等严重不良反应，宜严格控制其应用。其他不良反应尚有食欲下降、恶心、腹部不适、腹泻等；发生率较磺酰脲类为高。

三、胰岛素增敏药

本类药主要为噻唑烷酮类化合物，包括罗格列酮、吡格列酮、曲格列酮、恩格列酮等。

【临床应用】

本类药物能特异性提高机体对胰岛素的敏感性，降低血糖，保护胰岛B细胞功能，有效降低血脂，抑制血小板聚集、炎症反应和内皮增生，发挥抗动脉粥样硬化作用。其主要用于其他口服降糖药疗效不佳的2型糖尿病患者，尤其是伴有胰岛素抵抗的糖尿病患者。

【不良反应】

该类药低血糖发生率低，副反应主要有嗜睡、肌肉和骨骼痛、头痛、消化道症状等。值得注意的是曲格列酮对极少数高敏感人群具有明显的肝毒性，可引起肝功能衰竭甚至死亡。

四、α-葡萄糖苷酶抑制药及餐时血糖调节药

(1) 阿卡波糖：又名拜糖平，为新型口服降血糖药。可在小肠竞争性抑制葡萄糖苷酶，从而减慢多糖及蔗糖分解成葡萄糖的速度，减少和延缓葡萄糖的吸收，故可降低饭后血糖高峰。本品用于1型或2型糖尿病。主要不良反应有腹胀、腹痛、腹泻等消化道症状。

(2) 瑞格列奈：第一个餐时血糖调节剂，其降糖作用也是通过刺激胰岛素的分泌，该药口服吸收迅速，主要适用于 2 型糖尿病患者，老年糖尿病患者也可用，且适用于糖尿病肾病者。

第三节　其他新型降血糖药

一、以胰高血糖素肽-1(GLP-1)为作用靶点的药物

依克那肽以依赖于血糖增高的方式发挥其作用。其适用于采用二甲双胍、硫酰脲类制剂，或两种药物联合治疗达不到目标血糖水平的患者，不适用于 GLP-1 分泌有障碍患者。

二、胰淀粉样多肽类似物

醋酸普兰林肽可以延缓葡萄糖的吸收，抑制胰高血糖素的分泌，减少肝糖生成和释放，因而具有降低糖尿病患者体内血糖波动频率和波动幅度，改善总体血糖控制的作用。

知识拓展

胰岛素泵

胰岛素泵是一个形状、大小如同 BP 机，内装有一个放短效胰岛素储药器的装置。它通过灵敏的驱动马达缓慢地推动胰岛素从储药器经输注导管进入皮下。它可模拟人体健康胰腺分泌胰岛素的生理模式，具有基础率(微量、持续)，使给入的胰岛素更生理化(全天有波峰、波谷)、合理化等特点，改善了患者的生活质量，俗称“人工胰腺”。

小　结

胰岛素及其他降血糖药如下：

药　物		临　床　应　用
胰岛素		① 1 型糖尿病；② 饮食或口服降糖药不能控制的 2 型糖尿病；③ 伴有并发症的糖尿病；④ 酮症酸中毒、糖尿病昏迷
口服降糖药	胰岛素增敏药	2 型糖尿病及胰岛素抵抗
	磺酰脲类	胰岛功能尚存的轻中度 2 型糖尿病
	双胍类	轻症糖尿病尤其是肥胖者
	α-葡萄糖苷酶抑制药	餐后血糖控制不理想者

【思考题】

(1) 常用的胰岛素有哪些类型？如何使用？
(2) 临床使用胰岛素主要治疗哪些疾病？糖尿病的适应证有哪些？
(3) 口服降糖药有几类？主要用于何种糖尿病治疗？

(王冬艳)

第三十四章　抗菌药物概论

学习要点

- **掌握：**化学治疗、抗菌药物、抗菌谱、抗菌活性、最低抑菌浓度、最低杀菌浓度、化疗指数、抗菌后效应、耐药性的概念。
- **熟悉：**抗菌药物的作用机制和抗菌药物的合理应用原则。
- **了解：**耐药性的产生机制。

对细菌和其他微生物、寄生虫及肿瘤细胞所致疾病的药物治疗统称为化学治疗，简称化疗。抗微生物药是指用于治疗病原微生物所致疾病的药物，包括抗菌药、抗真菌药和抗病毒药。

在应用抗菌药物治疗感染性疾病过程中，应注意机体、病原体与药物三者在防治疾病中的相互关系。病原体可感染机体使其致病，而机体的反应性、免疫状态和防御功能对疾病的发生、发展与转归也有重要作用。

第一节　抗菌药物的常用术语

1. 抗菌药物　指一类对细菌有抑制或杀灭作用，用于防治细菌感染性疾病的药物，根据其来源不同，分为抗生素和人工合成抗菌药。

2. 抗生素　指由某些微生物(细菌、真菌、放线菌等)产生的、能杀灭或抑制其他微生物的物质，抗生素分为天然抗生素和人工半合成抗生素。

3. 抗菌谱　指抗菌药物的抗菌范围。窄谱抗菌药指仅对单一菌种或局限于一属细菌有抗菌作用的药物。广谱抗菌药指对多种病原微生物有效的抗菌药。近年新发展的青霉素类和头孢菌素类抗生素也有广谱抗菌作用。抗菌药物的抗菌谱是临床选药的基础。

4. 抗菌活性　指抗菌药抑制或杀灭病原微生物的能力。临床上常用 MIC 和 MBC 来评价抗菌药物的抗菌活性。在体外实验中，能够抑制培养基内细菌生长的最低浓度称之为最低抑菌浓度(MIC)；而能够杀灭培养基内细菌的最低浓度称之为最低杀菌浓度(MBC)。

5. 抑菌药　指仅具有抑制细菌生长繁殖而无杀灭细菌作用的药物，如四环素类等。

6. 杀菌药　指不仅能抑制细菌生长繁殖，而且能杀灭细菌的药物，如青霉素类等。

7. 化疗指数(CI)　评价化学治疗药物有效性与安全性的指标，常以化疗药物的动物半数致死量(LD_{50})与治疗感染动物的半数有效量(ED_{50})之比来表示，或以5%致死量(LD_5)和95%有效量(ED_{95})之比来评价。化疗指数越大，表明药物的毒性越小，临床应用价值越高。

8. 抗菌后效应(PAE)　指细菌与抗生素短暂接触后，当药物浓度下降，低于 MIC 或消失后，细菌生长在一定时间内仍受到持续抑制的效应。一般而言，PAE 时间较长的药物，其抗菌活性较强，PAE 是评价抗菌药物活性的重要指标之一。

9. 首次接触效应　指抗菌药物在初次接触细菌时有强大的抗菌效应，再度接触或连续与细菌接触，并不明显增加或再次出现这种效应，需要间隔相当时间(数小时)以后才会再起作用的现象。氨基糖苷类抗生素有明显的首次接触效应。

第二节　抗菌药物的作用机制

抗菌药物的作用机制主要是通过特异性干扰细菌的生化代谢过程，影响其结构和功能，使其丧失生长繁殖的能力从而达到抑制或杀灭细菌的作用。

1. 抑制细菌细胞壁合成　细菌的细胞膜外是一层坚韧的细胞壁，具有保护和维持细菌正常形态、维持细菌细胞内渗透压及正常功能的作用。青霉素类、头孢菌素类、万古霉素类等通过抑制细菌细胞壁的合成发挥抗菌作用。

2. 增加胞质膜的通透性　细菌或真菌胞质膜主要是由类脂质或磷脂和蛋白质分子构成的一种半透膜，具有渗透屏障和运输物质的功能。多黏菌素E、制霉菌素和两性霉素B等抗生素能与真菌胞质膜中特定成分结合，使胞质膜通透性增加，菌体内重要成分外漏，导致细菌死亡。

3. 抑制细菌蛋白质合成　蛋白质的合成包括起始、肽链延伸和终止3个阶段，不同的抗菌药物可通过抑制蛋白质合成的不同阶段发挥抗菌作用。氨基苷类抗生素可影响蛋白质合成的全过程，具有杀菌作用；四环素类可与30S亚基结合，阻碍肽链形成，大环内酯类、氯霉素和林可霉素可与50S亚基结合，阻碍肽链形成和延长，从而抑制细菌蛋白质的合成。

4. 影响细菌核酸代谢　喹诺酮类通过抑制细菌DNA回旋酶，产生杀菌作用。利福平通过特异性抑制以DNA为模板的RNA多聚酶，阻碍mRNA的合成，产生杀菌作用。

5. 影响细菌叶酸代谢　磺胺类与甲氧苄啶（TMP）可分别抑制细菌叶酸代谢过程中的二氢蝶酸合酶和二氢叶酸还原酶，影响四氢叶酸合成，导致核酸合成受阻，抑制细菌的生长繁殖。

第三节　细菌耐药性

细菌的耐药性又称抗药性，是指细菌与药物多次接触后，对药物的敏感性下降甚至消失，从而使药物对耐药菌的疗效降低或无效。耐药性产生的机制如下。

1. 产生灭活酶　细菌产生灭活酶使抗菌药物失去活性是产生耐药性最重要的机制之一。灭活酶主要包括β-内酰胺酶、钝化酶及其他酶类。

2. 降低细胞外膜通透性　细菌可以通过各种途径使抗菌药物不易进入菌体，产生耐药。

3. 抗菌药物作用靶位结构改变　细菌通过改变药物作用部位的靶位结构，降低其与抗菌药物的亲和力，从而使抗菌药物不能与之结合，产生耐药。

4. 改变代谢途径　细菌可通过改变自身代谢途径从而改变对营养物质的需要。如对磺胺类耐药的细菌，可通过增加对药物具有拮抗作用的底物PABA（对氨基苯甲酸）的产生而呈现耐药。

第四节　抗菌药物的合理应用原则

随着抗菌药物的广泛应用，许多感染性疾病得到了有效控制，但滥用抗生素现象也随之增多，耐药菌株和严重不良反应不断增加，因此，临床应用抗菌药物必须考虑以下几个基本原则：

1. 尽早确定病原菌　在疾病早期，应尽早从患者的感染部位、血液、痰液等取样培养分离致病菌，根据体外抗菌药物敏感试验结果选用合适的抗菌药物治疗。对于病情严重急需治疗的患者，应依据临床诊断选用适当药物治疗，同时进行药敏试验，根据试验结果调整用药。

2. 严格掌握适应证　临床应用抗菌药物一定要严格掌握适应证，对于病毒感染性疾病、不明原因发热患者均不宜使用抗菌药物。对于细菌感染，应根据抗菌药物的抗菌谱进行选用，除考虑抗菌药的抗菌作用的针对性外，还必须掌握药物的不良反应和体内过程与疗效的关系。

3. 严格控制抗菌药物的预防应用　抗菌药物的预防应用是为了防止细菌可能引起的感染，必须严格掌握适应证，控制用药种类、剂量和疗程等。

4. 抗菌药物的联合应用 联合用药的目的是减少用药剂量，提高疗效，降低其不良反应，延缓或避免耐药性的产生。联合用药指征：① 未明确病原菌的严重细菌感染；② 单一抗菌药物难以控制的混合感染；③ 药物不易渗透的部位感染；④ 长期用药易产生耐药性的感染；⑤ 联合用药可减少毒性较大抗菌药的剂量，减轻其不良反应等。

抗菌药物按其作用性质可分为四类：① 繁殖期杀菌剂（Ⅰ）：如β-内酰胺类、头孢菌素类；② 静止期杀菌剂（Ⅱ）：如氨基糖苷类、多黏菌素类；③ 快速抑菌剂（Ⅲ）：如四环素类、氯霉素类、大环内酯类；④ 慢速抑菌剂（Ⅳ）：如磺胺类。体外试验和动物实验已证明，联合应用上述不同类别药物时，可产生协同（Ⅰ＋Ⅱ）、拮抗（Ⅰ＋Ⅲ）、相加（Ⅲ＋Ⅳ）、无关或相加（Ⅰ＋Ⅳ）4 种效果。为达到联合用药的目的，可根据抗菌药物的作用性质进行适当的配伍。

知识拓展

抗生素后效应（PAE）的可能机制：确切机制尚未完全明确，其学说之一是抗生素与细菌短暂接触后，抗生素与细菌靶位持续性结合，引起细菌非致死性损伤，从而使其靶位恢复正常功能及细菌恢复再生长时间延长；学说之二是抗生素后促白细胞效应，系指抗生素与细菌接触后，菌体变形，易被吞噬细胞识别，并促进吞噬细胞的趋化和释放溶酶体酶等杀菌物质，产生抗生素与白细胞协同效应，从而使细菌损伤加重，修复时间延长。

小 结

抗菌药物是指一类对细菌有抑制或杀灭作用，用于防治细菌感染性疾病的药物。其抗菌作用机制包括抑制细菌细胞壁合成、增加胞质膜的通透性、抑制细菌蛋白质合成、影响细菌核酸代谢和叶酸代谢。但细菌也可通过产生灭活酶、降低胞膜通透性、改变抗菌药物作用靶位结构及改变代谢途径等产生耐药性。为避免或减少细菌耐药性的产生，临床应合理应用抗菌药物。

【思考题】

(1) 名词解释：① 化学治疗，② 抗菌药物，③ 抗菌谱，④ 抗菌活性，⑤ 最低抑菌浓度，⑥ 最低杀菌浓度，⑦ 化疗指数，⑧ 抗菌后效应。
(2) 试述抗菌药物的作用机制。

（王锦淳）

第三十五章 β-内酰胺类抗生素

学习要点

- **掌握**：掌握青霉素、头孢菌素类的抗菌谱、抗菌作用机制、临床应用、主要不良反应及防治措施。
- **熟悉**：半合成青霉素的分类及每类药物的抗菌作用特点。
- **了解**：其他β-内酰胺类抗生素的抗菌特点和临床应用。

β-内酰胺类抗生素是指化学结构中含有β-内酰胺环的一大类抗生素，包括青霉素类、头孢菌素类及其他β-内酰胺类。其具有杀菌活性强、范围广、毒性低、疗效高等优点。

β-内酰胺类抗生素的作用机制主要是作用于细菌菌体内的青霉素结合蛋白（PBPs），抑制转肽酶的活性，阻碍细菌细胞壁肽聚糖的合成，使细菌细胞壁缺损，水分内渗，菌体膨胀变形；同时激活细菌自溶酶，使细菌裂解而死亡。

第一节 青霉素类

青霉素类包括天然青霉素和人工半合成青霉素，基本结构由6-氨基青霉烷酸（6-APA）和侧链（R-CO）组成。其中，β-内酰胺环是保持其抗菌活性所必需的基团。

一、天然青霉素

青霉素G又名苄青霉素，其侧链为苄基，是从青霉菌的培养液中提取的5种青霉素（X、F、G、K、双H）之一，具有杀菌力强、毒性低、价格低廉、使用方便等优点。

青霉素G为一有机酸，常用其钠盐或钾盐，其干燥粉末在室温中稳定，保存数年仍具有抗菌活性。易溶于水，但水溶液在室温中极不稳定，易被酸、碱、醇、氧化剂、金属离子分解破坏，且不耐热，室温中放置24 h，大部分降解失效，并可生成有抗原性的降解产物青霉烯酸和青霉噻唑，极易引起过敏反应，故青霉素G应在临用前现配成水溶液。

青霉素G口服易被胃酸及消化酶破坏，一般采用肌内注射，也可静脉给药。吸收后主要分布于细胞外液，房水与脑脊液中含量较低，但炎症时青霉素较易进入脑脊液和眼，达到有效浓度。几乎全部以原形迅速经尿排泄，90%经肾小管分泌。丙磺舒可与青霉素竞争肾小管分泌，两药合用时能提高青霉素血药浓度，延长其作用时间。

【药理作用】

青霉素G为繁殖期杀菌剂，抗菌作用强，但抗菌谱较窄。对青霉素敏感的病原菌包括：① 大多数革兰阳性球菌，如溶血性链球菌、草绿色链球菌、肺炎球菌、敏感的金黄色葡萄球菌和表皮葡萄球菌等；对青霉素敏感，但产生青霉素酶的金黄色葡萄球菌对之高度耐药；② 革兰阳性杆菌，如白喉杆菌、炭疽杆菌、产气荚膜杆菌、破伤风杆菌、短棒菌苗、乳酸杆菌等；③ 革兰阴性球菌，如脑膜炎奈瑟菌、淋病奈瑟菌等；④ 螺旋体，如梅毒螺旋体、钩端螺旋体等；⑤ 放线菌，青霉素对阿米巴原虫、真菌、病毒、立克次体等无作用。

【临床应用】

首选用于敏感的革兰氏阳性球菌和杆菌、革兰氏阴性球菌及螺旋体感染的治疗。如溶血性链球菌感染引起的咽炎、扁桃体炎、中耳炎、猩红热、化脓性关节炎等；肺炎球菌引起的大叶性肺炎，急、慢性支气管炎，脓胸等；敏感的金黄色葡萄球菌引起的疖、痈、败血症等；草绿色链球菌引起的心内膜炎，因药物难透入，需大剂量静脉滴注才能有效；脑膜炎奈瑟菌引起的流行性脑脊髓膜炎等；也可用于放线菌引起的放线菌病，螺旋体感染引起的钩端螺旋体病、梅毒、回归热等。还可用于革兰氏阳性杆菌引起的破伤风、白喉、气性坏疽等，但使用时应加用抗毒素血清以中和外毒素。

【不良反应】

(1) 过敏反应：青霉素类最常见的不良反应。轻症表现为药疹、血清病样反应，但多不严重，停药后可消失。最严重的是过敏性休克，主要表现为呼吸衰竭和循环衰竭，如不及时抢救可危及生命。因此使用青霉素时，要高度注意防治过敏性休克。

主要防治措施：① 用药前应详细询问病史，包括用药史、药物过敏史、家族过敏史，有青霉素过敏史者禁用；② 使用青霉素及皮试前应做好急救准备，备好肾上腺素等急救药物和器材；③ 进行青霉素皮肤过敏试验，初次使用，用药间隔24 h以上或换批号者必须做青霉素皮肤过敏试验，反应阳性者禁用；④ 避免在饥饿时注射青霉素，避免滥用和局部用药；⑤ 注射液应临用现配，注射后观察30 min，无反应者方可离去。一旦发生过敏休克，应立即皮下或肌内注射肾上腺素0.5～1.0 mg，严重者稀释后缓慢静脉注射或静脉滴注，必要时加用糖皮质激素和抗组胺药，同时给予吸氧、补液、人工呼吸、气管切开等对症支持治疗。

(2) 赫氏反应：应用青霉素治疗梅毒、钩端螺旋体感染时，可有症状加剧现象，表现为全身不适、寒战、高热、咽痛、肌痛、心跳加快等症状，此反应可能是大量螺旋体被杀死后释放的代谢产物所引起，一般于开始治疗后6～8 h出现，12～24 h消失。

(3) 神经毒性：大剂量注射青霉素可引起肌肉痉挛、抽搐、昏迷等神经系统症状，偶可致癫痫样发作，也称青霉素脑病。

(4) 局部刺激：肌内注射时可出现局部红肿、疼痛、硬结，甚至引起周围神经炎。

二、半合成青霉素

青霉素虽具有高效、低毒等优点，但其不耐酸、不耐酶、抗菌谱窄和易引起过敏反应等缺点，限制了其临床应用。人们利用青霉素的母核6-氨基青霉烷酸，进行化学改造，接上不同侧链，合成了多种半合成青霉素，分别具有耐酸、耐酶、广谱等特点。其抗菌机制和不良反应与青霉素相似，与青霉素有交叉过敏反应。目前常用的半合成青霉素包括以下五类：

1. 耐酸青霉素 包括青霉素V和苯氧乙基青霉素。抗菌谱与青霉素相同，抗菌活性不及青霉素，耐酸、口服吸收好，但不耐酶，不宜用于严重感染。

2. 耐酶青霉素 常用的有苯唑西林、氯唑西林、双氯西林与氟氯西林，其共同特点是耐酸、耐酶、可口服，但抗菌作用不及青霉素G，主要用于耐青霉素G的金黄色葡萄球菌感染。

3. 广谱青霉素 本类药物的共同特点是耐酸、可口服，对革兰阳性菌和阴性菌都有杀菌作用，但不耐酶，对耐青霉素G的金黄色葡萄球菌感染无效。常用药物有氨苄西林、阿莫西林、匹氨西林等。

(1) 氨苄西林：对青霉素敏感的金黄色葡萄球菌的抗菌作用不及青霉素，但对肠球菌作用优于青霉素。对革兰阴性菌有较强的作用，与氯霉素、四环素等相似或略强，但不及庆大霉素与多黏菌素，对铜绿假单胞菌和耐药的金黄色葡萄球菌无效。主要用于伤寒，副伤寒，革兰阴性杆菌败血症，肺部、尿路及胆道感染等，严重者应与氨基苷类抗生素合用。

(2) 阿莫西林：抗菌谱和抗菌活性与氨苄西林相似，但对肺炎链球菌和变形杆菌的杀菌作用比氨苄西林强。用于治疗下呼吸道感染疗效优于氨苄西林。

(3) 匹氨西林：为氨苄西林的双酯，口服吸收比氨苄西林好，吸收后迅速水解为氨苄西林而发挥抗菌作用。正常人口服250 mg，其血、尿浓度较相当剂量的氨苄西林分别高3倍与2倍。

4. 抗铜绿假单胞菌广谱青霉素 本类药物都是广谱抗生素，其共同特点是不耐酸、不耐酶，不能口服，对耐药的金黄色葡萄菌无效，对大多数革兰阴性菌有效，尤其对铜绿假单胞菌作用强大。常用药物有羧苄西林、磺苄西林、替卡西林、哌拉西林等。

(1) 羧苄西林：抗菌谱与氨苄西林相似，对铜绿假单胞菌及变形杆菌作用较强。主要用于铜绿假单胞菌及大肠杆菌引起的各种感染，常与庆大霉素合用，但不能混合在同一容器中静脉注射。

(2) 哌拉西林：抗菌谱与羧苄西林相似，抗菌作用更强，对脆弱类杆菌和多种厌氧菌敏感。

5. 抗革兰阴性杆菌青霉素 本类药物对革兰阴性杆菌作用强，但对铜绿假单胞菌无效。临床上主要用于革兰阴性杆菌所致的尿路感染。常用药物有美西林、匹美西林、替莫西林等。

第二节 头孢菌素类

头孢菌素类是由真菌培养液中提取的头孢菌素C，水解得到其母核7-氨基头孢烷酸，再接上不同侧链而制成的半合成抗生素，具有抗菌谱广、杀菌力强、对β-内酰胺较稳定及过敏反应少等优点。根据其抗菌作用特点及临床应用不同，可分为四代头孢菌素(表35-1)。

表35-1 头孢菌素类药物作用特点及临床应用比较

分 类	名 称	作 用 特 点	临 床 应 用
第一代	头孢噻吩(先锋霉素Ⅰ) 头孢噻啶(先锋霉素Ⅱ) 头孢唑啉(先锋霉素Ⅴ) 头孢氨苄(先锋霉素Ⅳ) 头孢拉定(先锋霉素Ⅵ) 头孢羟氨苄	① 对革兰阳性菌作用强，对革兰阴性菌多不敏感；② 对β-内酰胺酶不稳定；③ 肾毒性较大	主要用于耐青霉素G的金黄色葡萄球菌感染及敏感菌引起的呼吸道和尿路感染、皮肤及软组织感染等
第二代	头孢孟多(头孢羟唑) 头孢呋辛 头孢替安 头孢克洛(头孢氯氨苄)	① 对革兰阳性菌作用不及第一代，对革兰阴性菌作用明显增强，对部分厌氧菌疗效较高；② 对β-内酰胺酶较稳定；③ 肾毒性比第一代小	主要用于敏感菌所致肺炎、胆道感染、菌血症、尿路感染和其他组织器官感染等
第三代	头孢噻肟 头孢曲松 头孢他啶 头孢哌酮 头孢克肟 头孢他美酯	① 对革兰阴性菌和厌氧菌作用较强，对革兰阳性菌作用不及第一、二代；② 对β-内酰胺酶高度稳定；③ 对肾基本无毒性	主要用于危及生命的败血症、脑膜炎、肺炎、脑膜炎等严重感染
第四代	头孢匹罗 头孢吡肟	① 广谱、高效，对革兰阴性和革兰阳性菌均有强大的抗菌作用；② 对β-内酰胺酶稳定性最高；③ 对肾无毒性	主要用于难治性感染及对第三代头孢菌素耐药的细菌感染

凡能口服的头孢菌素类各药均能耐酸，胃肠吸收好，其余需注射给药。头孢菌素吸收后，分布良好，能透入各种组织中，且易透过胎盘。第三代头孢菌素能分布至前列腺，眼房水和胆汁中浓度也较高，并可透过血-脑屏障，在脑脊液中达到有效浓度。多数头孢菌素的血浆$t_{1/2}$均较短(0.5～2.0 h)，但第三代中头孢曲松的$t_{1/2}$最长，可达8 h。

【药理作用】

头孢菌素类为杀菌药，作用机制与青霉素类相似，能与细胞壁上的青霉素结合蛋白结合，抑制转肽酶的活性，阻碍肽聚糖的形成，抑制细菌细胞壁的合成。细菌对头孢菌素类与青霉素类之间有部分交叉耐药现象。本类药物与青霉素类、氨基苷类抗生素之间有协同抗菌作用。

【临床应用】

常见药物的临床应用详见表35-1。

【不良反应】

较少，常见过敏反应，多表现为皮疹、荨麻疹等，罕见过敏性休克，但与青霉素类存在交叉过敏现象。口服给药可出现胃肠道反应，静脉给药可发生静脉炎。肾毒性强弱依次为第一代>第二代>第三代>第四代。头孢孟多、头孢哌酮等服药期间饮酒可出现双硫仑反应。

第三节 其他β-内酰胺类

其他β-内酰胺类包括头霉素类、碳青霉烯类、氧头孢烯类、单环β-内酰胺类和β-内酰胺酶的抑制剂。

1. 头霉素类 头霉素是从链霉菌的培养产物中获得的β-内酰胺类抗生素，化学结构与头孢菌素相似，分为A、B、C三型，C型抗菌作用最强。该药抗菌谱广，对革兰阳性和阴性菌作用均较强，对多种β-内酰胺酶稳定。目前临床应用广泛的是头孢西丁，其抗菌谱和抗菌活性与第二代头孢菌素相同，对厌氧菌高敏，适用于盆腔感染、妇科感染及腹腔等需氧与厌氧菌混合感染。

2. 碳青霉烯类 甲砜霉素是碳青霉烯类第一个药物，化学结构与青霉素相似，抗菌谱广，抗菌作用强，毒性低，但稳定性极差，无实用意义。将其结构改造后得到了亚胺培南，具有高效、广谱、耐酶、稳定等特点。临床所用制剂为本品与肾脱氢肽酶抑制剂西司他丁等量配比的复方注射剂，称为泰能，主要用于革兰阳性和阴性需氧菌和厌氧菌所致的各种严重感染。

3. 氧头孢烯类 拉氧头孢是氧头孢烯类的代表药物，具有与第三代头孢菌素相似的抗菌谱广和抗菌作用强的特点，对厌氧菌尤其脆弱类杆菌作用强，对β-内酰胺酶高度稳定。临床主要适用于呼吸道、胆道、妇科及尿路感染，还可用于脑膜炎、败血症。

4. 单环β-内酰胺类抗生素 氨曲南是第一个成功用于临床的单环β-内酰胺类抗生素，对需氧的革兰阴性菌具有强大杀菌作用，但对革兰阳性菌、厌氧菌耐药，属于窄谱抗生素。本品具有耐酶、低毒、对青霉素无交叉过敏等优点，可用于青霉素过敏患者，并常作为氨基苷类的替代品使用。

5. β-内酰胺酶抑制剂

(1) 克拉维酸：属氧青霉烷类，是广谱β-内酰胺酶抑制剂，抗菌谱广，但抗菌活性低，单用无效。常与β-内酰胺类抗生素合用，可通过抑制β-内酰胺酶，使后者的抗菌作用明显增强。临床使用的奥格门汀和替门汀，为克拉维酸分别与阿莫西林和替卡西林配伍的制剂。

(2) 舒巴坦：是半合成β-内酰胺酶抑制剂，化学稳定性优于克拉维酸。对金黄色葡萄球菌与革兰阳性杆菌产生的β-内酰胺酶有很强且不可逆抑制作用，抗菌作用略强于克拉维酸。与其他β-内酰胺类合用，有明显抗菌协同作用。优立新为舒巴坦和氨苄西林(1∶2)的混合物，可供肌内或静脉注射。舒巴哌酮为舒巴坦和头孢哌酮(1∶1)的混合物，可供静脉滴注。

知识拓展

青霉素的发现

青霉素是第一个用于临床的抗生素，它的发现者是英国的微生物学家弗莱明。1928年，弗莱明外出度假回来后偶然发现他培养的金黄色葡萄球菌培养皿中长出了一团绿色青霉菌，并且青霉菌周围的葡萄球菌菌落已被溶解，这意味着青霉菌的某种分泌物能抑制葡萄球菌。因此弗莱明将其分泌的抑菌物质称为青霉素。遗憾的是弗莱明一直未能找到提取高纯度青霉素的方法，一直到1939年，牛津大学的病理学家弗洛里和德国生物化学家钱恩经过不懈努力，终于用冷冻干燥法提取了青霉素晶体。1941年，他们用青霉素成功治愈了第一例葡萄球菌和链球菌混合感染患者，从此开启了抗生素治疗的新时代。1945年，弗莱明、弗洛里和钱恩因“发现青霉素及其临床应用”共同获得了诺贝尔生理学或医学奖。

小 结

β-内酰胺类抗生素是指化学结构中含有β-内酰胺环的一大类抗生素，包括青霉素类、头孢菌素类及其他β-内酰胺类。主要通过抑制细菌细胞壁的合成而起杀菌作用，具有抗菌活性强、毒性低、安全范围大等特点。青霉素G主要用于革兰阳性菌感染，最常见不良反应为过敏反应，严重时可发生过敏性休克，使用时要注意防治。半合成青霉素是利用青霉素的母核化学改造而成，分别具有耐酸、耐酶、广谱等特点。其抗菌机制和不良反应与青霉素相似，与青霉素有交叉过敏反应。头孢菌素类可分为四代，随代数增加，抗菌谱越来越广，抗菌活性越来越强，肾毒性越来越弱，对β-内酰胺酶的稳定性越来越高。

【思考题】

(1) 试述β-内酰胺类抗生素的抗菌作用机制。
(2) 青霉素最常见的不良反应是什么？如何防治？
(3) 半合成青霉素可分为哪几类？请写出各类药物的特点及常用药物。
(4) 头孢菌素分为几代？试比较各代头孢菌素的抗菌作用特点。

（王锦淳）

第三十六章　大环内酯类、林可霉素类及万古霉素、杆菌肽

学习要点

- **掌握**：大环内酯类抗生素的抗菌作用、作用机制、临床应用及主要不良反应。
- **熟悉**：林可霉素类和多肽类抗生素的抗菌作用、作用机制及临床应用。
- **了解**：红霉素、罗红霉素、克拉霉素、阿奇霉素等的抗菌作用特点。

第一节　大环内酯类抗生素

大环内酯类抗生素是指一类含有14～16元大环内酯环共同化学结构的具有抗菌作用的抗生素。目前临床应用的大环内酯类按其发展阶段可分为三代，分别是第一代：红霉素、麦迪霉素、乙酰螺旋霉素、交沙霉素及吉他霉素等；第二代：罗红霉素、克拉霉素、阿奇霉素等；第三代：泰利霉素和喹红霉素。

大环内酯类第一代药物主要对大多数革兰阳性菌和部分革兰阴性菌具有强大的抗菌活性，第二代药物扩大了抗菌范围，增加和提高了对革兰阴性菌的抗菌活性。大环内酯类通常具有抑菌作用，高浓度时表现为杀菌作用。其抗菌作用机制主要是不可逆的与细菌核糖体的50S亚基结合，抑制肽酰基移位酶和转肽酶，阻碍肽链延长，从而抑制细菌蛋白质合成。

一、红霉素

红霉素是由链霉菌培养液中提取得到的14元大环内酯类抗生素，碱性条件下作用增强。不耐酸，口服吸收少，临床一般用肠衣片或酯化物。吸收后可迅速分布于除脑脊液以外的各种体液和组织，胆汁中浓度约为血浆浓度的10倍。主要在肝脏代谢，经胆汁排泄。

【药理作用】

主要体现在抗菌作用：红霉素对革兰阳性细菌如金黄色葡萄球菌（包括耐药菌）、表皮葡萄球菌、链球菌等具有强大的抗菌作用，革兰阴性菌如脑膜炎奈瑟菌、淋病奈瑟菌、流感杆菌、百日咳杆菌、布氏杆菌、军团菌等对红霉素也都高度敏感。红霉素对某些螺旋体、肺炎支原体、立克次体和螺杆菌也有抗菌作用。金黄色葡萄球菌对红霉素可产生耐药性，大环内酯类抗生素之间有部分交叉耐药性。

【临床应用】

红霉素的抗菌效力不及青霉素，临床主要用于治疗耐青霉素的金黄色葡萄球菌感染和青霉素过敏患者，还用于上述敏感菌所致的各种感染，红霉素是军团菌病、支原体肺炎、沙眼衣原体所致婴儿肺炎及结肠炎、螺杆菌所致败血症或肠炎、白喉带菌者的首选药。

【不良反应】

主要是胃肠道反应，也可引起肝损害和血栓性静脉炎，个别患者可出现过敏反应。

二、罗红霉素

罗红霉素是近年用于临床的大环内酯类新品种，其抗菌谱和抗菌作用与红霉素相近，对革兰阳性菌作用较红霉素略差，对肺炎支原体和衣原体抗菌作用较强。口服吸收好，半衰期长（12～14 h）。临床用于敏感菌所致的呼吸道感染、泌尿生殖道感染、皮肤软组织感染、五官科感染，不良反应发生率低。

三、克拉霉素

克拉霉素是半合成的 14 元大环内酯类抗生素，其抗菌活性强于红霉素。本品对酸稳定，口服吸收完全，但首过消除明显，生物利用度仅 55%。

四、阿奇霉素

阿奇霉素是唯一半合成的 15 元大环内酯类抗生素，抗菌谱较红霉素广，增加了对革兰阴性菌的抗菌作用，对某些细菌表现为快速杀菌作用。口服吸收好，半衰期为大环内酯类中最长者，每日仅需用药一次，不良反应轻。

第二节　林可霉素类抗生素

林可霉素类包括林可霉素和克林霉素。两者具有相同的抗菌谱和抗菌作用机制，体内分布广，骨组织浓度高。由于克林霉素抗菌作用更强、口服吸收好且毒性较小，故临床较为常用。

【药理作用】

抗菌谱与红霉素相似，克林霉素的抗菌活性比林可霉素强 4～8 倍。两药对各类厌氧菌均具有强大的抗菌作用，对需氧革兰阳性菌有显著活性，对部分需氧革兰阴性球菌和沙眼衣原体也有抑制作用，但对革兰阴性杆菌、肠球菌、肺炎支原体等不敏感。

抗菌作用机制与大环内酯类相同，主要与细菌核糖体 50S 亚基结合，抑制肽酰基转移酶，使蛋白质肽链的延伸受阻，从而抑制细菌蛋白质合成。

【临床应用】

主要用于厌氧菌引起的口腔、盆腹腔和妇科感染，也可用于需氧革兰阳性球菌引起的呼吸道、胆道、骨及关节感染及败血症和心内膜炎等，首选用于治疗金黄色葡萄球菌引起的急、慢性骨髓炎。

【不良反应】

两药口服或注射均可引起胃肠道反应，一般反应轻微。长期用药可出现严重的假膜性肠炎。

第三节　万古霉素、杆菌肽

一、万古霉素类

万古霉素类属糖肽类抗生素，包括万古霉素、去甲万古霉素和替考拉宁。此类抗生素口服难吸收，肌内注射局部刺激性大，只能静脉给药。

【药理作用】

万古霉素类对革兰阳性菌，尤其对 MRSA(耐甲氧西林的金黄色葡萄球菌)和 MRSE(耐甲氧西林的表皮葡萄球菌)作用强大，且不易产生耐药性。其抗菌作用机制为与细胞壁前体肽聚糖结合，阻碍细菌细胞壁合成，属于繁殖期杀菌剂。

【临床应用】

临床仅用于严重的革兰阳性菌感染，特别是 MRSA、MRSE 和肠球菌所致感染，如败血症、心内膜炎、骨髓炎、呼吸道感染等。口服给药用于治疗假膜性肠炎和消化道感染。

【不良反应】

万古霉素和去甲万古霉素耳毒性、肾毒性较大，替考拉宁较小。万古霉素静脉滴注速度过快时可出现“红人综合征”，去甲万古霉素和替考拉宁很少出现。

二、杆 菌 肽

杆菌肽是从枯草杆菌培养液中分离得到的多肽类抗生素，主要成分为杆菌肽 A。该药对革兰阳性菌有强大的抗菌作用，对产青霉素酶的金黄色葡萄球菌也有作用，对革兰阴性球菌、螺旋体、放线菌也有一定作用。作用机制主要为选择性抑制细菌细胞壁合成过程中的脱磷酸化，阻碍细菌细胞壁合成。细菌对其耐药产生缓慢，与其他抗生素无交叉耐药性。由于该药口服不吸收，全身用药可出现严重的肾损害，临床仅局部用于革兰阳性菌引起的皮肤感染。

知识拓展

红人综合征

服用万古霉素后可出现红人综合征。临床表现为皮肤黏膜呈红色或橙色，面部、颈及躯干红斑性充血、瘙痒等。其机制为因原形药物及代谢产物呈橘红色、在机体内使组胺释放，导致尿、粪便、唾液、泪液、汗液、痰染成橘红色或红色。

小 结

大环内酯类抗生素均含有 14～16 元大环内酯环的共同母核，以红霉素为代表药，抗菌机制为抑制细菌肽酰基移位酶和转肽酶，阻止肽链延长，抑制细菌蛋白质合成。临床上主要用于耐青霉素的金黄色葡萄球菌感染和青霉素过敏患者，以及支原体、衣原体、军团菌等引起的感染。林可霉素类主要用于金黄色葡萄球菌引起的急、慢性骨髓炎；万古霉素因其毒性较大，主要用于严重的革兰阳性菌感染。

【思考题】

(1) 试述红霉素的抗菌谱和临床应用。
(2) 试述林可霉素类药物的抗菌作用特点。

（王锦淳）

第三十七章　氨基糖苷类抗生素及多黏菌素

学习要点

- **掌握**：氨基糖苷类抗生素共同特性。
- **熟悉**：常用氨基糖苷类抗生素的作用特点和临床应用。
- **了解**：多黏菌素的特点及应用。

第一节　氨基糖苷类抗生素

一、氨基糖苷类抗生素的共性

氨基糖苷类抗生素的化学结构基本相似，因此具有共同特点，如水溶性好，性质稳定；此外，在抗菌谱、抗菌机制、血清蛋白结合率、胃肠吸收、经肾排泄，不良反应等方面也有共性。

【药理作用】

氨基糖苷类抗生素是快速杀菌药，属静止期杀菌药。具有如下杀菌特点：① 杀菌作用呈浓度依赖性；② 具有明显的抗生素后效应；③ 具有首次接触效应；④ 在碱性环境中抗菌活性增强。

氨基糖苷类对各种需氧革兰阴性菌(如大肠杆菌、克雷伯菌属、肠杆菌属、变形杆菌属等)具有高度抗菌活性，对革兰阴性球菌(如淋球菌、脑膜炎球菌)的作用较差。铜绿假单胞菌只对庆大霉素、阿米卡星、妥布霉素敏感，其中以妥布霉素为最强。金黄色葡萄球菌包括耐青霉素菌株对之甚为敏感。结核杆菌对链霉素、卡那霉素、阿米卡星均敏感。

【不良反应】

(1) 耳毒性：临床反应可分为两类：一为前庭功能损害，有眩晕、恶心、呕吐、眼球震颤和平衡障碍，另一为耳蜗神经损害，表现为听力减退或耳聋。必须指出耳聋性的许多自觉症状并不明显，但经仪器监测显示有前庭功能或听力损害的“亚临床耳毒性”反应的发生率则可达 10%～20%，最先影响为高频听力，随后逐渐波及低频部分。耳毒性发生机制可能是内耳淋巴液中药物浓度过高，损害内耳柯蒂器内、外毛细胞的糖代谢和能量利用，导致内耳毛细胞膜上钾钠离子泵发生障碍，终使毛细胞的功能受损。

为防止和减少耳毒性反应，在治疗过程中应注意观察耳鸣、眩晕等早期症状的出现，进行听力监测，并根据患者的肾功能(肌酐清除率等)及血药浓度来调整用药剂量。除非必要，应避免与高效利尿药或其他耳毒性药物合用。

(2) 肾毒性：氨基糖苷类主要经肾排泄并在肾(尤其是皮质部)蓄积，主要损害近曲小管上皮细胞，但不影响肾小球，临床化验可见蛋白尿、管形尿、尿中红细胞、肾小球滤过减少，严重者可发生氮质血症及无尿等。年老、剂量过高及与其他肾毒性药物(如呋塞米、多黏菌素、两性霉素 B 等)合用时容易发生肾功能损害。

(3) 神经肌肉阻断作用：各种氨基糖苷类抗生素均可引起，虽较少见，但有潜在性危险。与剂量及给药途径有关，如静滴速度过快或同时应用肌肉松弛剂与全身麻醉药。重症肌无力者尤易发生，可致呼吸停止。其机制是乙酰胆碱的释放需 Ca^{2+} 的参与，药物能与突触前膜上“钙结合部位”结合，从而阻止乙酰胆碱释放。当出现神经肌肉麻痹时，可用钙剂或新斯的明治疗。

(4) 过敏反应：氨基糖苷类可以引起嗜酸粒细胞增多、各种皮疹、发热等过敏症状，也可引起严重过敏性休克，尤其是链霉素引起的过敏性休克发生率仅次于青霉素 G，应引起警惕。

二、常用氨基糖苷类抗生素

1. 链霉素 因毒性与耐药性问题，限制了它的临床应用。目前临床主要用于：① 鼠疫与兔热病，对此链霉素(与四环素合用)是首选药。② 布氏杆菌病，链霉素与四环素合用也有满意的效果。③ 细菌性心内膜炎，对草绿色链球菌引起者，以青霉素合并链霉素为首选；对肠球菌引起者，也需青霉素、链霉素合用治疗，但部分菌株对链霉素耐药，可改用庆大霉素或妥布霉素等。④ 结核病，链霉素为最早的抗结核病药，现仍有应用，但必须与其他抗结核药联合应用，以延缓耐药性的发生。

链霉素对肾脏的毒性为氨基糖苷类中最轻者，但肾功能不全者仍应慎用。

2. 庆大霉素 庆大霉素是目前临床最为常用的氨基糖苷类。广泛用于治疗敏感菌的感染：① 严重革兰阴性杆菌的感染如败血症、骨髓炎、肺炎、腹膜感染、脑膜炎等，庆大霉素是首选药；② 铜绿假单胞菌感染，庆大霉素常与羧苄西林合用可获协同作用，但两药不可同时混合滴注，因后者可使本药的活力降低；③ 病因未明的革兰阴性杆菌混合感染，庆大霉素与广谱半合成青霉素类(羧苄西林或哌拉西林等)或头孢菌素联合应用可以提高疗效；④ 与青霉素联合治疗肠球菌心内膜炎；与羧苄西林、氯霉素联合治疗革兰阴性杆菌心内膜炎；⑤ 庆大霉素口服可用于肠道感染或肠道术前准备；⑥ 庆大霉素局部用于皮肤、黏膜表面感染，眼、耳、鼻部感染，但因可致光敏感反应，大面积应用易致吸收毒性，故少做局部应用。

不良反应有前庭神经功能损害，但较链霉素少见，对肾脏毒性则较多见。

3. 妥布霉素 最突出的是对铜绿假单胞菌作用较庆大霉素强 2～4 倍，并且对庆大霉素耐药者仍有效，主要用于各种严重的革兰阴性杆菌感染，但一般不作为首选药。对铜绿假单胞菌感染或需较长时间用药者，如感染性心内膜炎，以选用妥布霉素为宜。

4. 阿米卡星 最突出的是对绝大多数钝化酶稳定。其抗菌谱为本类药物中最宽的。主要用于治疗对其他氨基糖苷类耐药菌株(包括铜绿假单胞菌)所致的感染，如对庆大霉素、卡那霉素耐药株引起的尿路、肺部感染，以及铜绿假单胞菌、变形杆菌所致的败血症。

5. 奈替米星 适用于尿路、肠道、呼吸道、皮肤软组织、骨和关节、腹腔及伤口部分的感染。奈替米星的耳、肾毒性是氨基糖苷类抗生素中最低者，但仍宜注意。

第二节 多黏菌素类抗生素

临床使用的为多黏菌素 B 和多黏菌素 E。

多黏菌素类属窄谱抗生素，只对革兰阴性杆菌尤其是铜绿假单胞菌有强大的抗菌作用。此类抗生素能使胞质膜通透性增加，导致菌体内的蛋白质、核苷酸、氨基酸、糖和盐类等外漏，从而使细菌死亡。对繁殖期和静止期的细菌均有杀菌作用。

临床上主要用于治疗各种革兰阴性杆菌特别是铜绿假单胞菌感染，但毒性较大，仅用于其他抗生素无效的患者。其水溶液可供创面局部使用。毒性较大，主要表现为肾及神经系统反应。其中以多黏菌素 B 多见，后者已少用。

知识拓展

氨基糖苷类抗生素不良反应

前庭功能损害发生率依次为：新霉素(已少用)＞卡那霉素＞链霉素＞西索米星＞庆大霉素＞妥布霉素＞奈替米星。

耳蜗神经损害发生率依次为：新霉素＞卡那霉素＞阿米卡星＞西索米星＞庆大霉素＞妥布霉素＞链霉素。

肾的毒性顺序为：新霉素＞卡那霉素＞妥布霉素＞链霉素，奈替米星肾毒性很低。

小　结

(1) 氨基糖苷类抗生素主要不良反应是耳毒性和肾毒性，为防止和减少耳毒性反应，在治疗过程中应注意观察耳鸣、眩晕等早期症状的出现，进行听力监测，并根据患者的肾功能(肌酐清除率等)及血药浓度来调整用药剂量，应避免与高效利尿药或其他耳毒性药物合用。

(2) 氨基糖苷类抗生素不应与其他药物在同一个注射器混合，以免药效降低；应选择生理盐水作为溶媒，切勿用葡萄糖溶液，防止发生混浊、沉淀。

【思考题】

(1) 试述氨基糖苷类抗生素的共同特点。
(2) 试述庆大霉素和羧苄西林合用产生协同作用的意义和药理学基础。

(王冬艳)

第三十八章　四环素类及氯霉素类

学习要点

● **掌握：**四环素及氯霉素的抗菌特点、临床应用及不良反应。

第一节　四环素类抗生素

四环素类药物分为天然和半合成两大类。目前常用的有四环素、多西环素。

一、四 环 素

四环素口服能与含金属离子药物、牛奶等食物形成络合物而妨碍吸收。酸性药物可促进四环素吸收，碱性药物可影响其吸收。吸收后可沉积于骨及牙组织内，不易透过血-脑屏障。

【药理作用】

主要体现在抗菌作用：四环素能抑制细菌蛋白质的合成，抗菌谱极广，对革兰阳性和革兰阴性细菌均有抑制作用，对肺炎支原体、立克次体、衣原体、螺旋体、放线菌及阿米巴原虫等也有抑制作用。

【临床应用】

四环素现临床应用较少，主要用于立克次体、支原体、衣原体、回归热螺旋体等感染的治疗；也可用于布氏杆菌病。对幽门螺杆菌引起的胃、十二指肠溃疡有显著疗效。

【不良反应】

(1) 局部刺激：口服有刺激作用，引起恶心、呕吐等症状。静脉给药可引起静脉炎。

(2) 二重感染：长期大量应用四环素等广谱抗菌药，导致敏感菌受抑制，不敏感菌乘机大量生长繁殖，体内菌群间的平衡关系失调，引发新的感染。常见白色念珠菌引起的鹅口疮、金黄色葡萄球菌引起的肠炎，严重者可致假膜性肠炎。

(3) 影响骨、牙生长：四环素类抗生素可与新生骨及牙齿中的钙结合，造成骨的发育抑制、牙齿黄染及牙釉质发育不全。故孕妇、哺乳期妇女及 8 岁以下儿童慎用或禁用。

(4) 其他反应：大剂量长期应用可引起肝损害。偶见皮疹、血管神经性水肿等变态反应。

二、多 西 环 素

多西环素口服吸收迅速而完全，受食物影响小，$t_{1/2}$较长，一般感染每日服药 1 次即可。

【药理作用】

主要体现在抗菌作用：本品抗菌谱和四环素相似，作用较四环素强 2～10 倍，具有长效、速效、高效的特点。耐天然四环素类和耐青霉素的金黄色葡萄球菌、化脓性链球菌、大肠杆菌等对本药敏感。主要用于敏感菌所致的上呼吸道、胆道感染和斑疹伤寒、恙虫病、支原体肺炎等。

【不良反应】

主要不良反应常见胃肠道刺激症状及皮疹，二重感染少见。静脉注射时，可出现舌麻木及口腔异味感。易致光敏反应，应因患者用药后注意皮肤暴露部位避光。

第二节　氯霉素类抗生素

【药理作用】

主要体现在抗菌作用：抗菌谱广，对革兰阳性(G^+)和革兰阴性(G^-)菌均有抑制作用，尤对沙门菌、脑膜炎奈瑟菌、肺炎链球菌等作用强。对立克次体、衣原体、支原体和一些厌氧菌等也有效。本药通过抑制蛋白质的合成发挥作用。

【临床应用】

氯霉素由于不良反应严重，现主要局部应用于各种敏感菌所致的眼内感染、沙眼和结膜炎等。全身应用可治疗伤寒、副伤寒和立克次体病、敏感菌所致的严重感染。

【不良反应】

(1) 抑制骨髓造血功能：本品最严重的毒性反应，常见可逆性粒细胞减少、血小板减少。少数人会发生不可逆的再生障碍性贫血。故应严格掌握用药指征，注意疗程和剂量。

(2) 灰婴综合征：早产儿、新生儿由于肝脏葡萄糖醛酸结合氯霉素的能力较低，或伴肾功能不全，造成氯霉素蓄积中毒，表现为循环衰竭、进行性血压下降、呼吸困难、全身灰色发苷(灰婴由此得名)，新生儿尤其是早产儿、妊娠末期及哺乳期妇女及肝肾功能不佳者慎用。

(3) 其他：6-磷酸脱氢酶缺乏的患者则容易诱发溶血性贫血。可引起胃肠道反应、视神经炎、精神失常。少数人可发生皮疹等变态反应。长期服用可使维生素K合成受阻和二重感染。

知识拓展

长期反复使用四环素，会影响牙齿的发育和形成，不但使牙齿变黄，还会引起牙釉质发育不良(牙齿表面不光滑，出现小凹陷)或牙齿畸形。四环素着色的牙齿常有牙齿的钙化不良，因此更容易发生磨损，更容易患龋齿。四环素类药物不仅会使乳牙受影响，还会累及恒牙。而且往往是恒牙着色更深，受损害更大。据调查，四环素引起的乳牙变色发病率为49.40%，恒牙的发病率则高达75.63%。

小　结

四环素和氯霉素的抗菌特点、临床应用和不良反应如下：

项　目	四　环　素	氯　霉　素
抗菌谱	广谱，对G^+菌较强	广谱，对G^-菌较强
机制	抑制细菌蛋白质的合成	抑制细菌蛋白质的合成
耐药性	易耐药	易耐药
临床应用	立克次体、衣原体、螺旋体、支原体感染	伤寒、副伤寒及细菌性眼部感染
不良反应	胃肠道反应、二重感染、影响骨牙生长、肝肾损害、过敏反应等	抑制骨髓造血功能、灰婴综合征、二重感染、过敏反应等

【思考题】

(1) 影响四环素吸收的因素有哪些？

(2) 试述四环素的主要临床应用及不良反应。

(崔丽蓉)

第三十九章　人工合成抗菌药

学习要点

- **掌握：**喹诺酮类药物的临床应用和不良反应。
- **熟悉：**磺胺类药物的抗菌谱、临床应用、不良反应及甲氧苄啶的增效机制。
- **了解：**硝基呋喃和硝基咪唑类药物的特点和应用。

第一节　喹诺酮类抗菌药

一、喹诺酮药物概述

氟喹诺酮类药的共同特点：① 具有独特的抗菌机制，能选择性地抑制革兰阴性细菌DNA螺旋酶或革兰阳性细菌拓扑异构酶Ⅳ，与其他抗生素无交叉耐药性，但本类药物之间有交叉耐药性。② 抗菌谱广，抗菌活性强，对革兰阴性杆菌包括铜绿假单胞菌均有很强的抗菌活性。多数药物对金黄色葡萄球菌有较强的抗菌作用。某些药物如斯帕沙星对厌氧菌、衣原体、支原体、军团菌及结核杆菌也具较强的抗菌活性。③ 口服吸收好，组织穿透力强，体内分布广，体液及组织内浓度高。④ 不良反应轻微。较易发生光敏反应，与茶碱或NSAID合用易产生中枢毒性。

二、常用喹诺酮类药物的特点

1. 诺氟沙星　又名氟哌酸，是第一个氟喹诺酮类药，抗菌谱广，对革兰阴性菌极为有效。临床主要用于敏感菌所致的胃肠道、泌尿道感染，也可外用治疗皮肤和眼部的感染。

2. 环丙沙星　抗菌谱广，体外抗菌活性为目前在临床应用喹诺酮类中最强，对铜绿假单胞菌、流感嗜血杆菌、大肠杆菌等革兰阴性菌的活性高于多数氟喹诺酮类药物，多数厌氧菌对其不敏感。主要用于革兰阴性杆菌所致的呼吸道、泌尿生殖道、消化道、骨与关节和皮肤软组织的感染。

3. 氧氟沙星　除保留了环丙沙星的抗菌特点和良好的抗耐药菌外，尚对结核杆菌、沙眼衣原体和部分厌氧菌有效。主要用于治疗敏感菌所致的上、下呼吸道，泌尿生殖道，胆道，皮肤软组织及盆腔感染，还用作治疗结核病的二线药与其他抗结核药合用。

4. 左氧氟沙星(可乐必妥)　对葡萄球菌、链球菌和厌氧菌、支原体、衣原体的体外抗菌活性强于环丙沙星。临床用于敏感菌引起的各种急、慢性感染，难治性感染。

5. 洛美沙星　口服吸收好，生物利用度达99%。主要用于治疗敏感菌引起的呼吸道、泌尿道、消化道、皮肤、软组织和骨组织感染。但在所有氟喹诺酮类药物中最易发生光敏反应。

6. 司帕沙星　具有强大的穿透力，肝肠循环明显。临床用敏感细菌所致的呼吸系统、泌尿生殖系统和皮肤软组织感染，也可用于骨髓炎和关节炎等。易发生光敏反应、心脏毒性和中枢神经毒性。临床严格控制使用。

7. 氟罗沙星　具有广谱、高效和长效的特点。主要治疗敏感菌所致的呼吸系统、泌尿生殖系统、胃肠道及皮肤软组织感染。

8. 莫西沙星　第四代喹诺酮类的代表药，对多数阳性和阴性菌、厌氧菌、结核杆菌、衣原体和支原体具有很强抗菌活性；临床用于上述细菌所致的呼吸道、泌尿道及皮肤软组织感染。不良反应少。

第二节　磺胺类抗菌药

一、磺胺类药物概述

磺胺类药物是最早用于全身性细菌感染的化疗药物，临床上现已大部分被抗生素和喹诺酮类药所取代，但对某些感染性疾病仍具有良好的疗效，故在抗感染药物中仍占有一定的地位。抗菌谱较广，对大多数革兰氏阳性菌和阴性菌有良好的抗菌作用。但对病毒、立克次体、支原体无作用。局部外用磺胺类药对铜绿假单胞菌有效。近年来，耐药的菌株日益增多。抗菌机制为抑制二氢蝶酸合酶，妨碍二氢叶酸合成，从而抑制细菌的生长、繁殖。

本类药物主要在肝脏内代谢为乙酰化物，乙酰化磺胺及原形经肾排泄，乙酰化物和原形药在酸性尿液中溶解度较低，易形成结晶，造成肾损害。

二、常用的磺胺类药物

1. 用于全身性感染的磺胺类药

(1) 磺胺嘧啶(SD)：治疗流行性脑脊髓膜炎的首选药物，也适用于治疗尿路感染。但在尿中易析出结晶，需注意对肾的损害。

(2) 磺胺甲噁唑(SMZ)：又名新诺明，适用于治疗尿路感染。在酸性尿液中可析出结晶而损害肾，需注意碱化尿液。

2. 用于肠道感染的磺胺类药

柳氮磺吡啶(SASP)

口服吸收较少，对结缔组织有特殊的亲和力并从肠壁结缔组织中释放出磺胺吡啶而起抗菌、抗感染和免疫抑制作用。适用于治疗非特异性结肠炎，长期服用可防止发作。也可用于治疗类风湿性关节炎。由于疗程长，易发生恶心、呕吐、皮疹及药热等反应。

3. 外用磺胺类药

(1) 磺胺米隆(SML)：又名甲磺灭脓，能迅速渗入创面及焦痂中，并能促进创面上皮生长愈合及提高植皮成活率。适用于烧伤和大面积创伤后感染。

(2) 磺胺醋酰(SA)：其钠盐水溶液(15%～30%)接近中性，局部应用几乎无刺激性，穿透力强。用于治疗沙眼、结膜炎和角膜炎等。

第三节　其他合成抗菌药

一、甲氧苄啶(TMP)

抗菌机制：抑制二氢叶酸还原酶而影响叶酸的合成，与磺胺类药物合用，可在叶酸代谢途径中的两个环节同时起阻断作用(双重阻断)，故又称为抗菌增效药。

TMP 常与 SMZ 或 SD 合用。治疗呼吸道感染、尿路感染、肠道感染、脑膜炎、败血症等。对伤寒、副伤寒疗效不低于氨苄西林，也可与长效磺胺类药合用于耐药恶性疟的防治。

TMP 毒性较小，大剂量(0.5 g/d 以上)长期用药可致轻度可逆性血常规变化如白细胞减少、巨幼红细胞性贫血，必要时可注射四氢叶酸治疗。

二、硝基呋喃类药物

1. 呋喃妥因 主要用于敏感菌所致的急性肾炎、肾盂肾炎、膀胱炎、前列腺炎、尿道炎等。本药剂量过大或肾功能不全者可引起严重的周围神经炎。

2. 呋喃唑酮 主要用于肠炎和菌痢，也可用于尿路感染、伤寒、副伤寒等。

三、硝基咪唑类药物

一组对原虫及厌氧菌具有良好作用的药物，除甲硝唑和替硝唑外，还有以奥硝唑为代表的第三代硝基咪唑类衍生物。

甲硝唑（灭滴灵）具有抗厌氧菌作用，对需氧菌无效。用于敏感菌引起的腹腔和盆腔感染、牙周感染、鼻窦炎、骨髓炎、脓毒性关节炎、脓胸、肺脓肿等治疗；对幽门螺杆菌感染的消化性溃疡及四环素耐药的难辨梭菌所致的假膜性肠炎有特效；亦是治疗阿米巴病、滴虫病和破伤风的首选药（详见第四十二章相关内容）。

知识拓展

光毒性反应

光毒性是指在无害的阳光照射剂量下产生的异常的皮肤反应。内服或局部接触光感药物后，吸收较多的中波及长波紫外线达到一定能量时造成细胞损伤，使暴露在光线下的皮肤在日晒后的几分钟或几小时内产生轻度的光毒性反应，其症状类似于日晒斑或日光性皮炎。而且引发皮肤癌的风险也比常人更大。这种由光激发的药物反应具有剂量依赖性。少儿、老人、女性及免疫功能受损者更容易发生。可引起光毒性的药物有：喹诺酮类抗菌药物、四环素类、磺胺类、非甾体抗炎药、胺碘酮、氢氯噻嗪、氯丙嗪等。

小 结

人工合成抗菌药的作用机制及注意事项如下：

种 类	机 制	应 用 注 意
氟喹诺酮类	抑制DNA回旋酶和拓扑异构酶Ⅳ	软骨损害，小于18岁禁用
磺胺类	抑制二氢叶酸合成酶——干扰细菌代谢	全身性感染需注意对肾的损害；用于肠道感染的磺胺类药易发生胃肠道和过敏反应；外用磺胺类药防止其刺激性
甲氧苄啶	抑制二氢叶酸还原酶	长期用药可致巨幼红细胞性贫血，必要时可注射四氢叶酸治疗
硝基咪唑类	抑制敏感菌的DNA合成	动物实验有致畸作用，故妊娠早期不宜应用。用药期间禁饮酒

【思考题】

(1) 试述氟喹诺酮类药物的共同特点。

(2) 为什么磺胺类与甲氧苄啶配伍使用抗菌作用增强？

(3) 试述甲硝唑的临床应用。

（王冬艳）

第四十章　抗真菌药及抗病毒药

学习要点

- **掌握**：两性霉素 B、唑类、氟胞嘧啶、特比奈芬等抗真菌药的临床应用、不良反应。
- **了解**：阿昔洛韦、利巴韦林、齐多夫定等药的作用特点。

第一节　抗真菌药

抗真菌药根据化学结构的不同一般分为 4 类：抗生素类，如两性霉素 B；唑类，如酮康唑；丙烯胺类，如特比奈芬；嘧啶类，如氟胞嘧啶。

一、抗生素类

两性霉素 B

又名庐山霉素，临床多采用缓慢静脉滴注给药。不易透过血-脑屏障。

【药理作用】

主要体现在抗菌作用：该药为广谱抗真菌药，对多种深部真菌（如新型隐球菌等）均有强大抑制作用。它能与真菌细胞膜特有脂质麦角固醇结合，导致真菌细胞内物质外漏而死亡。人体内的肾小管细胞和红细胞的膜上有类固醇，故本品易引起肾脏毒性和溶血反应。

【临床应用】

本药是治疗全身性深部真菌感染的首选药。静脉给药可用于治疗真菌性心内膜炎、肺炎和尿路感染，治疗真菌性脑膜炎时，需加用小剂量鞘内注射。口服可用与肠道真菌感染。

【不良反应】

静脉滴注不良反应较多，急性反应常见于滴注开始或数小时内发生高热、恶心、呕吐、血压下降、心动过速、心室颤动和电解质紊乱。慢性反应主要表现为不同程度的肝毒性、肾毒性和血液系统毒性。

二、唑　　类

1. 酮康唑　酮康唑是第一个口服广谱抗真菌药，该药对多种浅部真菌作用强，对深部真菌作用不及两性霉素 B。主要用于浅部真菌和深部真菌感染以及顽固性有皮损的体癣、股癣和足癣。也可用于真菌性败血症等。不良反应主要有恶心、呕吐、肝功能损害甚至肝坏死。

2. 氟康唑　氟康唑属三唑类抗真菌药。该药为广谱抗真菌药，对念珠菌属、隐球菌属均有明显的抗菌活性，临床上主要用于各种念珠菌、新型隐球菌引起的脑膜炎及艾滋病患者口腔、消化道念珠菌病，是治疗艾滋病患者急性隐球菌脑膜炎首选。还可治疗各种皮肤癣、甲癣，也可用于预防器官移植、白血病、白细胞减少症等患者发生真菌感染。

三、丙烯胺类

特比奈芬

在皮肤角质层可长时间维持较高浓度。主要对各种浅部真菌如表皮癣菌屑、小孢子菌属、毛癣菌属等有杀菌作用，对白色念珠菌亦有抑制作用。适用于治疗甲癣、体癣、手足癣、股癣等癣病，用本药治疗指甲真菌病12周，治愈率可达90%。

四、嘧啶类

氟胞嘧啶

抗菌谱较窄，只对隐球菌素、念珠菌属等具有较高抗菌活性，对着色菌、少数曲霉菌属具有一定的抗菌活性。主要用于治疗白色念珠菌、新型隐球菌和芽生菌等敏感菌株所致的深部真菌感染，临床上常与两性霉素B合用可发挥协同作用，减少复发。

第二节　抗病毒药

一、抗疱疹病毒药

阿昔洛韦和伐昔洛韦

具有强大的抗疱疹病毒作用，对单纯疱疹病毒及水痘带状疱疹病毒选择性较高，为治疗单纯疱疹病毒感染的首选药。主要用于单纯疱疹病毒引起的口唇疱疹、口腔性溃疡、疱疹性角膜炎、生殖器疱疹，对疱疹病毒脑炎和带状疱疹也具有较好疗效。

不良反应较少，可见胃肠反应、皮疹等。滴眼及外用有局部轻微疼痛；静脉滴注可致静脉炎。

二、抗艾滋病病毒药

1. 核苷类反转录酶抑制药

齐多夫定

主要用于无症状HIV感染或与其他药物合用治疗进展期HIV感染，也可用于AIDS相关综合征治疗。常见不良反应包括呕吐、腹泻、头痛、头昏、乏力等，也可发生贫血、白细胞减少、血小板减少、皮疹、胸痛、口腔溃疡、便血、抑郁、听觉障碍等。罕见乳酸性酸中毒和肝大伴脂肪变性。有肝肾功能损害。

2. 非核苷类反转录酶抑制药

地拉韦啶

常与其他反转录酶抑制药联用治疗HIV感染。常见不良反应包括头痛、疲乏等。可引起脂肪重新分布出现向心性肥胖、库欣综合征样外貌和乳腺增生等。

3. HIV蛋白酶抑制药

利托那韦

对齐多夫定耐药的HIV株也有效。可单独或与核苷类反转录酶抑制药合用治疗晚期或非进行性HIV感染。常见不良反应有恶心、呕吐、腹泻、厌食、味觉异常、感觉异常等。部分患者出现胆固醇、尿酸等升高和肝功能异常，严重肝病患者禁用。

三、抗流感病毒药

1. 金刚烷胺　金刚烷胺作用于病毒复制早期，主要用于甲型流感的防治，对已发病者可改善症状，也可用于帕金森病的治疗。不良反应包括焦虑、失眠，少数老年患者出现幻觉、癫痫。

2. 利巴韦林　利巴韦林又名病毒唑，具有广谱抗病毒作用，对甲、乙型流感病毒，呼吸道合胞病毒，甲、丙型肝炎病毒，麻疹病毒，乙型脑炎病毒，流行性出血热病毒，腺病毒等多种RNA和DNA病毒均有抑制作用。主要不良反应有腹泻、头痛、乏力、白细胞减少等，并有致畸作用。

四、其　　他

干扰素

美国食品与药品监督管理局批准的第一个抗肝炎病毒药物，与利巴韦林联合应用较单用效果更好。干扰素具有广谱抗病毒活性，除了用于病毒性肝炎治疗，还用于急性病毒感染性疾病。全身用药可出现一过性发热、恶心、呕吐、倦怠、肢端麻木感，偶有骨髓抑制、肝功能障碍，但反应为一过性，停药后即消退。

知识拓展

鸡尾酒疗法，原指“高效抗逆转录病毒治疗”(HAART)，由美籍华裔科学家何大一于1996年提出，是通过3种或3种以上的抗病毒药物联合使用来治疗艾滋病。该疗法的应用可以减少单一用药产生的抗药性，最大限度地抑制病毒的复制，使被破坏的机体免疫功能部分甚至全部恢复，从而延缓病程进展，延长患者生命，提高生活质量。该疗法把蛋白酶抑制剂与多种抗病毒的药物混合使用，从而使艾滋病得到有效的控制。

小　结

真菌感染一般可分为两类：浅部真菌感染和深部真菌感染。前者常由各种癣菌引起，主要侵犯皮肤、毛发、指(趾)甲等，发病率高，病情常较轻，常用药物有灰黄霉素、制霉菌素、特比奈芬、咪康唑和克霉唑；后者常由白色念珠菌和新型隐球菌引起，主要侵犯内脏器官和深部组织，发病率虽低，但病情常危重。常用药物有两性霉素 B、咪唑类、氟胞嘧啶。

【思考题】

(1) 试述两性霉素 B 的抗真菌作用和临床应用。
(2) 常用的抗病毒药有哪些？各有什么特点？

（崔丽蓉）

第四十一章　抗结核病药与抗麻风病药

学习要点

- **掌握**：一线抗结核药异烟肼、利福平、乙胺丁醇的抗菌作用、作用机制、临床应用。
- **熟悉**：抗结核病的应用原则。
- **了解**：二线抗结核药和抗麻风病药的临床应用。

第一节　抗结核病药

目前临床应用的抗结核病药种类很多，依照疗效、毒副反应和患者耐受情况把抗结核病药分为两类：① 作用强、不良反应少的通常作为一线抗结核病药，如异烟肼、利福平、乙胺丁醇、吡嗪酰胺、链霉素等。② 二线抗结核病药主要因作用较弱、毒性较大，作为复治患者配伍用药，包括对氨基水杨酸、丙硫异烟胺、卷曲霉素等。

一、一线抗结核病药

1. 异烟肼　异烟肼又名雷米封。口服吸收快而完全，穿透力强，大部分在肝脏被代谢为乙酰异烟肼、异烟酸等，异烟肼乙酰化的速度有明显的人种和个体差异。分为快代谢型和慢代谢型。

【药理作用】

(1) 抗菌作用：对结核分枝杆菌有高度选择性，既有杀菌也有抑菌作用，对其他病原体无抗菌作用。单独用药易产生耐药性，因此临床常联合用药。

(2) 药物间相互作用：有肝药酶抑制作用，可影响苯妥英钠、香豆素类口服抗凝药的代谢，使后者血药浓度增高。合用利福平可使肝损害加重。尤其是已有肝功能损害者或为异烟肼快乙酰化者，因此在疗程的前 3 个月应密切随访有无肝毒性征象出现。含铝制酸药可延缓并减少异烟肼口服后的吸收，使血药浓度降低，故应避免两者同时服用。

【临床应用】

治疗各种类型的结核病的首选药物。除预防或治疗早期轻症肺结核外，对急性粟粒性肺结核、结核性脑膜炎等，多与利福平等其他抗结核药联合应用，以增强疗效，延缓耐药性的产生。

【不良反应】

(1) 神经系统反应：多见于肝慢乙酰化代谢型患者。可引起：① 周围神经炎，表现为四肢麻木、肌肉震颤等；② 中枢神经系统症状，表现为失眠、精神错乱等，同服维生素 B_6 可防治。

(2) 肝损害：多见于肝快乙酰化代谢型患者。大剂量或长期用药时，表现为转氨酶升高，可见黄疸，与利福平合用时更易发生。用药期间应定期检查肝功能，肝功能不全者慎用。

(3) 其他：可有食欲缺乏、头痛、眩晕，偶见皮疹、发热等。

2. 利福平　利福平又名甲哌力复霉素，为砖红色结晶性粉末。具有低毒、口服方便等优点。口服吸收迅速而完全，食物可减少其吸收，穿渗透性强，约 60%经粪与尿排泄，患者的尿、粪、泪液、痰均可染成橘红色。

【药理作用】

(1) 抗菌作用：利福平为广谱抗菌药，高浓度时杀菌，低浓度时抑菌。对结核分枝杆菌、麻风分枝杆菌和革兰阳性球菌特别是耐药金黄色葡萄球菌有强抗菌活性。对革兰阴性菌如大肠杆菌、变形杆菌及军团菌、厌氧菌、沙眼衣原体和某些病毒也有作用。

(2) 药物间相互作用：利福平为肝药酶诱导剂，可加速肾上腺皮质激素、口服避孕药、双香豆素、甲苯磺丁胺的代谢；利福平增加乙胺丁醇视力损害，增加异烟肼的肝损害；对氨基水杨酸延缓利福平吸收，两者合用时，应至少间隔 6 h。

【临床应用】

联合使用，治疗各种类型的结核病。对耐药金黄色葡萄球菌和其他敏感菌感染也有良效。局部给药可用于沙眼、病毒性角膜炎的治疗。本药还可用于麻风病的治疗。

【不良反应】

常见有恶心、呕吐、厌食等。大剂量长期使用可出现黄疸、肝大、转氨酶升高等。个别患者出现药热、皮疹，偶见白细胞减少和溶血性贫血，有致畸胎作用，孕妇禁用。

3. 乙胺丁醇　该药选择性抑制结核分枝杆菌，对异烟肼或链霉素等有耐药性的结合杆菌仍有效。主要与异烟肼、利福平合用治疗各型结核病。不良反应少，连续大量用药可引起球后神经炎，表现为视野缩小、视力减迟、颜色分辨率减弱甚至色盲等。

4. 吡嗪酰胺　对细胞内生长缓慢的结核分枝杆菌有效，在 pH 较低的条件下，抗菌活性较强，对异烟肼和链霉素耐药的结核分枝杆菌仍有作用。与异烟肼、利福平有协同作用。长期大量用药时可发生肝损害、高尿酸血症等不良反应。

5. 链霉素　链霉素为最早用于抗结核病的药物，对结核分枝杆菌有较强抗菌作用，但穿透力弱，对细胞内结核杆菌无效，也不易透过血-脑屏障、纤维化及干酪样结核病灶。主要用于治疗各种严重的或危及生命的结核杆菌感染，主要不良反应是肾毒性和耳毒性。

二、二线抗结核病药

对氨基水杨酸

该药抗菌谱较窄，除结核杆菌外对其他分枝杆菌和细菌、病毒等均无作用。抗结核作用较弱，其优点是不易产生耐药性，故常与异烟肼、利福平或链霉素联用以增强疗效，延缓耐药性的产生。但同服可影响利福平的吸收。本品毒性小，但不良反应的发生率高达 10%～30%。常见恶心、呕吐、胃烧灼感等胃肠道反应，甚至可致溃疡和出血，饭后服药可减轻反应。长期大量使用可见肝大及压痛、氨基转移酶升高、胆汁淤滞等。

三、抗结核病药的应用原则

1. 早期用药　早期病灶内结核杆菌繁殖活跃，对药物敏感，血液循环好，药物易渗入；患者机体抵抗力和修复功能较强，组织易修复；故早期用药效果较佳。

2. 联合用药　因为结核杆菌易耐药，为延缓耐药性的产生，提高疗效、降低毒性，常将两种或两种以上药物联合应用。一般以异烟肼为基础与其他抗结核药联用，根据具体病情、结核分枝杆菌对药物的敏感性等，采用二联、三联甚至四联治疗方案。

3. 适量用药　用药剂量要个体化，以最佳疗效、最小不良反应为目标。

4. 全程规律用药　对各类结核病采用强化期和继续期全程规范用药治疗，以确保疗效，预防耐药和复发。如初治活动性肺结核，可采用 2HRZS(E)/4HR 的 6 个月治疗方案，即强化期 2 个月用异烟肼、利福平、吡嗪酰胺、链霉素(或乙胺丁醇)每日 1 次，继续期 4 个月用异烟肼、利福平每日 1 次。如复治涂阳肺结核化疗，采用 2HRZES/6HRE 的 8 个月治疗方案。对营养不良、恶性病而免疫功能低下者，宜用 12 个月疗程，对选药不当，不规则治疗或细菌产生耐药，可选用或增加二线药联合，复发而有并发症者，宜用 18～24 个月治疗。

第二节 抗麻风病药

氯苯砜

对麻风杆菌有较强的直接抑制作用，是治疗麻风病的首选药。麻风杆菌对砜类可产生耐药性，因而须采用联合疗法以减少耐药性的发生，减少复发和较快消除其传染性。对多菌型患者的联合疗法采用WHO推荐的方案：氨苯砜100 mg/d自服，利福平及氯苯吩嗪每月1次分别为600 mg与300 mg监测监督服药，疗程2年或查菌阴转后，再继续治疗1年并随访观察。

较常见的不良反应为贫血，偶可引起急性溶血性贫血，G－6－PDH缺乏者尤易发生。有时出现胃肠道刺激症状、头痛、失眠、中毒性精神病及过敏反应。剂量过大还可引起肝损害及剥脱性皮炎。治疗早期或增量过快，患者可发生麻风症状加剧的反应（麻风反应），一般认为是机体对菌体裂解产生的磷脂类颗粒的过敏反应，多认为是预后良好的现象。

知识拓展

异烟肼抑制分枝菌酸（结合杆菌细胞壁的重要且专有成分）的合成，使结核菌细胞壁的屏障作用受损，抗结核病作用突出，跨细胞膜穿透能力强，毒性较小，是目前临床抗结核病的首选药。使用时应与其他抗结核药（异烟肼＋利福平为最主要的联合用药）联合应用以减少或延缓耐药性。长期大量使用可引起中枢神经系统毒性，可用维生素B_6对抗。

小 结

异烟肼、利福平、乙胺丁醇的抗菌作用、作用机制、临床应用如下：

项 目	异 烟 肼	利 福 平	乙 胺 丁 醇
抗菌作用	选择作用活动期结核杆菌	广谱抗菌，作用强	耐药的结核杆菌
作用机制	抑制结核杆菌DNA合成和分枝菌酸合成	阻碍细菌mRNA的合成	干扰细菌RNA的合成
临床应用	各种类型的结核病，除早期轻症肺结核或预防应用外，均联合用药	联合使用治疗各类结核病及重症患者。对麻风病、耐药金黄色葡萄球菌及衣原体、支原体感染亦有效	与异烟肼和利福平联合应用治疗结核病
不良反应	神经毒性、过敏反应、肝损害	胃肠道症状、肝损害、致畸	视神经炎、胃肠道症状、肝损害

【思考题】

(1) 在结核病防治中异烟肼有哪些特点？有哪里不良反应？其中枢毒性作用如何防治？

(2) 一线抗结核病药中哪些药物有肝脏损坏作用？如何避免其肝毒性？

（崔丽蓉）

第四十二章 抗寄生虫药

学习要点

- **掌握**：① 氯喹的药理作用、临床应用、耐药性和不良反应；② 奎宁、甲氟喹、青蒿素等药物的作用特点；③ 伯氨喹的作用特点、应用和不良反应；④ 乙胺嘧啶的药理作用和临床应用。甲硝唑、替硝唑的药理作用、临床应用和不良反应；⑤ 二氯尼特的作用特点与应用；⑥ 甲苯哒唑和阿苯哒唑的临床应用和不良反应。
- **了解**：① 各类抗疟药的作用环节；② 常用抗血吸虫病、抗丝虫病的药物。

第一节 抗 疟 药

疟疾是由疟原虫引起的、雌性按蚊传播的寄生虫性传染病，致病的疟原虫主要有间日疟原虫、恶性疟原虫、三日疟原虫和卵形疟原虫四种，分别引起间日疟、恶性疟、三日疟和卵形疟。其中，间日疟和卵形疟又称为良性疟。按蚊叮咬将疟原虫孢子体感染入人体，其在人体内的生活史包括红细胞外期，红细胞内期 2 个不同时期。不同生长阶段的疟原虫对不同的抗疟药敏感性不同，根据作用环节的不同，临床所用的抗疟药主要分为以下三类。

一、主要用于控制症状的药物

通过杀死红细胞内期的裂殖体控制症状和预防性抑制症状发作。

1. 氯喹

【药理作用与临床应用】

(1) 抗疟作用：氯喹(chloroquine)对各种疟原虫红细胞内期的裂殖体均有较强的杀灭作用，能迅速有效地控制疟疾的临床发作。对间日疟原虫，卵形疟原虫和三日疟原虫的配子体有中等作用，但对恶性疟的配子体无效。对红细胞外期的疟原虫无效。临床可用于控制疟疾的急性发作和根治恶性疟。

(2) 其他作用：氯喹能够杀灭阿米巴滋养体，也可用于阿米巴肝脓肿的治疗。此外由于其免疫抑制作用，大剂量用于类风湿关节炎、系统性红斑狼疮等。

【耐药性】

耐药株内的氯喹浓度降低，寄生虫编码的药物外流可能是相应的机制。大部分恶性疟原虫对氯喹耐药，间日疟原虫在亚太地区也已经出现氯喹耐药株。

【不良反应】

氯喹在合适剂量和推荐适用时间内的使用时不良反应较少。大剂量使用时可导致视网膜病，表现为视力障碍，应定期作眼科检查。

2. 奎宁

【药理作用与临床应用】

奎宁抗疟作用与氯喹相似，对各种疟原虫的红细胞内期裂殖体均有杀灭作用，能有效控制临床症状；对红细胞外期疟原虫和恶性疟的配子体无明显作用，疗效不及氯喹且毒性较大，主要用于治疗耐氯喹或耐多药的恶性疟。

【不良反应】

治疗剂量下常见金鸡纳反应，包括耳鸣、头痛、恶心、头晕、脸红和视力模糊等。还可通过刺激胰岛素的分泌导致低血糖。用药过量或静脉滴注速度过快时，可致低血压和致死性心律失常，少数特异性体质患者则可发生急性溶血。

3. 青蒿素及其衍生物　青蒿素对各种疟原虫红细胞内期裂殖体有强大而快速的杀灭作用，可迅速控制临床症状，使疟原虫在48 h内从血中消失。作用机制尚未完全阐明。对红细胞外期疟原虫无效。临床用于治疗间日疟和恶性疟，特别是对氯喹和其他多种药物耐药的恶性疟。对凶险的脑型疟也有良好的抢救效果。用量不足或疗程不够时复发率高，加大剂量或延长疗程，或与伯氨喹合用，可降低复发率。

二、主要用于阻止复发和传播的药物

伯氨喹对间日疟和卵形疟肝脏中的休眠子有较强的杀灭作用，与红细胞内期抗疟药合用，能根治间日疟和卵形疟，也能杀灭各种疟原虫的配子体，阻止各型疟疾的传播，为目前控制疟疾复发和阻止疟疾传播的首选药。对红细胞内期的疟原虫无效。毒副反应较大是其缺点。少数特异性体质患者还可发生急性溶血性贫血或高铁血红蛋白血症。

三、主要用于病因性预防的药物

乙胺嘧啶能选择性抑制疟原虫的二氢叶酸还原酶，进而抑制叶酸的合成，仅抑制增殖的疟原虫裂殖体，对成熟的裂殖体无效，起效缓慢。对配子体无效，对虫体内的孢子体的发育有抑制作用。临床主要用于疟疾的病因性预防。与磺胺类药物或砜类合用可起增效作用。单剂量或间歇治疗时少见不良反应，长期大剂量服用可引起巨细胞性贫血、粒细胞减少，可用甲酰四氢叶酸治疗。

第二节　抗阿米巴病药

阿米巴病是痢疾阿米巴感染引起的，来自污染的食物或水的阿米巴包囊在大肠转变成滋养体，可导致无症状的肠道感染，轻中度结肠炎、痢疾、阿米巴瘤，以及肝脓肿等其他肠外感染。

1. 甲硝唑

【药理作用与临床应用】

(1) 抗阿米巴作用：甲硝唑对肠内、肠外阿米巴滋养体有强大杀灭作用，治疗急性阿米巴痢疾和肠道外阿米巴感染效果显著，但对肠腔内的阿米巴原虫和包囊无效。

(2) 抗滴虫病：甲硝唑是治疗阴道毛滴虫感染的首选药物。

(3) 抗厌氧菌作用：对革兰阳性或革兰阴性厌氧杆菌和球菌都有较强的抗菌作用。

(4) 抗贾第鞭毛虫作用：甲硝唑是治疗贾第鞭毛虫的有效药物，治愈率可达90%。

【不良反应】

该药的不良反应较少，常见的有头痛、恶心、口干和金属味感。胰腺和中枢神经系统毒性不常见。甲硝唑干扰乙醛代谢，服药期间和停药后不久，应严格禁止饮酒。孕妇禁用。

2. 依米丁和去氢依米丁　可有效杀灭阿米巴滋养体，但由于这两个药物的毒性大，依米丁和去氢依米丁仅用于严重阿米巴病和甲硝唑不能使用的情况。去氢依米丁由于其毒性较小更为常用。

3. 二氯尼特糠酸酯　二氯尼特糠酸酯为目前最有效的肠腔阿米巴包囊杀灭剂，常与组织阿米巴杀灭剂合用，治疗严重肠外和肠内阿米巴感染。二氯尼特无严重不良反应，肠胃气胀较常见。孕妇禁用。

4. 巴龙霉素　巴龙霉素为在胃肠道无显著吸收的氨基糖苷类抗生素，仅用于杀灭肠腔阿米巴包囊。

第三节　抗血吸虫病和抗丝虫病药

一、抗血吸虫病药

吡喹酮对曼氏血吸虫、埃及血吸虫和日本血吸虫的成虫有迅速而强效的杀灭作用，对幼虫的作用弱，是当前治疗各型血吸虫病的首选药物。对其他吸虫，如华支睾吸虫、布氏姜片虫、卫氏并殖吸虫也有显著杀灭作用。对各种绦虫感染和其幼虫引起的猪囊尾蚴病、棘球蚴病也有不同程度的疗效。不良反应少且短暂。

二、抗丝虫病药

乙胺嗪对班氏丝虫和马来丝虫均有杀灭作用，且对马来丝虫的作用优于班氏丝虫，对微丝蚴的作用优于成虫，能使血中微丝蚴迅速肝移。不良反应轻微且短暂，但因成虫和微丝蚴死亡释出大量异体蛋白引起的过敏反应则较明显。

第四节　抗肠蠕虫药

1. 甲苯达唑　甲苯达唑为广谱驱肠虫药，可用于蛔虫、鞭虫、钩虫和蛲虫及其他蠕虫感染的治疗。

2. 阿苯达唑　阿苯达唑为高效、低毒的广谱驱肠虫药，能杀灭多种肠道线虫、绦虫和吸虫的成虫及虫卵，用于多种线虫混合感染，疗效优于甲苯达唑。

3. 哌嗪　哌嗪对蛔虫、蛲虫具有较强的驱虫作用，可导致虫体弛缓性麻痹，主要用于驱除肠道蛔虫，治疗蛔虫所致的不完全性肠梗阻和早期胆道蛔虫病。不良反应轻。

其他抗肠虫药还有左旋咪唑、噻嘧啶、恩波吡维胺、氯硝柳胺、吡喹酮等。

知识拓展

杀　虫　药

对体外寄生虫具有杀灭作用的药物称为杀虫药，可以进行局部用药和全身用药，但因本类药物对虫卵无效，应间隔一定时间重复用药。可分为：① 有机磷酸酯类杀虫药：杀虫谱广、残效期短，兼有触毒、胃毒和内吸作用，代表性药物有敌百虫、敌敌畏、皮蝇磷、氧硫磷、倍硫磷；② 拟菊酯类杀虫药：杀虫谱广、高效、速效、残效期短、毒性低、对其他杀虫药耐药的昆虫也有杀灭作用，但性质均不稳定，不能口服或注射给药。常用药物为胺菊酯、氯菊酯、溴氰菊酯；③ 大环内酯类杀虫药：阿维菌素类药物具有高效驱杀线虫、寄生性昆虫和螨的作用，一次用药可同时驱杀体内外寄生虫；米尔倍霉素类药物，尤其莫细菌素和米尔倍霉素肟被广泛应用；④ 其他杀虫药：如双甲脒、氯苯醚等。

小　结

抗寄生虫药的作用特点如下：

药物		作用特点
抗疟药	氯喹	红细胞内期裂殖体：可杀灭间日疟原虫、蛋形疟原虫、三日疟原虫和氯喹敏感恶性疟原虫；对氯喹耐药的恶性疟无效 配子体：对间日疟原虫，卵形疟原虫和三日疟原虫的配子体有中等作用；对恶性疟的配子体无效 肝脏期：无效
	奎宁	红细胞内期裂殖体：日疟原虫、蛋形疟原虫、三日疟原虫、氯喹敏感恶性疟原虫和氯喹耐药恶性疟原虫 配子体：无效 肝脏期：无效
	青蒿素	红细胞内期裂殖体：日疟原虫、蛋形虐原虫、三日虐原虫、氯喹敏感恶性疟原虫和氯喹耐药恶性疟原虫 肝脏期：无效
	伯氨喹	红细胞内期裂殖体：弱或无效 配子体：可杀灭日疟原虫、蛋形虐原虫、三日虐原虫和恶性疟原虫的配子体 肝脏期：对所有人疟原虫的肝脏阶段有杀灭作用
	乙胺嘧啶	红细胞内期裂殖体：抑制增殖的疟原虫裂殖体 配子体：对配子体无效，但可抑制虫体内孢子体发育 肝脏期：抑制增殖的疟原虫裂殖体
抗阿米巴病药	甲硝唑	可杀灭阿米巴的滋养体，但是对包囊无效
	二氯尼特	最有效的肠腔阿米巴包囊杀灭剂
抗肠蠕虫药	甲苯达唑	广谱抗口服驱肠虫药，用于蛔虫、鞭虫、钩虫和蛲虫及其他蠕虫感染

【思考题】

(1) 试述抗疟药的分类及作用特点。如何根治间日疟和卵形疟？

(2) 阿米巴肝脓肿可用哪些药物治疗？阿米巴痢疾伴有肠外阿米巴病时可用哪些药物治疗？为什么？无症状排包囊者用何药治疗？

(3) 试述分别用于抗血吸虫病、抗丝虫病及抗肠蠕虫病的主要药物及其特点。

（李　巍）

第四十三章　抗恶性肿瘤药

学习要点

- **掌握**：细胞毒类抗肿瘤药的应用原则。
- **熟悉**：细胞增殖周期动力学与抗肿瘤药物的作用机制对设计联合用药方案的意义。
- **了解**：① 抗肿瘤药物的分类及依据；② 常用细胞毒类抗肿瘤药物的主要作用机制、临床应用和不良反应；③ 目前临床应用的非细胞毒类抗肿瘤药物主要是通过哪些途径发挥抗肿瘤作用。

第一节　抗恶性肿瘤药的药理学基础

一、抗肿瘤药物的作用机制

1. 细胞毒类抗肿瘤药的作用机制　肿瘤组织主要由增殖细胞群和非增殖细胞群组成，后者又包含静止期细胞（G_0期细胞）和无增殖力细胞。增殖细胞群不断按指数分裂增殖，是肿瘤增长的指标。细胞毒类药物可导致包括正常组织和肿瘤组织在内的广泛的损伤。

生长比率（GF）：增殖细胞群在肿瘤全部细胞群的比例。增长迅速的肿瘤（如急性白血病）GF 值较大，接近 1，对药物敏感，药物疗效也好，反之则疗效差。同一种肿瘤，早期的 GF 值较大，药物疗效也较好，晚期则疗效差。

细胞周期特异性药物（CCSA）：仅对增殖周期的某些时相敏感而对 G_0期细胞不敏感的药物，如甲氨蝶呤等抗代谢药物主要作用于 S 期，长春碱、长春新碱和紫杉醇等主要作用于 M 期。这些药物在细胞进入有丝分裂时最为有效，增殖细胞比率大的肿瘤对它们更为敏感。

细胞周期非特异性药物（CCNSA）：这类药物能杀灭处于细胞增殖周期各个时相的细胞甚至包括 G_0期细胞，如烷化剂、铂类配合物和抗肿瘤抗生素等。细胞周期非特异性药物对肿瘤的作用强，迅速杀死肿瘤细胞。

2. 非细胞毒类抗肿瘤药的作用机制　由于对肿瘤的分子机制认识的深入，抗肿瘤药物开发开始针对肿瘤特异性的靶点，如生长因子受体、细胞内信号通路和肿瘤血管生成等。这类药物对特定的肿瘤显示了显著的疗效，但并未取代细胞毒类药物，而且靶向药可与细胞毒药物联合应用以提高疗效。

二、耐药性产生的机制

肿瘤的化学疗法的最重要问题是肿瘤细胞的耐药性，耐药可能为原发性的或获得性的。耐药可能是多种药代动力学或其他分子的变化所致，包括药物的吸收或摄取障碍，药物的转运、活化和清除基因的变异，药物靶点的突变等。

第二节 常用的抗恶性肿瘤药

一、影响核酸生物合成的药物

1. 抗叶酸药 甲氨蝶呤(MTX)与二氢叶酸还原酶高亲和力结合，抑制四氢叶酸的合成。由于四氢叶酸是细胞酶促反应从头合成胸苷酸、嘌呤核苷酸及丝氨酸和蛋氨酸过程的一碳单位的携带者，MTX 抑制四氢叶酸的合成进而抑制了 DNA、RNA 和关键蛋白的合成。主要用于乳腺癌、头颈癌、骨肉瘤、原发性中枢神经系统淋巴瘤、非霍奇金淋巴瘤、膀胱癌和绒毛膜癌。不良反应主要有黏膜炎、腹泻和骨髓抑制。

2. 氟嘧啶类 氟尿嘧啶(5-FU)的细胞毒活性的 DNA 和 RNA 效应的综合，为细胞周期非特异性药物。5-FU 本身无活性，经体内酶代谢活化后产物之一 5-氟-2′-脱氧尿苷-5′-单磷酸抑制胸苷酸的合成，从而抑制 DNA 的合成。5-FU 的另一活性代谢产物 5-氟尿苷-5′-三磷酸可掺入 RNA 从而抑制翻译。注射给药，对多种实体瘤均有效。广泛用于结直肠癌用药，也用于乳腺癌、胃癌、胰腺癌、食管癌、肝癌、头颈癌和肛门癌。主要不良反应包括骨髓抑制、胃肠道毒性、皮肤毒性和神经毒性。

3. 嘌呤类似物 巯嘌呤(6-MP)在体内代谢为硫代肌苷酸(TIMP)，阻断肌苷酸转变为腺苷酸和鸟苷酸，干扰 DNA 和 RNA 的合成，主要用于儿童急性白血病的治疗。主要不良反应为骨髓抑制和消化道黏膜损害。

4. 核苷酸还原酶抑制剂 羟基脲(HU)抑制核糖核苷二磷酸还原酶，抑制核糖核酸还原为脱氧核糖核酸，进而抑制 DNA 的合成。HU 导致细胞周期抑制在 S 期。该药物可口服或静脉注射。作为抗白血病药物、放疗增敏药物及镰刀形红细胞贫血病的胎儿血红蛋白诱导剂均有显著效果。骨髓抑制是主要的不良反应，有轻度的胃肠道反应。

5. 脱氧胞苷类似物

(1) 阿糖胞苷(ara-C)：是 S 期特异性的抗代谢药物，在体内经代谢转变为三磷酸化产物(ara-CTP)，抑制 DNA 聚合酶 α 和 DNA 聚合酶 β，阻断 DNA 的合成和修复。该药物静脉注射后从体内清除迅速，对实体瘤无效，仅作用于血液肿瘤，如急性粒细胞白血病和非霍奇金淋巴瘤。不良反应主要有骨髓抑制、黏膜炎、恶心呕吐和神经毒性。

(2) 吉西他滨：是氟取代的脱氧胞苷类似物，抗癌谱广，用于胰腺癌、非小细胞肺癌、膀胱癌、软组织肉瘤和非霍奇金淋巴瘤。

二、影响 DNA 结构与功能的药物

1. 烷化剂 烷化剂通过转移其烷基至各种细胞成分上实现其细胞毒作用，核内 DNA 的烷化可能是导致细胞死亡的主要机制，为细胞周期非特异性药物。临床使用的药物主要包括有：氮芥类(氮芥和环磷酰胺)，乙烯亚胺类(噻替派)，亚硝基脲类(卡莫斯汀)，甲烷磺酸酯类(白消安)。

(1) 氮芥：最早用于临床的氮芥类药物，但目前已大部分被环磷酰胺替代。

(2) 环磷酰胺(CTX)：可口服或静脉注射给药，在肝脏细胞色素 P_{450} 的催化下生成 4 位羟基化的活性产物。CTX 是广谱抗肿瘤药，用于非霍奇金淋巴瘤、其他淋巴系统恶性肿瘤、乳腺癌和卵巢癌及其他儿童实体肿瘤。该药物免疫抑制作用强，因此也用于韦格纳肉芽肿、风湿性关节炎和肾病综合征等自身免疫疾病的治疗。不良反应包括胃肠道溃疡、出血性膀胱炎及在高治疗剂量下少见肺、肾、肝和心脏毒性。

2. 铂配合物 临床使用的铂配合物有 3 个，分别为顺铂、卡铂和奥沙利铂。铂配合物是细胞周期非特异性细胞毒药物，与 DNA 形成链内和链间的交联，抑制 DNA 的合成和功能。

(1) 顺铂：广谱抗实体瘤药物，用于非小细胞和小细胞肺癌、食管癌和胃癌、胆管癌、头颈癌及生殖泌尿系统癌症，尤其是卵巢癌和膀胱癌。基于顺铂的疗法可治愈非精原细胞睾丸癌。不良反应包括胃肠道反应、骨髓抑制、外周神经毒性、肾毒性、耳毒性等。

(2) 卡铂：第二代铂配合物，抗癌谱与顺铂类似，也为广谱抗实体瘤药物，但其肾毒性和消化道毒性

都低于顺铂。主要不良反应为骨髓抑制。

3. 破坏DNA的抗生素类

（1）丝裂霉素：是提取自链霉菌的抗生素，在体内经代谢活化后形成烷化剂，并使DNA交联，为周期非特异性的细胞毒药物。低氧的实体瘤肿瘤干细胞的环境有益于丝裂霉素的活化，该药是目前与放身治疗合用攻击低氧肿瘤细胞的最佳药物。该药物目前的主要临床应用是与5-FU和放射疗法联合治疗肛门癌。此外也可与其他药物合用，治疗宫颈癌、乳腺癌、胃癌和胰腺癌。丝列霉素可用于膀胱内治疗膀胱癌，几乎无系统吸收。主要不良反应为骨髓抑制，其他不良反应包括恶心、呕吐、腹泻、口腔炎、皮疹、发热和不安等，以及溶血、神经系统异常、间质性肺炎和肾衰竭。

（2）博来霉素：其细胞毒性作用通过其对DNA的氧化性损伤造成单链或双链DNA的损伤，主要导致细胞阻滞于G_2期。该药用于霍奇金和非霍奇金淋巴瘤、生殖细胞瘤、头颈癌及其他鳞状上皮细胞癌等。博来霉素可皮下、肌内或静脉注射给药。骨髓抑制不良反应很小，严重的不良反应为肺毒性。

4. 拓扑异构酶抑制剂 喜树碱类是提取自喜树的天然产物的衍生物，拓扑替康和伊立替康是目前应用于临床的喜树碱类药物，两者作用机制相似，即通过对拓扑异构Ⅰ的抑制作用，导致DNA的损伤，但抗癌谱存在差异。拓扑替康是卵巢癌和肺癌治疗的二线药物；伊立替康为前药，在肝脏转化为SN38后发挥作用，用于对结肠癌的治疗。拓扑替康主要不良反应为中性粒细胞减少和胃肠道反应等，伊立替康主要不良反应包括骨髓抑制和腹泻。

5. 鬼臼毒素衍生物 依托泊苷（VP-16-213）和替尼泊苷（VM-26）用于儿童白血病、小细胞肺癌、睾丸癌、霍奇金病和大细胞淋巴瘤等。这类药物的作用靶点为DNA拓扑异构酶Ⅱ，阻断后者结合后断裂的DNA的重组装，S期和G_2期的细胞对这类药物敏感。主要不良反应为脱发、骨髓抑制等。

三、嵌入DNA干扰转录过程和阻止RNA合成的药物

1. 放线菌素D 放线菌素D通过与双螺旋DNA结合抑制DNA依赖的RNA聚合酶阻断基因的转录。该药物的最重要应用是治疗儿童横纹肌肉瘤和肾母细胞瘤，也可用于治疗女性绒毛膜癌。不良反应主要为胃肠道反应和骨髓抑制，其他不良反应包括脱发、皮炎等。

2. 蒽环类 蒽环类包括多柔比星（阿霉素）、柔红霉素、去甲氧柔红霉素、表柔比星和米托蒽醌。蒽环类发挥细胞毒性主要通过以下机制：① 抑制拓扑异构酶Ⅱ；② 高亲和力插入DNA，抑制DNA和RNA的合成和DNA链的前切；③ 形成自由基；④ 结合于细胞膜表面改变流动性和离子转运。

（1）多柔比星：临床使用的最重要的抗癌药物之一，主要用于：乳腺癌、子宫内膜癌、卵巢癌、睾丸癌、甲状腺癌、胃癌、膀胱癌、肝癌、肺癌、软组织肉瘤、儿童癌症，包括神经母细胞瘤、尤文肉瘤、骨肉瘤和横纹肌肉瘤；也可用于血液肿瘤，包括急性粒细胞白血病、多发性骨髓瘤和霍奇金和非霍奇金淋巴瘤。该药物通常与环磷酰胺、顺铂或5-FU联合使用。不可逆的心肌病是严重的不良反应，可能与自由基的产生有关，其他不良反应包括骨髓抑制、口腔炎、黏膜炎、腹泻和脱发等。

（2）柔红霉素：目前用于急性粒细胞白血病，但不用于实体瘤的治疗。不良反应主要包括有本类药物特有的心脏毒性，此外还有个骨髓抑制、口腔炎、脱发和胃肠不适等。

四、抑制蛋白质合成与功能的药物

1. 作用于微管蛋白药物

（1）长春花生物碱类：长春碱和长春新碱是提取自夹竹桃科长春花的生物碱，长春瑞滨是半合成的长春碱衍生物。这类药物的作用机制涉及抑制微管蛋白的聚合，干扰微管的装配，进而抑制细胞的有丝分裂在M期，导致细胞死亡。长春碱主要用于霍奇金和非霍奇金淋巴瘤、乳腺癌和生殖细胞癌的治疗。长春新碱与泼尼松联用用于儿童急性粒细胞白血病的诱导缓解治疗，长春新碱也用于血液肿瘤的治疗，如霍奇金和非霍奇金淋巴瘤、多发性骨髓瘤及横纹肌肉瘤、神经母细胞瘤、尤文氏肉瘤和肾母细胞瘤等儿童肿瘤。长春瑞滨用于非小细胞肺癌、乳腺癌和卵巢癌。这类药物的主要不良反应为骨髓抑制、胃肠道反应、脱发及抗利尿激素分泌异常等。

（2）紫杉醇类（taxol）：提取自短叶红豆杉或欧洲红豆杉。半合成的紫杉醇类药物包括紫杉特尔

(taxotere)和卡比他赛。这类药物的作用机制为增强微管的聚合,抑制细胞的分裂。紫杉醇类药物在卵巢、乳腺、肺癌、胃肠道、泌尿生殖系统和头颈癌中均有重要应用。主要不良反应为骨髓抑制,其他不良反应包括神经毒性、黏膜炎和过敏反应等。

2. 干扰核蛋白功能的药物 三尖杉生物碱类:包括三尖杉酯碱和高三尖杉酯碱,抑制蛋白合成的起始阶段,作用于S期。主要用于急性粒细胞白血病。不良反应包括骨髓抑制、消化道反应、脱发和心脏毒性等。

3. 影响氨基酸供应的药物 L-天门冬酰胺酶

急性淋巴细胞白血病细胞无法合成天冬酰胺,天门冬酰胺酶水解天冬酰胺,使肿瘤细胞无法获得外源的天冬酰胺,正常的蛋白合成受阻。临床使用的L-天门冬酰胺酶来自大肠杆菌或菊欧文菌,用于急性淋巴细胞白血病的治疗。主要不良反应为过敏反应,其他不良反应与正常蛋白合成受阻有关,包括胰腺炎、出血或凝血及神经毒性。

五、影响体内激素平衡的药物

1. 糖皮质激素 通过与糖皮质激素受体结合,糖皮质激素可抑制敏感细胞的增殖并诱导凋亡。用于治疗儿童急性白血病和成人及儿童的恶性淋巴瘤。糖皮质激素,尤其是地塞米松,与放射疗法联合使用可消除上纵隔、脑和脊髓等关键区域的水肿。

2. 雌激素和雄激素 起源于前列腺和乳腺的肿瘤细胞仍保留着对激素的响应性,因此改变这些肿瘤细胞的激素环境可能改变这些肿瘤细胞的进展过程。

(1) 抗雌激素疗法用于治疗乳腺癌

1) 它莫昔芬:选择性雌激素受体调节剂,是雌激素受体的部分激动剂,用于乳腺癌的治疗。托瑞米芬和雷洛昔芬等比它莫昔芬更为有效安全的药物已被开发使用。

2) 芳香化酶抑制剂(AIs):阿那曲唑和来曲唑为第三代非甾体类AI,可逆性结合CYP19的血红素基团,抑制雌激素的合成。这两个药物均被批准用于绝经期女性早期乳腺癌的前期辅助内分泌治疗或用于晚期乳腺癌的治疗。

(2) 内分泌疗法治疗前列腺癌:雄激素剥夺疗法是治疗转移前列腺癌的一线疗法,包括手术或药物去雄。其他内分泌疗法为二线疗法,包括抗雄激素、雌激素和类固醇生成抑制剂。

1) 促性腺激素释放激素:当前使用的促性腺激素释放激素(GnRH)激动剂包括亮丙瑞林和戈舍瑞林等。这些药物的作用机制为与垂体促性腺激素产生细胞上的GnRH受体结合,最初导致黄体生成素和促卵泡素及下游的睾酮分泌增加,1周后导致GnRH受体数量减少,在3～4周内降低睾酮的分泌至去雄水平。

2) 抗雄激素药物:氟他胺与睾酮或二氢睾酮:这些药物能竞争性结合雄激素受体,体内的睾酮水平不变或上升。目前这类药物不用于晚期前列腺癌的一线治疗,这类药物最常见的应用为二线内分泌疗法和联合雄激素阻断。

3) 类固醇生成抑制剂:阿比特龙是CYP17的不可逆抑制剂,效能和选择性均优于酮康唑,于2011年被批准用于转移去势抵抗性前列腺癌的治疗。

六、分子靶向药物

作用这些靶点的药物分为两种,一种为攻击细胞表面受体或抗原的单克隆抗体,另一种为可进入细胞并与关键酶结合的人工合成的小分子药物。

蛋白酪氨酸激酶抑制剂

(1) BCR-ABL激酶抑制剂伊马替尼、达沙替尼和尼罗替尼:95%的慢性粒细胞白血病是由费城染色体易位,形成Bcr-Abl融合蛋白引起的,这些药物可抑制Abl的激酶活性。伊马替尼被批准作为慢性粒细胞白血病的慢性期及慢粒原始细胞危象的一线药物,以及干扰素α治疗后进展的慢性粒细胞白血病的慢性期的二线药物。此外,伊马替尼也可用于表达c-kit酪氨酸激酶的胃肠道间质瘤的治疗。达沙替尼用于慢性粒细胞白血病及对伊马替尼抵抗或不耐受的费城染色体阳性的急性淋巴细胞白血病的治疗。

尼罗替尼用于包括对伊马替尼在内的早期治疗抵抗慢性粒细胞白血病的治疗，近期也被批准为慢性粒细胞白血病的慢性期治疗的一线药物。

（2）表皮生长因子受体抑制剂：表皮生长因子受体（EGFR，ErbB1 或 HER1）是上皮细胞生长和分化的关键分子。在结肠癌、头颈癌、非小细胞肺癌和胰腺癌中常见 EGFR 的过表达，这些肿瘤细胞的生长也依赖于 EGFR 信号。

1）西妥昔单抗和潘尼单抗：EGFR 单克隆抗体，作用于 EGFR 的细胞外区域，用于治疗转移性结肠癌。西妥昔单抗也用于头颈癌的治疗。尼妥珠单抗为我国研发的 EGFR 单抗，用于鼻咽癌的治疗。

2）吉非替尼和厄洛替尼：这两个药物与 EGFR 的激酶域结合并阻断酶活性，用于至少对一种化学治疗药物耐药的非小细胞肺癌的治疗。此外厄洛替尼与吉西他滨合用也可用于胰腺癌的治疗。痤疮样皮肤红疹、腹泻、厌食和乏力是最常见的不良反应。

（3）HER2 抑制剂：HER2 的单克隆抗体曲妥单抗和小分子 HER2 抑制剂拉帕替尼对 HER2 阳性的乳腺癌细胞有显著疗效。

（4）血管生成抑制剂：血管内皮生长因子是最重要的血管生成因子，是抗肿瘤细胞血管生成的重要靶点。

1）贝伐珠单抗：是人源 VEGF－A 抗体，可抑制血管形成。单独使用可延迟肾细胞癌的进展，与细胞毒性药物合用可有效用于肺癌、结直肠癌和乳腺癌的治疗。主要不良反应包括高血压、动脉血栓、阻碍伤口愈合、胃肠穿孔和蛋白尿症。

2）索拉非尼：小分子化合物，可抑制多种受体酪氨酸激酶，尤其 VEGF－R2 和 VEGF－R3，血小板源性生长因子 β（PDGFR－β）和 raf 激酶。索拉非尼可用于晚期肾细胞癌和晚期肝癌的治疗。该药物可引起血管毒性，其他常见不良反应包括乏力、恶心、腹泻、厌食和皮疹，少见骨髓抑制和胃肠穿孔。

3）舒尼替尼：竞争性阻断 VEGF－R2 的 ATP 结合位点，同时也抑制 FLT3、PDGFR－α、PDGFR－β、RET、CSF－1R 和 c－KIT 等其他酪氨酸激酶。该药物用于治疗晚期肾细胞癌和由于 c－KIT 突变造成对伊马替尼耐药的胃肠道间质瘤。常见不良反应为乏力、甲状腺功能减退、骨髓抑制、腹泻、高血压等。

4）帕唑帕尼：可抑制多种受体酪氨酸激酶，包括 VEGF－R2 和 VEGF－R3、PDGFR－β 和 raf 激酶。该药物用于治疗晚期肾细胞癌。

七、其　　他

重组人血管内皮抑制素为我国研发的用于抑制肿瘤血管生成，临床上配合化疗治疗不能进行手术的非小细胞肺癌。主要不良反应为心脏毒性、腹泻、肝功能异常及皮疹等。

维 A 酸（ATRA）单独使用可高效诱导急性早幼粒细胞白血病缓解，与氨茴环霉素类合用可治愈该疾病。

三氧化二砷（ATO）对复发的急性早幼粒细胞白血病效果好，是 ATRA 或化疗后复发的急性早幼粒细胞白血病的标准疗法。

第三节　抗恶性肿瘤药的联合应用

化疗药物基于以下原因需要联合使用：在患者可耐受的条件下提供最大的细胞毒作用；由于肿瘤细胞的异质性，联合用药可提供最大程度药物与肿瘤的相互作用；可以降低或减缓耐药的产生。联合用药需考虑以下原则：① 仅对该肿瘤有效的才可以选用；② 在药效相同的药物中，联合用药时选择毒性不重叠的药物；③ 制订最优计划，联合使用的药物需用最佳的剂量和时间间隔，保证时间间隔一致；④ 使用作用机制和药代动力学相互匹配的药物，以得到最大药效；⑤ 避免人为改变药物剂量。

此外细胞增殖动力学也是联合给药需考虑的重要问题，联合给药时可考虑两种方式。① 招募作用：对增长缓慢的肿瘤细胞先采用周期非特异药物杀灭 G_0 期和增殖细胞，瘤体缩小后招募肿瘤细胞进入细胞周期，再使用周期特异性药物杀灭增殖细胞；对增长迅速的肿瘤细胞，先使用周期特异性药物杀灭增殖细胞，再使用周期非特异性药物杀灭 G_0 期和其他时相细胞，招募细胞进入细胞周期再使用周期特异性药物杀灭。② 同步化作用：使用一个周期特异性药物使细胞周期阻滞在一个时相，当药物作用消失后周期进入下一时相，再使用该时相特异药物。

知识拓展

感染与癌症：① EB病毒——鼻咽癌；② 幽门螺杆菌——胃淋巴瘤、胃癌；③ 乙肝、丙肝病毒——肝癌；④ 人乳头瘤病毒——宫颈癌；⑤ 埃及血吸虫——膀胱癌；⑥ Ⅰ型人T淋巴细胞病毒——白血病。

小 结

抗恶性肿瘤药的作用机制及特点如下：

药	物	代表药物	作用机制特点
细胞毒类抗肿瘤药	影响核酸生物合成的药物	甲氨蝶呤	抑制四氢叶酸的合成，进而抑制DNA、RNA和关键蛋白的合成
		氟尿嘧啶	经体内酶代谢活化后抑制DNA合成和RNA翻译，细胞毒活性的DNA和RNA效应的综合，为细胞周期非特异性药物
		巯嘌呤	6-MP在体内代谢活化后阻断肌苷酸转变为腺苷酸和鸟苷酸，干扰DNA和RNA的合成
		羟基脲	抑制DNA的合成，导致细胞周期抑制在S期
		阿糖胞苷	S期特异性的抗代谢药物，在体内经活化后，阻断DNA的合成和修复
	影响DNA结构与功能的药物	环磷酰胺	核内DNA的烷化是导致细胞死亡的主要机制，为细胞周期非特异性药物
		顺铂	细胞周期非特异性细胞毒药物，与DNA形成链内和链间的交联，抑制DNA的合成和功能
		喜树碱类	抑制拓扑异构Ⅰ，导致DNA的损伤
	干扰转录过程和阻止RNA合成的药物	放线菌素	通过与双螺旋DNA结合抑制DNA依赖的RNA聚合酶阻断基因的转录
		多柔比星	抑制拓扑异构酶Ⅱ；抑制DNA和RNA的合成和DNA链的剪切；形成自由基；结合于细胞膜表明改变流动性和离子转运
	抑制蛋白质合成与功能的药物	长春新碱	抑制微管蛋白的聚合，干扰微管的装配，进而抑制细胞的有丝分裂在M期
		紫杉醇	增强微管的聚合，抑制细胞的分裂在M期在M期
非细胞毒类抗肿瘤药	激素类	糖皮质激素	常与其他化疗药物联合使用
		雄激素和雌激素拮抗药	作用于激素依赖的前列腺癌和乳腺癌，改变这些肿瘤细胞的进展过程
	分子靶向药	单克隆抗体类 小分子抑制剂	直接阻断导致特定肿瘤的重要突变，如畸变的生长因子受体、失调的细胞内信号通路、DNA修复和凋亡的缺陷和肿瘤血管生成等

【思考题】

(1) 试述常用抗肿瘤药物的主要作用机制及常见不良反应。

(2) 试述抗肿瘤药物抗恶性肿瘤药的联合应用原则。

（李 巍）

主要参考文献

李武营，王守东. 药理学. 西安：第四军医大学出版社，2008.
李武营，张宾. 药理学. 北京：第四军医大学出版社，2013.
杨宝峰. 药理学. 北京：人民卫生出版社，2013.
杨俊卿，凌保东. 药理学. 北京：科学出版社，2013.
何蔚，叶和杨. 药理学. 北京：中国医药科技出版社，2014.
Brunton L，Chabner B，Knollman B. Goodman and Gilman's The Pharmacological Basis of Therapeutics. 12th ed. New York：McGraw-Hill Professional Press，2011.